CB004292

VI

COMENTÁRIOS AO CÓDIGO DE PROCESSO CIVIL

DA TUTELA PROVISÓRIA E DA FORMAÇÃO, DA SUSPENSÃO E DA EXTINÇÃO DO PROCESSO

PAULO OSTERNACK AMARAL

Pós-Doutor em Direito Processual pela Universidade de Lisboa. Doutor e Mestre em Direito Processual pela USP. Coordenador e professor do curso de pós-graduação em Direito Processual Civil da Escola da Magistratura Federal – ESMAFE/PR. Professor em cursos de Pós-Graduação em Direito Processual Civil e Arbitragem. Autor dos livros *Arbitragem e Administração Pública: aspectos processuais, medidas de urgência e instrumentos de controle*; *Provas: atipicidade, liberdade e instrumentalidade*; *Prova por declarações de parte*; *Manual das provas cíveis*; e *Manual do processo de improbidade administrativa*. Advogado.

COORDENADORES

JOSÉ ROBERTO F. GOUVÊA
LUIS GUILHERME A. BONDIOLI
JOÃO FRANCISCO N. DA FONSECA

COMENTÁRIOS AO CÓDIGO DE PROCESSO CIVIL

DA TUTELA PROVISÓRIA E DA FORMAÇÃO, DA SUSPENSÃO E DA EXTINÇÃO DO PROCESSO

ARTS. 294 A 317

2025

■ O autor deste livro e a editora empenharam seus melhores esforços para assegurar que as informações e os procedimentos apresentados no texto estejam em acordo com os padrões aceitos à época da publicação, e todos os dados foram atualizados pelo autor até a data de fechamento do livro. Entretanto, tendo em conta a evolução das ciências, as atualizações legislativas, as mudanças regulamentares governamentais e o constante fluxo de novas informações sobre os temas que constam do livro, recomendamos enfaticamente que os leitores consultem sempre outras fontes fidedignas, de modo a se certificarem de que as informações contidas no texto estão corretas e de que não houve alterações nas recomendações ou na legislação regulamentadora.

■ Data do fechamento do livro: 28/02/2025

■ O autor e a editora se empenharam para citar adequadamente e dar o devido crédito a todos os detentores de direitos autorais de qualquer material utilizado neste livro, dispondo-se a possíveis acertos posteriores caso, inadvertida e involuntariamente, a identificação de algum deles tenha sido omitida.

■ Direitos exclusivos para a língua portuguesa
Copyright ©2025 by
Saraiva Jur, um selo da SRV Editora Ltda.
Uma editora integrante do GEN | Grupo Editorial Nacional
Travessa do Ouvidor, 11
Rio de Janeiro – RJ – 20040-040

■ **Atendimento ao cliente: https://www.editoradodireito.com.br/contato**

■ Reservados todos os direitos. É proibida a duplicação ou reprodução deste volume, no todo ou em parte, em quaisquer formas ou por quaisquer meios (eletrônico, mecânico, gravação, fotocópia, distribuição pela Internet ou outros), sem permissão, por escrito, da **SRV Editora Ltda.**

■ Capa: Tiago Dela Rosa
Diagramação: Rafael Cancio Padovan

■ **DADOS INTERNACIONAIS DE CATALOGAÇÃO NA PUBLICAÇÃO (CIP)**
VAGNER RODOLFO DA SILVA – CRB-8/9410

A485c Amaral, Paulo Osternack

Coleção Comentários ao Código de Processo Civil – vol. VI (arts. 294 a 317) – Da Tutela Provisória e Da Formação, Da Suspensão e Da Extinção do Processo / Paulo Osternack Amaral ; coordenado por José Roberto F. Gouvêa, Luis Guilherme A. Bondioli, João Francisco N. da Fonseca. – 1. ed. – São Paulo : Saraiva Jur, 2025.

224 p. – (Comentários ao Código de Processo Civil)

Sequência de: Comentários ao Código de Processo Civil – 1ª Edição 2019: Da comunicação dos atos processuais até do valor da causa – Arts. 236 a 293

ISBN 978-85-5362-419-5 [Impresso]

1. Direito. 2. Direito Civil. 3. Código de Processo Civil. I. Gouvêa, José Roberto F. II. Bondioli, Luis Guilherme A. III. Fonseca, João Francisco N. da. IV. Título. V. Série.

	CDD 347
2025-232	CDU 347

Índices para catálogo sistemático:
1. Direito Civil 347
2. Direito Civil 347

Dedico este livro à Carol, esposa amorosa, que me encorajou a aceitar um projeto tão ousado, confortou-me nos momentos mais tormentosos e foi (mais do que) paciente nos momentos de ausência para que eu concluísse a obra. Sem palavras para expressar a minha gratidão. Este livro é para você!

AGRADECIMENTOS

No final do ano de 2023 havia prometido para mim mesmo (e para a minha Carol) que daria um tempo de produções acadêmicas. Precisava de um fôlego. Os últimos anos haviam sido desgastantes demais para mim.

Qual não foi a minha surpresa ao receber, em março de 2024, uma ligação dos estimados amigos Luis Guilherme A. Bondioli e João Francisco N. da Fonseca, convidando-me para integrar a incrível Coleção de Comentários ao Código de Processo Civil, que ambos coordenam. O volume que me seria confiado deveria tratar da tutela provisória, bem como da formação, suspensão e extinção do processo.

Com o incentivo da Carol, quebrei a minha promessa. Aceitei o irrecusável convite, acometido de um duplo sentimento: alegria e responsabilidade.

Alegria, pois considero uma enorme distinção ser escolhido, dentre tantos processualistas, para assumir um volume desta Coleção que, na minha opinião, já nasceu vencedora. Sinto-me orgulhoso de fazer parte deste seleto grupo de autores.

A responsabilidade decorre de uma série de motivos.

Quando o convite me foi formulado, grande parte dos volumes da Coleção já havia sido assumida por professores renomados, seus respectivos livros já haviam sido publicados e já contavam com enorme sucesso editorial. Conseguiria eu produzir algo a altura da Coleção? Não sei a resposta. Mas posso garantir que o meu empenho foi em grau máximo.

O tema da tutela provisória sempre me pareceu muito intrincado – o que se intensificou com a disciplina conferida ao tema pelo Código de Processo Civil de 2015. Portanto, não seria tarefa fácil comentar os dispositivos atinentes à tutela provisória (nem os subsequentes, relativos à formação, à suspensão e à extinção do processo). Além disso, o estudo da tutela provisória não integrava a minha atual linha de pesquisa. Isso me fez revisitar antigas lições, que há anos eu não consultava. Antecipo, desde já, que valeu a pena!

Em termos acadêmicos, o desenvolvimento deste projeto só foi possível em razão da ajuda fundamental que recebi da Paola Gabriel Ábila e do Arthur Gressler Wontroba, que aceitaram me acompanhar nessa empreitada e se dedicaram de corpo e alma às pesquisas e à revisão do texto. A ambos, muito obrigado!

Agradeço, por fim, à minha amada Carol, que me apoiou nos dias mais difíceis e compartilhou comigo as minhas angústias. Ela é testemunha de como esse trabalho foi difícil. Só ela viu as noites intermináveis dedicadas ao estudo e as dezenas de finais de semana integralmente comprometidos com a elaboração do livro. Obrigado por estar comigo e me apoiar em todos os momentos. A sua participação nesta obra é maior do que você imagina. Espero conseguir retribuir ao menos um pouco do amor, do incentivo e da dedicação que recebo todos os dias.

APRESENTAÇÃO

Nossa relação com a Editora Saraiva tornou-se conhecida em 1995, com a publicação da 26ª edição do *Código de Processo Civil e legislação processual em vigor* e da 14ª edição do *Código Civil e legislação civil em vigor*, ainda de autoria exclusiva de Theotonio Negrão, mas já com a colaboração do primeiro subscritor desta apresentação, revelada na nota daquelas edições. Atualmente, mais de 20 anos depois, essas obras estão na 47ª edição e na 34ª edição, respectivamente, o que é motivo de imensa alegria e satisfação para nós.

Outro momento marcante desta relação se deu em 2005, por ocasião do lançamento da Coleção Theotonio Negrão, destinada à publicação de dissertações de mestrado e teses de doutorado aprovadas nas melhores instituições de ensino jurídico do País, sob a coordenação do primeiro subscritor desta apresentação e com a participação, na condição de autores, dos outros dois subscritores.

Pouco depois de 2005, em nossas constantes conversas com a Editora Saraiva, surgiu a ideia de mais um projeto conjunto, qual seja, a edição de *Comentários ao Código de Processo Civil*, compostos por volumes a serem escritos individualmente por estudiosos do Direito Processual Civil brasileiro. A inspiração óbvia para essa iniciativa era a paradigmática coleção coordenada pelo Mestre José Carlos Barbosa Moreira em outra casa editorial. Quando esse projeto não passava ainda de uma simples conversa, a constituição de uma comissão de juristas para a elaboração de um anteprojeto de Código de Processo Civil, em 2009, nos causou sensações mistas. De um lado, esse anteprojeto nos colocava em compasso de espera e adiava a concretização de tal ideia. De outro lado, referido anteprojeto nos deixava a certeza de que, um dia, o mencionado intento ganharia concretude e proporções maiores do que as imaginadas originalmente.

Entre 2009 e 2015, acompanhamos com atenção o processo legislativo que passou pela elaboração dos Projetos de Lei n. 166/2010 e 8.046/2010 e culminou com a publicação da Lei n. 13.105, de 16 de março de 2015, que trouxe para o Brasil um novo Código de Processo Civil. Nesse ínterim, nosso mais recente projeto conjunto com a Editora Saraiva foi tomando corpo. Conseguimos reunir um selecionado time de doutores, livres-docentes e professores das mais renomadas faculdades de direito do País, que se integrou ao nosso projeto e foi determinante para que ele se tornasse realidade. A todos os integrantes desse time, ficam aqui os nossos mais sinceros agradecimentos!

Com a chegada do ano de 2016, o Código de Processo Civil entrou em vigor, um ano após a sua publicação e já alterado pela Lei n. 13.256, de 4 de fevereiro de 2016. Foi o período de maior reflexão e estudo na história processual recente do País. E é um extrato dessa reflexão e desse estudo que pretendemos ver presente nesta coleção de *Comentários ao Código de Processo Civil*, elaborada em 21 volumes, que, esperamos, contribuam para a boa compreensão e aplicação da lei processual mais importante do Brasil.

São Paulo, julho de 2016.

José Roberto Ferreira Gouvêa
Luis Guilherme Aidar Bondioli
João Francisco Naves da Fonseca

SUMÁRIO

CAPÍTULO III

DO PROCEDIMENTO DA TUTELA CAUTELAR REQUERIDA EM CARÁTER ANTECEDENTE

TÍTULO III
DA TUTELA DA EVIDÊNCIA

LIVRO VI
DA FORMAÇÃO, DA SUSPENSÃO E DA EXTINÇÃO DO PROCESSO

TÍTULO I
DA FORMAÇÃO DO PROCESSO

TÍTULO II
DA SUSPENSÃO DO PROCESSO

TÍTULO III
DA EXTINÇÃO DO PROCESSO

LIVRO V

DA TUTELA PROVISÓRIA

TÍTULO I
DISPOSIÇÕES GERAIS

Art. 294. A tutela provisória pode fundamentar-se em urgência ou evidência.

Parágrafo único. A tutela provisória de urgência, cautelar ou antecipada, pode ser concedida em caráter antecedente ou incidental.

CPC de 1973 – arts. 273 e 796

1. Introdução

A disciplina da tutela provisória no processo civil brasileiro se ampara em duas principais diretrizes constitucionais.

De um lado, a garantia constitucional da inafastabilidade da jurisdição (art. 5º, XXXV, da CF)[1], que assegura um direito fundamental a uma tutela jurisdicional adequada, efetiva e tempestiva. Essa garantia está refletida no art. 3º do CPC ("Não se excluirá da apreciação jurisdicional ameaça ou lesão a direito").

Por outro lado, há a garantia da razoável duração do processo (art. 5º, LXXVIII, da CF)[2], que traduz duas ideias fundamentais: (*i*) o tempo é inerente à noção de processo[3] e (*ii*) o prazo de duração de um processo não poderá ultrapassar o limite do razoável, isto é, deverá observar a razoabilidade determinada pela garantia do devido processo legal (art. 5º, LIV e LV, da CF)[4], já há muito consagrada no ordenamento jurídico nacional pelo Pacto de São José da Costa Rica.[5]

---

1 Dispõe o art. 5º, XXXV, da CF/88: "a lei não excluirá da apreciação do Poder Judiciário lesão ou ameaça a direito".

2 Dispõe o art. 5º, LXXVIII, da CF/88: "a todos, no âmbito judicial e administrativo, são assegurados a razoável duração do processo e os meios que garantam a celeridade de sua tramitação".

3 MOREIRA, José Carlos Barbosa. Notas sobre o problema da "efetividade" do processo. In: *Temas de direito processual*: terceira série. São Paulo: Saraiva, 1984, p. 27-42.

4 WAMBIER, Luiz Rodrigues; TALAMINI, Eduardo. *Curso avançado de processo civil:* cognição jurisdicional (processo comum de conhecimento e tutela provisória). v. 2. 21. ed. São Paulo: Thomson Reuters, 2022, p. 944-945.

5 Decreto Federal n. 678/92, que promulgou a Convenção Americana sobre Direitos Humanos (Pacto de São José da Costa Rica), de 22 de novembro de 1969.

É nesse contexto que se inserem as tutelas provisórias.[6] Destinam-se a eliminar as situações de perigo decorrente da demora do processo em atingir uma solução final, assim como têm por objetivo redistribuir o ônus do tempo no processo, inclusive nos casos de direito evidente. A adoção de tais providências terá por escopo assegurar às partes que a tutela jurisdicional seja prestada de forma adequada, por meio da entrega do bem da vida à parte que tem razão, em tempo razoável.

2. A evolução das tutelas provisórias: do CPC/73 ao CPC/2015

O CPC/2015 concebeu um livro próprio para disciplinar o que convencionou chamar de tutela provisória. A tutela provisória pode se fundar em urgência ou evidência. Ambos os casos exigirão a presença da plausibilidade do direito afirmado pela parte, que será aferido a partir de uma cognição sumária.[7] A diferença fundamental consiste na dispensa da demonstração do risco de dano ou de ineficácia do provimento final no caso da tutela da evidência. Tal espécie de tutela provisória será concedida exclusivamente mediante a plausibilidade da alegação da parte.

Mas nem sempre foi assim. Ao tempo do CPC/73, havia uma disciplina legal bastante restrita acerca dos casos em que seria autorizada a concessão de uma tutela antecipada e das hipóteses legais de cabimento da tutela cautelar.

Na redação original do CPC/73, a tutela antecipada somente era admissível em casos típicos, previamente previstos em lei, como as liminares inerentes ao rito especial das ações de alimentos. Às providências cautelares eram reservados procedimentos específicos, como o arresto (arts. 813 a 821 do CPC/73) e o sequestro (arts. 822 a 825 do CPC/73).

Tais hipóteses eram bem definidas pela lei: caso se pretendesse uma tutela de urgência de natureza satisfativa, somente seriam admissíveis aquelas hipóteses de tutela antecipada previstas em lei; mas, se a providência pretendida ostentasse natureza conservativa, o caso então seria de tutela cautelar, nos casos disciplinados no CPC/73.

---

6 No sistema italiano também se reconhece que as tutelas de urgência possuem fundamento constitucional (ARIETA, Giovanni. Reclamabilità del provvedimento di rigetto e struttura del reclamo cautelare. In: *Studi in onore di Crisanto Mandrioli*, tomo 1. Milano: Giuffrè, 1995, p. 471).

7 "Cognição sumária é uma cognição superficial, menos aprofundada no sentido vertical" (WATANABE, Kazuo. *Da cognição no processo civil*. 2. ed. Campinas: Bookseller, 2000, p. 125). Este entendimento se ampara, em especial, nas lições de Piero Calamandrei (CALAMANDREI, Piero. *Introducción al estudio sistemático de las providencias cautelares*. Buenos Aires: Librería El Foro, 1996, p. 77).

Todavia, muito rapidamente foram surgindo situações urgentes – de natureza conservativa ou satisfativa – que não encontravam fundamento específico nos regimes até então existentes no CPC/73.

Quando eram necessárias providências conservativas destinadas a assegurar o resultado útil do processo, a doutrina[8] e a jurisprudência[9] passaram a admitir a concessão do que se convencionou chamar de "medida cautelar inominada", fundada no *poder geral de cautela* previsto no art. 798 do CPC/73. Exemplo frequente do emprego da ação cautelar com tal fundamento era a "medida cautelar de sustação de protesto", cujo objetivo era impedir a lavratura do protesto ou suspender a eficácia do protesto já lavrado.

Mas nos casos em que era necessária uma tutela satisfativa – não abrangida pelas hipóteses típicas disciplinadas no CPC/73 ou em lei especial – a solução concebida consistiu em se valer do emprego distorcido da ação cautelar, mediante a propositura das chamadas "medidas cautelares satisfativas", também amparadas no poder geral de cautela[10]. As cautelares satisfativas eram uma contradição nos próprios termos. Afinal, ou se tratava de uma medida cautelar (por definição, conservativa) ou se pretendia a concessão de uma tutela satisfativa (inerente ao regime das tutelas antecipatórias).

A Lei n. 8.952/94 reformou o CPC/73. Dentre diversas inovações relevantes, uma das mais impactantes foi a previsão do cabimento de tutela antecipada, nos termos do então art. 273, que passou a autorizar o juiz a antecipar total ou parcialmente os efeitos da tutela desde que existisse prova inequívoca que conduzisse à verossimilhança e risco de dano irreparável ou de difícil reparação (inciso I).

Com isso, a parte que pretendesse uma tutela urgente de natureza satisfativa não contemplada nas hipóteses típicas do CPC/73, nem prevista em lei especial, não precisaria mais se valer do uso distorcido da ação cautelar. Ago-

---

8 MOREIRA, José Carlos Barbosa. Poder cautelar genérico do juiz. Continência e litispendência. In: *Temas de direito processual*: primeira série. 2. ed. São Paulo: Saraiva, 1988, p. 143; ARAGÃO, Egas Moniz de. Ação rescisória e suspensão da execução do julgado. *Revista do Instituto dos Advogados do Paraná (Pareceres do Prof. Egas Moniz de Aragão)*, v. 46, nov., 2022, p. 189-190.

9 STJ, 1ª Turma, MC 5.639/SC, rel. Min. José Delgado, j. 13.05.2003, *DJ* 02.06.2003; STJ, RMS 19.659/RS, rel. Min. João Otávio de Noronha, j. 06.09.2005, *DJ* 06.02.2006; TJPR, 18ª Câmara Cível, Agravo de Instrumento 763204-2, rel. Des. Luis Cesar de Paula Espindola, j. 02.05.2012, *DJ* 18.05.2012; TJSP, 10ª Câmara de Direito Privado, Apelação Cível 9156280-31.2009.8.26.0000, rel. Des. Roberto Maia, j. 27.08.2013, *DJ* 28.08.2013.

10 MOREIRA, José Carlos Barbosa. Tutela de urgência e efetividade do direito. In: *Temas de direito processual:* oitava série. São Paulo: Saraiva, 2004, p. 101-102.

ra, a medida urgente satisfativa seria pleiteada com fundamento no art. 237 do CPC/73, que consagrou um *poder geral de antecipação.*

A tutela da evidência não era desconhecida na vigência do CPC/73, porém as suas hipóteses de cabimento eram restritas aos casos disciplinados em lei. Eram exemplos de tutela da evidência, com dispensa da demonstração de perigo de dano, a liminar possessória (art. 561, I a IV), a liminar em embargos de terceiro (arts. 677, *caput*, e 678) e a concessão do mandado monitório (arts. 1.102a e 1.102b).

O panorama existente na vigência do CPC/73 era de uma tipicidade mitigada da tutela cautelar (em virtude do poder geral de cautela – art. 798), a consagração de um poder geral de antecipação (art. 273) e a rígida tipificação das hipóteses de tutela da evidência (em que a lei expressamente dispensava o perigo de dano para a sua concessão).

O art. 294 do CPC/2015 pretendeu melhor sistematizar o regime das tutelas provisórias. Afirmou expressamente a existência da tutela provisória como gênero, constituindo suas espécies a tutela de urgência e a tutela da evidência. A tutela de urgência, por sua vez, pode ser antecipatória (natureza satisfativa) ou cautelar (natureza conservativa).

A despeito da tentativa de sistematização das tutelas provisórias, não há dúvida de que o legislador optou por discipliná-las de forma parcialmente distinta.

Por exemplo, apenas as medidas de urgência podem ser concedidas em caráter antecedente, isto é, antes de formulado o pedido principal (pedido de tutela final). Todavia, somente a tutela antecipada concedida em caráter antecedente terá aptidão para se estabilizar em determinados casos. A tutela da evidência, por sua vez, somente poderá ser concedida incidentalmente, e a ela não foi reconhecida a possibilidade legal de estabilização de seus efeitos.

Essas e outras vicissitudes inerentes ao regime das tutelas provisórias serão examinadas nos tópicos seguintes.

3. Unificação parcial do regime das medidas urgentes

Na vigência do CPC/73, parte relevante da doutrina reputava haver distinção entre os requisitos necessários à concessão da tutela antecipada e da tutela cautelar.[11]

---

11 YARSHELL, Flávio Luiz. *Curso de direito processual civil*, v. 1. 2. ed. São Paulo: Marcial Pons, 2020, p. 318; DINAMARCO, Cândido Rangel. *A reforma do Código de Processo Civil.* 3. ed. São Paulo: Malheiros, 1996, p. 145; BEDAQUE, José Roberto dos Santos. *Tutela cautelar e tutela antecipada:* tutelas sumárias e de urgência.

Os partidários dessa corrente afirmavam que a aparência do bom direito exigida para a concessão da tutela cautelar (art. 798 do CPC/73) representaria um grau menos elevado de plausibilidade do que a "prova inequívoca" conducente à "verossimilhança da alegação" do autor (art. 273 do CPC/73) ou do que a relevância do fundamento da demanda (art. 461, § 3º, do CPC/73 e art. 7º, II, da Lei n. 1.533/51, a então vigente lei do mandado de segurança).

Tal entendimento se amparava na ideia de que as providências satisfativas pretendidas por meio da tutela antecipatória exigiriam um grau de certeza mais elevado do que o grau de certeza necessária à concessão de uma tutela cautelar, por definição, de natureza conservativa.

Com o devido respeito, nunca concordei com essa distinção de grau proposta por tão prestigiosa doutrina. Sempre quis me parecer que havia um regime único das medidas de urgência, fundado na demonstração da plausibilidade do direito invocado pelo autor e no risco de dano decorrente do tempo necessário ao atingimento de uma decisão final do processo. Rigorosamente, qualquer caso que envolvesse tutela de urgência demandaria a demonstração do *fumus boni iuris* e do *periculum in mora.*

Ainda na vigência daquele regramento anterior, formava-se na doutrina o entendimento no sentido de abandonar eventual distinção de grau que se pudesse fazer acerca dos requisitos para a concessão das medidas de urgência, a depender da espécie de providência que fosse postulada pela parte. Passou-se então a propugnar-se a unificação do regime das medidas de urgência, de modo que qualquer providência desta natureza fosse concedida mediante a demonstração da plausibilidade do direito e do risco de dano ou de ineficácia do provimento final.[12]

O CPC/2015 concebeu um regime unificado para a concessão das medidas de urgência. Definiu que elas serão deferidas mediante a demonstração da probabilidade do direito e do perigo de dano ou ao resultado útil do processo (art. 300, *caput*).

A despeito de o CPC/2015 definir que as medidas urgentes compartilham os mesmos requisitos para a sua concessão, não foi definido um procedimento

---

São Paulo: Malheiros, 2006, p. 341; DIDIER JR., Fredie; BRAGA, Paula Sarno; OLIVEIRA, Rafael A. de. *Curso de direito processual civil*, v. 2. 4. ed. Salvador: JusPodivm, 2009, p. 491; THEODORO JÚNIOR, Humberto. *Processo cautelar.* 20. ed. São Paulo: Liv. e Ed. Universitária de Direito, 2002, p. 451.

12 TALAMINI, Eduardo. Medidas urgentes (cautelares e antecipadas): a Lei 10.444/2002 e o início de correção de rota para um regime jurídico único. *Revista Dialética de Direito Processual*, v. 2, maio, 2003, p. 15-28. Contra, confira-se: TESSER, André Luiz Bäuml. *Tutela cautelar e antecipação de tutela.* São Paulo: Revista dos Tribunais, 2014, p. 113-115.

uniforme à tutela antecipada e à tutela cautelar. Isso é confirmado a partir do exame dos procedimentos relativos à tutela cautelar antecedente e à tutela antecipada requerida em caráter antecedente.

A tutela da evidência confirma ainda mais essa distinção de procedimentos entre as espécies de tutela provisória: ela somente é admitida sob a forma incidental, não é passível de estabilização e apenas em alguns casos será passível de ser concedida liminarmente.

4. Modalidades de tutela de urgência

A tutela provisória pode se fundar em urgência ou em evidência. Ambas são espécies de tutela provisória, que se destinam a redistribuir o ônus do tempo no processo. Pretendem impedir que a parte que tem um direito provável seja prejudicada pelo adversário que possivelmente não tenha razão.

A tutela de urgência está amparada na ideia de risco de dano. Ela tem por objetivo evitar que o tempo do processo cause um prejuízo irreparável ou de difícil reparação à parte. Portanto, além da demonstração de que existe plausibilidade no direito invocado pelo autor (*fumus boni iuris*),[13] a tutela de urgência também impõe a demonstração de que o tempo que o processo levará até o atingimento da decisão final será capaz de lhe causar prejuízos. É o que se convencionou chamar de *periculum in mora*.

A tutela de urgência, fundada em *fumus* e *periculum*, abrange duas categorias: a tutela antecipada e a tutela cautelar.

Não há dúvida de que ambas se prestam a combater o fator tempo no processo. Todavia, adota-se o posicionamento de que se trata de técnicas absolutamente distintas, cada qual destinada a tutelar de forma diferente uma pretensão urgente da parte.[14]

A tutela antecipada consiste em antecipar total ou parcialmente os efeitos práticos da sentença final de procedência. Trata-se de providência satisfativa. Porém, não se antecipam os provimentos pretendidos pelo autor, tais como

---

13 Para José Carlos Barbosa Moreira, a concessão de medida cautelar não pressupunha "a demonstração cabal de que o requerente na verdade tem o direito que alega", de modo que o juiz deveria conferir apenas da existência do *fumus boni iuris* (MOREIRA, José Carlos Barbosa. Medida cautelar liminarmente concedida e omissão do requerente em propor a tempo a ação principal. In: *Temas de direito processual:* quarta série. São Paulo: Saraiva, 1989, p. 291).

14 Esse também é o posicionamento da doutrina italiana, que reconhece a existência de *cautelari conservativi* e de *cautelari antecipatori* no sistema italiano, com características semelhantes à tutela cautelar e à tutela antecipada do sistema brasileiro (RICCI, Gian Franco. *Diritto processuale civile*, v. 3. 4. ed. Torino: G. Giappichelli Editore, 2013, p. 224-225).

uma condenação ou uma declaração. Tome-se como exemplo a indevida inclusão do nome do sujeito no cadastro de restrição de crédito por alegado descumprimento de uma obrigação. O pedido de antecipação de tutela não poderá ser formulado para que se reconheça de antemão que o autor não é devedor. Pede-se a antecipação de um efeito prático de tal reconhecimento, que é a retirada do nome do sujeito de tal cadastro.

A tutela cautelar, apesar de também ser fundada em urgência, destina-se a conceder ao requerente uma providência assecuratória, isto é, conservativa de um direito. Não se antecipa nenhum efeito prático da sentença. A cautelar tem por objetivo assegurar o resultado prático da futura sentença. Ela serve ao processo.[15] Garante a utilidade do resultado que venha a ser atingido por meio do processo. É o que ocorre, por exemplo, com a medida cautelar de arresto. O arresto de valores destina-se a assegurar que, uma vez que o réu seja condenado, haverá patrimônio disponível (penhorável) para que o crédito seja satisfeito.

Não se pode negar a existência de situações concretas em que tal distinção não ficará tão evidente. Para esses casos, aplica-se a técnica da fungibilidade entre as tutelas de urgência – que já era empregada ao tempo do CPC/73 e que foi robustecida no CPC/2015 (arts. 294, parágrafo único, e 300, *caput*).[16]

A incidência da fungibilidade entre as medidas urgentes significará, por exemplo, que um pedido formulado sob o rótulo de cautelar, caso o juiz detecte se tratar de um pedido satisfativo, poderá ser concedido sob a forma de uma tutela antecipada. Considerando que os requisitos para a sua concessão são os mesmos (*fumus* e *periculum* – art. 300), não haverá relevante dificuldade na aplicação da fungibilidade. A fungibilidade será de mão dupla e incidirá tanto em relação aos pedidos formulados de modo incidental, quanto em relação às pretensões urgentes requeridas em caráter antecedente.[17]

5. Concessão da tutela de urgência antes ou durante o processo

A tutela provisória de urgência (cautelar ou antecipada) poderá ser concedida em caráter antecedente ou incidentalmente no processo em curso (art. 294, parágrafo único).

---

15 YARSHELL, *Curso...*, v. 1, p. 309.

16 THEODORO JÚNIOR, Humberto. *Curso de direito processual civil*. v. 1. 65. ed. Rio de Janeiro: Forense, 2024, p. 593; CAMBI, Eduardo; DOTTI, Rogéria; PINHEIRO, Paulo Eduardo D'Arce; MARTINS, Sandro Gilbert; KOZIKOSKI, Sandro Marcelo. *Curso de processo civil completo*. 2. ed. São Paulo: Thomson Reuters Brasil, 2019, p. 298-294.

17 O tema da fungibilidade entre as medidas de urgência requeridas em caráter antecedente é tratado nos comentários ao art. 305.

Isso significa que a parte disporá de duas alternativas.

Poderá optar por pleitear apenas a concessão de uma tutela antecipada ou de uma tutela cautelar, quando a urgência for contemporânea à propositura da ação. Nesses casos, a parte não precisará se preocupar em ajuizar uma petição inicial definindo precisamente a sua pretensão principal. Poderá se limitar a demonstrar os requisitos para a concessão da medida de urgência (art. 300, *caput*) e expor sumariamente a sua futura pretensão principal. Serão então deflagrados procedimentos específicos para cada espécie de demanda urgente, que permitirão à parte introduzir posteriormente no processo a sua pretensão principal (arts. 303, § 1º, I, e 308, *caput*).

Mas, se a parte já dispuser de todos os elementos necessários à formulação da sua pretensão principal, poderá propor as duas demandas na mesma petição inicial, isto é, poderá deduzir o pedido de tutela de urgência (cautelar ou antecipada) e também o seu pedido de tutela final. Nesse caso não será deflagrado o respectivo procedimento da tutela de urgência requerida em caráter antecedente. Tratar-se-á de hipótese de tutela provisória de urgência requerida em caráter incidental e o processo seguirá desde o início o procedimento comum.

A tutela provisória de evidência, por sua vez, não poderá ser requerida em caráter antecedente. Ela será sempre requerida incidentalmente no processo.[18] Essa foi a opção legislativa.[19]

> **Art. 295.** A tutela provisória requerida em caráter incidental independe do pagamento de custas.
>
> *CPC de 1973 – sem dispositivo correspondente*

6. Regra geral: pagamento das custas no início do processo

Como regra, as despesas processuais serão *antecipadas* pelas partes desde o início do processo até a decisão final ou, na execução, até a satisfação integral do direito reconhecido no título (art. 82, *caput*).

---

18 Sobre a possibilidade ou não de concessão da tutela de evidência antes do estabelecimento do contraditório, confiram-se os comentários ao art. 311.

19 GAJARDONI, Fernando; DELLORE, Luiz; ROQUE, Andre Vasconcelos; OLIVEIRA JR.; Zulmar. *Comentários ao Código de Processo Civil.* 5. ed. Rio de Janeiro: Forense, 2022, p. 465. Em sentido contrário, confira-se o entendimento de Cassio Scarpinella Bueno: "Também não há por que negar a viabilidade de a tutela da evidência ser requerida *antecedentemente*, não apenas de modo incidental, ao menos nos casos em que o parágrafo único do art. 311 admite sua concessão liminarmente. Neste caso, desde que ostente natureza antecipada, ela pode vir a se *estabilizar* consoante se façam presentes as exigências do art. 304" (BUENO, Cassio Scarpinella. *Curso sistematizado de direito processual civil*, v. 1. 14. ed. São Paulo: Saraiva Jur, 2024, p. 361).

Essa diretriz geral não é aplicável aos atos processuais praticados pela Fazenda Pública, pelo Ministério Público e pela Defensoria Pública. Tais entes estão dispensados de *antecipar* despesas no curso do processo. Contudo, há determinação expressa no sentido de que esses valores serão pagos (ou ressarcidos) ao final pelo vencido (art. 91) – que eventualmente pode vir a ser um desses entes dispensados de antecipar tais valores.

Também não precisam antecipar despesas processuais os beneficiários da gratuidade da justiça (art. 98). Mas, do mesmo modo, nesse caso não é afastada a responsabilidade do beneficiário pelo pagamento (ou ressarcimento) das despesas processuais e dos honorários advocatícios decorrentes de sua sucumbência (art. 98, §§ 2º e 3º), tampouco pelas multas processuais que lhe sejam impostas (art. 98, § 4º).

Será cancelada a distribuição do feito se a parte responsável pela antecipação das custas processuais, após intimada, não realizar o pagamento das custas ou despesas de ingresso no prazo de quinze dias (art. 290).

7. Dispensa do pagamento de custas para a tutela incidental

As custas relativas à tutela de urgência requerida em caráter antecedente ou pleiteada conjuntamente com a pretensão principal serão pagas pela parte requerente, uma única vez, no início do processo.

Tal demanda – exclusivamente urgente ou já completa, com o pedido de tutela final – terá o efeito de instaurar o processo contra o réu. Nesse processo serão desenvolvidas atividades relacionadas inicialmente à pretensão urgente e, em seguida, será investigada, com eventual dilação probatória, a procedência ou improcedência do pedido principal do autor.[20]

Disso decorre que não haverá a incidência de custas no pedido de tutela provisória requerida em caráter incidental (art. 294). Tampouco será exigido o pagamento de novas custas quando autor da tutela antecipada antecedente aditar a petição inicial para incluir o pedido de tutela final (art. 303, § 3º). Também não incidirão novas custas quando o requerente da tutela cautelar antecedente deduzir o seu pedido principal (art. 308).

Nessas hipóteses não haverá a exigência de novas custas porque tanto o pedido incidental quanto a pretensão principal serão deduzidos por simples petição no bojo do processo já em curso. Nenhum desses casos caracterizará a instauração de um novo processo. Logo, não se justificaria a exigência do pagamento de custas adicionais, além daquelas já recolhidas no início do processo.

---

20 Salvo nos casos de estabilização da tutela antecipada antecedente por ausência de interposição de recurso (art. 304, *caput*) ou de decisão imediata decorrente da revelia acerca do pedido cautelar (art. 307, *caput*).

Art. 296. A tutela provisória conserva sua eficácia na pendência do processo, mas pode, a qualquer tempo, ser revogada ou modificada.

Parágrafo único. Salvo decisão judicial em contrário, a tutela provisória conservará a eficácia durante o período de suspensão do processo.

CPC de 1973 – art. 273

8. Caráter provisório e temporário da medida

A tutela provisória possui caráter provisório e temporário.

Essas características são complementares.

Ela é provisória porque manterá a sua eficácia enquanto não houver uma decisão judicial posterior que a revogue ou a modifique (art. 296, *caput*, parte final).[21] Rigorosamente, isso pode ocorrer a qualquer tempo ou grau de jurisdição. Contudo, enquanto persistirem os pressupostos fáticos e jurídicos que ampararam a concessão de medida, a tutela provisória manter-se-á vigente.

A tutela provisória também é temporária, pois tem a sua eficácia limitada no tempo.[22] Destina-se a vigorar enquanto estiver pendente o processo (art. 296, *caput*). Após o trânsito em julgado não haverá mais razão de ser para a persistência da eficácia da tutela provisória. Ela já terá sido absorvida por uma decisão de mérito, de procedência ou improcedência, cuja cognição exauriente implicará a sua prevalência em relação à tutela provisória (de cognição sumária). Ou terá sido expressamente revogada em virtude da extinção do processo sem resolução de mérito (ou com resolução de mérito, nos casos em que for acolhida a alegação de prescrição ou de decadência). Em qualquer dessas hipóteses, a tutela provisória concedida cederá espaço para uma tutela jurisdicional final, que enfrente ou não o mérito.

9. Revogação ou modificação

A decisão que defere uma tutela provisória não será imutável. A provisoriedade que lhe é inerente conduz à conclusão de que ela será passível de ser revogada ou modificada.

A revogação consiste no indeferimento da decisão anteriormente concedida. Evidentemente que tal revogação deverá ser motivada. A revogação pode

21 THEODORO JÚNIOR, *Curso...*, v. 1, p. 593; BUENO, Cassio Scarpinella. *Manual de direito processual civil.* 9. ed. São Paulo: Saraiva Jur, 2023, p. 175; DONIZETTI, Elpídio. *Curso de direito processual civil*: volume único. 27. ed. Barueri: Atlas, 2024, p. 433.

22 ZAVASCKI, Teori Albino. *Antecipação da tutela.* 7. ed. São Paulo: Saraiva, 2009, p. 34; THEODORO JÚNIOR, *Curso...*, v. 1, p. 593; LIEBMAN, Enrico Tullio. *Manuale di diritto processuale civile.* 7. ed. Milano: Giuffrè, 2007, p. 203.

se amparar em elementos que já constavam dos autos ao tempo da concessão da tutela provisória, mas que por qualquer motivo foram ignorados pelo julgador naquele momento. Ou mesmo poderá se fundar em alegações ou provas inexistentes ao tempo da prolação da decisão que deferiu a tutela provisória, mas que foram introduzidas nos autos após o estabelecimento do contraditório.[23] Nesses casos, desde que haja requerimento da parte, o julgador poderá legitimamente alterar o seu entendimento, revogando a decisão anteriormente concedida.

A modificação poderá ocorrer nas hipóteses em que o julgador, com base em elementos não analisados anteriormente (já presentes nos autos ou posteriormente trazidos aos autos), acolher pedido da parte para o fim de ampliar, reduzir ou mesmo alterar o conteúdo da tutela provisória concedida.

De todo modo, o julgador jamais poderá alterar o seu posicionamento, sob o fundamento de que "mudou de ideia". A revogação ou modificação da decisão que deferiu a tutela provisória deverá ser fundamentada em elementos constantes dos autos (art. 298).

10. Necessidade de alegações novas, fatos novos ou provas novas

A revogação ou modificação da decisão que deferiu uma tutela provisória somente poderá ocorrer quando for alterado o panorama fático ou jurídico considerado pelo julgador no momento de decidir.[24]

A decisão poderá ser revogada ou modificada quando sobrevierem alegações da contraparte, que até então eram ignoradas pelo juiz. Tais alegações, por exemplo, podem conduzir o julgador a melhor avaliar um documento já constante dos autos ou demonstrar que a tese firmada em julgamento de caso repetitivo (que amparou a concessão da tutela de evidência) foi superada pelo tribunal superior.

A tutela provisória concedida também será passível de revogação ou modificação quando forem introduzidos no processo fatos novos. Tais fatos novos poderão conduzir o juiz a perceber, por exemplo, que a pretensão do autor de obter a condenação do réu ao pagamento de valores está extinta por prescrição. A consideração de tal fato pelo juiz será passível, quando menos, de eliminar a plausibilidade das alegações que o autor deduziu na petição inicial.

---

23 DEU, Teresa Armenta. *Lecciones de derecho procesal civil*. 13. ed. Madrid: Marcial Pons, 2021, p. 517.

24 O art. 488 do *Code de procédure civile* francês consigna que a decisão acerca da tutela provisória não ficará imutabilizada pela coisa julgada, mas só poderá ser modificada diante da superveniência de circunstâncias novas. Na doutrina francesa, há quem interprete tal regra como um caso de *coisa julgada provisória* (COUCHEZ, Gérard; LAGARDE, Xavier. *Procédure civile*. 16. ed. Paris: Sirey, 2011, p. 79).

Ainda, a tutela provisória poderá ser revista quando houver a superveniência de novas provas no processo.[25] Isso ocorrerá com o estabelecimento do contraditório, por exemplo, no caso em que a medida urgente tiver sido concedida liminarmente e o réu então apresente prova documental que elimine a plausibilidade ou a urgência alegadas pelo autor. As provas novas também poderão ser produzidas no âmbito da fase instrutória. É o caso em que a prova pericial conclui, por exemplo, que o vício construtivo alegado pelo autor não foi causado pelo réu – infirmando, assim, um estudo técnico unilateral anexado à petição inicial.

Tais alterações na tutela provisória são admissíveis a qualquer tempo. Isso significa que ela poderá ser revogada ou modificada pelo juiz prolator da decisão ou em sede recursal, mas desde que sobrevenham novos elementos que justifiquem a alteração do entendimento anteriormente adotado.

11. O pedido de suspensão de medidas urgentes contrárias ao Poder Público

Nesse tópico será realizada apertada síntese acerca do cabimento de tutela provisória contra a Fazenda Pública e da possibilidade de determinados sujeitos impugnarem tal provimento por meio de pedido de suspensão de liminares ou de sentenças contrárias ao Poder Público.

A necessidade de uma análise pormenorizada desse tema deriva da sua especial relação com dois temas centrais acerca da tutela provisória de urgência.

De um lado, o incidente de suspensão de liminar relaciona-se intimamente com a temática das medidas de urgência contra a Fazenda Pública. Afinal, o pedido de suspensão consiste em meio de impugnação destinado a suspender a eficácia de medidas urgentes deferidas contra a Fazenda Pública.

Por outro lado, o incidente de suspensão caracteriza uma aparente exceção à regra do *caput* do art. 296, que assim dispõe: "A tutela provisória conserva sua eficácia na pendência do processo, mas pode, a qualquer tempo, ser revogada ou modificada". Como se verá adiante, a revogação e a modificação da tutela provisória não serão as únicas formas de retirar a sua eficácia na pendência do processo. Isso também poderá ocorrer por meio do deferimento do pedido de suspensão de liminar.

De modo a facilitar a análise do tema, faremos menção apenas a *incidente de suspensão de liminar* ou *pedido de suspensão de liminar*, expressões que abrangerão as demais denominações recebidas pelo instituto: suspensão de segurança, suspensão de tutela antecipada, suspensão de tutela provisória etc.

---

25 TJPR, 17ª Câmara Cível, Agravo de Instrumento 0006726-66.2023.8.16.0000, rel. Des. Tito Campos de Paula, j. 07.06.2023.

11.1. Tutela provisória em face da Fazenda Pública

A regra geral será a admissibilidade da concessão de tutela provisória em face da Fazenda Pública. Basta que estejam presentes os requisitos para a concessão da tutela de urgência (art. 300) ou para o deferimento da tutela da evidência (art. 311).

As exceções legais ao cabimento de tais provimentos contra o Poder Público foram mantidas expressamente no CPC/2015, especificamente pelo art. 1.059.

Ocorre que grande parte das exceções legais ao cabimento de tais medidas em face da Fazenda Pública foram declaradas inconstitucionais pelo Supremo Tribunal Federal, por meio da ADI 4.296/DF. Tal ação de controle direto de constitucionalidade tratou especificamente das restrições contidas nos arts. 7º, § 2º, e 22, § 2º, da Lei n. 12.016/2009 (Lei do Mandado de Segurança), porém repercutiu sobre os arts. 1º e 2º da Lei n. 8.437/92.

Atualmente, persistem apenas as restrições contidas no art. 1º da Lei n. 9.494/97, que foram declaradas constitucionais pelo Supremo Tribunal Federal no âmbito da ADC 4. Mas, ainda assim, os tribunais superiores têm conferido interpretação restritiva a tais hipóteses, não permitindo que elas sejam aplicadas em hipóteses diversas das estritamente previstas na Lei n. 9.494/97.[26]

11.2. Espectro de incidência do pedido de suspensão

A origem histórica do incidente de suspensão de decisões contrárias ao Poder Público remonta ao período de vigência da Constituição de 1934. O art. 13 da Lei n. 191/36 (que disciplinou o mandado de segurança previsto na Constituição de 1934) foi o primeiro mecanismo destinado a suspender a execução de decisão contrária ao Poder Público no sistema brasileiro. Tratava-se de instituto orientado a emprestar efeito suspensivo ao recurso interposto contra a sentença concessiva da segurança.

Posteriormente, o Código de Processo Civil de 1939 passou a regulamentar o mandado de segurança em capítulo específico, inclusive esclarecendo as hipóteses de cabimento do pedido de suspensão em seu art. 328 ("para evitar lesão grave à ordem, à saúde ou à segurança pública").

Em 1951 foi editada a Lei n. 1.533, que disciplinou de forma autônoma o mandado de segurança e revogou as disposições correlatas contidas no CPC de 1939. O art. 13 da Lei n. 1.533/51 tratou do incidente de suspensão, reputando-o cabível apenas para suspender a sentença concessiva da segurança.

Somente com o advento da Lei n. 4.348/64 tornou-se possível deduzir pedido de suspensão tanto contra sentença quanto contra liminar concedida

26 O regime das medidas urgentes contra a Fazenda Pública será examinado de forma detalhada nos comentários ao art. 300.

no âmbito do mandado de segurança. A Lei n. 4.348/64 também ampliou o rol de objetos tuteláveis: a partir de então, a suspensão de liminar ou sentença em mandado de segurança poderia ser obtida, desde que demonstrados que a sua execução era apta a causar grave lesão à ordem, à saúde, à segurança ou à economia públicas.

Muito embora tenha sido concebido para contrastar decisões contrárias ao Poder Público no âmbito de mandado de segurança, a tendência legislativa em ampliar os poderes do julgador no âmbito das mais diversas ações despertou o interesse do legislador (e por vezes também do Poder Executivo, como evidenciam as medidas provisórias que foram editadas casuisticamente a respeito do tema) no sentido de restringir ao máximo a execução imediata de decisões contrárias ao Poder Público.

Essa reação verificou-se com a edição da Lei n. 7.347/85 (que disciplina a ação civil pública), que contemplou a viabilidade de a liminar deferida em uma ação civil pública ser sustada em razão de causar grave lesão aos interesses públicos qualificados pela Lei. A mesma possibilidade está prevista no art. 25 da Lei n. 8.038/90 (Lei de Recursos), no art. 4º e parágrafos da Lei n. 8.437/92 — na redação que lhe foi dada pela Medida Provisória 2.180-35, cuja vigência foi mantida pela Emenda Constitucional n. 32/2001 — (que dispõe sobre ação cautelar inominada, ação popular e ação civil pública), no art. 1º da Lei n. 9.494/97 (que dispõe sobre a tutela antecipada contra a Fazenda Pública) e no art. 16 da Lei n. 9.507/97 (que dispõe sobre o *habeas data*).

Em 10 de agosto de 2009 foi publicada a Lei n. 12.016, que disciplina o mandado de segurança individual e coletivo. A Lei n. 12.016/2009 conduziu à revogação da Lei n. 1.533/51 e da Lei n. 4.348/64. Todavia, como se verá adiante, não houve alteração substancial na disciplina da suspensão de segurança. Nesse ponto, a Lei n. 12.016/2009 preocupou-se em compilar em um único diploma não apenas o regramento contido na legislação esparsa, mas também diversos posicionamentos já assentes no âmbito dos Tribunais Superiores.

Essa profusão de leis destinadas a conferir prerrogativas ao Estado no âmbito das mais diversas demandas compôs uma espécie de "sistema de suspensão".

Da análise dessas Leis e Medidas Provisórias destinadas a elastecer ao máximo a incidência do pedido de suspensão para todos os processos em que a Fazenda Pública figure como parte, atinge-se o seguinte espectro de incidência do instituto: o pedido de suspensão pode ser formulado contra liminar ou sentença proferidas (a) em ações civis públicas (art. 12, § 1º, da Lei n. 7.347/85 c/c art. 4º, § 1º, da Lei n. 8.437/92); (b) em ações ajuizadas com base no Título III do Código de Defesa do Consumidor (art. 90 da Lei n. 8.078/90); (c) em ações baseadas no Estatuto da Criança e do Adolescente (art. 224 da Lei n. 8.069/90); (d) em ações cautelares (art. 4º, *caput* e § 1º, da Lei n. 8.437/92); (e) em ações populares (art. 4º, *caput* e § 1º, da Lei n. 8.437/92); (f) em ações no âmbito das quais tenha sido deferida tutela antecipatória ou tutela específica (art. 1º da Lei n. 9.494/97 c/c art. 4º da Lei n. 8.437/92); e (g) em mandados de segurança (art. 15 da Lei n. 12.016/2009 e art. 25 da Lei n. 8.038/90).[27]

11.3. Natureza jurídica e finalidade do incidente de suspensão

Sem a pretensão de promover exame minucioso sobre o tema[28], para os fins deste estudo é suficiente afirmar que o posicionamento que melhor explica a natureza jurídica do pedido de suspensão de decisão contrária ao Poder Público é o que o identifica como medida cautelar (contracautela) destinada a neutralizar os efeitos de decisão provisória contrária ao Poder Público, como forma de proteger o resultado útil do processo.

Esse requerimento tem por escopo tutelar eventual decisão final de improcedência da ação movida contra o Poder Público ante a existência de liminar ou de sentença cuja execução possa causar grave lesão aos bens jurídicos tutelados pelas leis que compõem o "sistema de suspensão".

11.4. Legitimidade ativa

As leis que compõem o "sistema de suspensão" são expressas em considerar legitimada a pessoa jurídica de direito público interessada para a formulação do pedido de suspensão da eficácia das decisões contrárias ao Poder Público ou seus agentes.

No entanto, da mesma forma que se alargou o conceito de autoridade coatora em sede de mandado de segurança para abranger os concessionários e permissionários de serviço público, bem como as instituições particulares de ensino superior, *mutatis mutandis*, este também foi o entendimento adotado a propósito da legitimação ativa em sede de suspensão.

A doutrina e a jurisprudência amplamente majoritárias também consideram legitimadas para intentar o incidente de suspensão as pessoas jurídicas de

---

27 O STF também reputa cabível o pedido de suspensão para sustar a eficácia de liminar acautelatória deferida no âmbito de processo de controle concentrado de constitucionalidade (STF, Tribunal Pleno, SL 1.557 MC-AgR, rel. Min. Rosa Weber, j. 07.02.2023, *DJe* 16.02.2023).

28 Para um exame detalhado acerca de todos os posicionamentos existentes a propósito da natureza jurídica dos pedidos de suspensão, confira-se: AMARAL, Paulo Osternack. *Arbitragem e Administração Pública*: aspectos processuais, medidas de urgência e instrumentos de controle. Belo Horizonte: Fórum, 2012, p. 125-137.

direito privado que desempenhem função pública, na medida em que se sujeitam ao regime jurídico-administrativo.[29] É o caso das concessionárias de serviço público,[30] das sociedades de economia mista[31] e das empresas públicas.[32] Todavia, esse entendimento é excepcionado quando se constata que o ente privado não exerce função pública ou que o seu pleito de suspensão não tem por escopo a tutela de um dos interesses públicos qualificados pela lei, mas de mero interesse particular.[33]

Também se tem reconhecido a legitimidade de entes despersonalizados para a formulação do pleito de suspensão, como por exemplo, da Câmara Municipal,[34] da Assembleia Legislativa[35] e do Tribunal de Contas,[36] desde que o façam com o objetivo de preservar as suas prerrogativas institucionais.

O Ministério Público é legitimado para formular pedido de suspensão de decisão proferida no âmbito de quaisquer ações movidas contra o Poder Público (art. 127, *caput*, art. 129, II e III, ambos da CF; art. 176 do CPC).

Desse modo, conclui-se que o Ministério Público, diante do princípio da independência funcional dos seus agentes no exercício das funções, detém

---

29 BUENO, Cassio Scarpinella. *A nova lei do mandado de segurança.* 2. ed. São Paulo: Saraiva, 2010, p. 129; WALD, Arnoldo. *Mandado de segurança na prática judiciária.* 6. ed. Rio de Janeiro: Forense, 2021, p. 212; CÂMARA, Alexandre Freitas. *Manual do mandado de segurança.* 2. ed. São Paulo: Atlas, 2014, p. 308; THEODORO JÚNIOR, Humberto. *Lei do Mandado de Segurança comentada:* artigo por artigo. 2. ed. Rio de Janeiro: Forense, 2019, p. 326; VENTURI, Elton. *Suspensão de liminares e sentenças contrárias ao Poder Público.* 2. ed. São Paulo: Revista dos Tribunais, 2010, p. 78; CUNHA, Leonardo Carneiro da. *A Fazenda Pública em Juízo.* 19. ed. Rio de Janeiro: Forense, 2022, p. 631.

30 STJ, Corte Especial, AgInt na SLS 2.511/PR, rel. Min. Humberto Martins, j. 07.04.2021, *DJe* 01.07.2021.

31 STJ, Corte Especial, AgInt na SLS 3.117/DF, rel. Min. Maria Thereza de Assis Moura, j. 11.10.2022, *DJe* 19.10.2022.

32 STF, Tribunal Pleno, SL 1.264, rel. Min. Dias Toffoli, j. 24.08.2020, *DJe* 16.09.2020; STJ, Corte Especial, AgInt nos EDcl na SLS 2.814/SP, rel. Min. Humberto Martins, j. 22.06.2021, *DJe* 25.06.2021; STJ, 2ª Turma, AgInt no AREsp 977.317/BA, rel. Min. Assusete Magalhães, j. 06.03.2018, *DJe* 12.03.2018.

33 STJ, Corte Especial, AgInt na SLS 3.018/SP, rel. Min. Maria Thereza de Assis Moura, j. 15.03.2023, *DJe* 13.04.2023.

34 STJ, Corte Especial, AgInt na SLS 2.865/MA, rel. Min. Humberto Martins, j. 16.03.2022, *DJe* 05.04.2022.

35 STF, Tribunal Pleno, SL 112 AgR, rel. Min. Ellen Gracie, j. 04.10.2006, *DJ* 24.11.2006; STJ, SLS 3.355, rel. Min. Maria Thereza de Assis Moura, j. 13.11.2023, *DJe* 16.11.2023 – decisão monocrática.

36 NORTHFLEET, Ellen Gracie. Suspensão de sentença e de liminar. *Revista de Processo*, v. 97, jan./mar. 2000, p. 184-185. Na jurisprudência, confira-se: STF, Tribunal Pleno, SL 1.420 AgR, rel. Min. Luiz Fux, j. 20.09.2021, *DJe* 11.10.2021.

legitimidade (por qualquer de seus membros) para formular pedido de suspensão das decisões proferidas no âmbito de quaisquer das ações abrangidas pelo dito "sistema de suspensão", desde que, por óbvio, o façam na medida de suas atribuições funcionais.[37]

11.5. Interesse processual

Conforme se infere da própria redação dos dispositivos que disciplinam os incidentes de suspensão, não basta que a pessoa jurídica de direito público seja legitimada para formular o pedido excepcional; é indispensável que ela seja também *interessada*. Isso equivale a dizer que para requer a sustação da eficácia de uma decisão judicial, a pessoa jurídica de direito público deverá demonstrar uma relação de pertinência entre as suas atribuições institucionais e o interesse público ameaçado de grave lesão.[38]

Portanto, o interesse processual da pessoa jurídica de direito público deverá agregar dois atributos, conjuntamente: tencionar proteger a ordem, a saúde, a segurança ou a economia públicas ameaçadas de grave lesão e comprovar que os efeitos da decisão que se pretende sustar incidirão diretamente sobre a sua atividade (*rectius*: esfera jurídica).

Observe-se que as regras que expressamente reconheceram legitimidade ao Ministério Público para pleitear tal suspensão não o fizeram agregadas do atributo "*interessado*". Isso não ocorreu por acaso. A Constituição Federal foi expressa em atribuir legitimidade ao Ministério Público sempre que estiver presente o interesse público. Como os pedidos de suspensão têm por escopo fundamentalmente a tutela de tais interesses, avulta uma espécie de legitimidade *a priori* do Ministério Público para requerer a suspensão de decisões, ainda que com elas não guarde nenhuma relação de referibilidade.

Ainda acerca do interesse, exige-se a demonstração de que a situação de grave lesão aos interesses públicos — que ampara o pleito de sustação da eficácia da decisão judicial — seja atual e iminente, pois se a grave lesão já se consumou não há interesse na dedução da medida excepcional.

Além disso, o STJ reconhece que o eventual transcurso do prazo para a interposição do recurso para impugnar o conteúdo da decisão não é suficiente para prejudicar o interesse processual do requerente no que tange ao pedido de suspensão.[39]

---

37 VENTURI, *Suspensão...*, p. 81-82; BUENO, *A nova...*, p. 139; CÂMARA, *Manual do Mandado...*, p. 309-310.

38 VENTURI, *Suspensão...*, p. 88.

39 "Nos termos da Lei n. 8.437/92, art. 4º, *caput* e § 6º, a não interposição de recurso próprio na origem não obsta o conhecimento do pedido de suspensão pela Presi-

Interessante questão diz respeito ao interesse processual no que concerne ao emprego concomitante do pedido de suspensão e da atribuição excepcional de efeito suspensivo ao recurso cabível (por exemplo, agravo de instrumento – art. 1.019, I, e art. 995, parágrafo único).

A primeira situação que se vislumbra sobre o tema consiste na hipótese em que é atribuído efeito suspensivo ao agravo de instrumento e, ainda assim, pretende-se obter a suspensão da decisão por meio do requerimento excepcional ao presidente do tribunal. Nessa hipótese, não é difícil perceber que faltaria interesse processual na posterior formulação do pedido de suspensão, na medida em que se pretenderia sustar a eficácia de decisão já ineficaz.

Na hipótese inversa, também avulta a ausência de interesse, isto é, caso se obtivesse a suspensão dos efeitos da decisão por meio do requerimento de suspensão dirigido ao presidente do tribunal, não subsistiria interesse ao Poder Público na obtenção do efeito suspensivo no agravo de instrumento já interposto contra aquela mesma decisão. Contudo, o interesse no julgamento do mérito do agravo de instrumento permaneceria incólume, pois, enquanto o recurso de agravo tem por escopo infirmar os fundamentos da decisão, o pedido de suspensão destina-se a neutralizar os efeitos da decisão contrária ao Poder Público.[40]

No entanto, persistirá o interesse processual do ente legitimado quando o efeito suspensivo do agravo de instrumento já tiver sido rejeitado, conforme se extrai do § 6º do art. 4º da Lei n. 8.437/92: "A interposição do agravo de instrumento contra liminar concedida nas ações movidas contra o Poder Público e seus agentes não prejudica nem condiciona o julgamento do pedido de suspensão a que se refere este artigo".

Em outros termos, esse dispositivo esclarece que a adoção de uma das vias não exclui a outra, ainda que se destinem a alcançar a mesma finalidade: impedir a eficácia da decisão contrária ao Poder Público. Tal escopo pode ser atingido por meio da suspensão cautelar da eficácia da decisão (efeito suspensivo do agravo de instrumento, arts. 995, parágrafo único, 1.019, I, e pedido

---

dência do Tribunal competente para o recurso em tese cabível. E isso afirma a distinção e independência entre o pedido de suspensão de liminar e eventual recurso relativo à causa" (STJ, Corte Especial, AgInt no AgInt na SLS 2.610/DF, rel. Min. Raul Araújo, j. 17.05.2023, *DJe* 23.06.2023).

40 Em sentido contrário, confira-se o seguinte julgado do Tribunal de Justiça do Paraná: "Em que pese a parte sustente existir interesse recursal, este não é o melhor entendimento, pois inexiste, após a suspensão da liminar, o binômio necessidade e utilidade do recurso" (TJPR, 4ª Câmara Cível, Agravo de Instrumento 0042889-84.2019.8.16.0000, rel. Juíza de Direito Subst. Em 2º grau Cristiane Santos Leite, rel. p/ acórdão Des. Regina Helena Afonso de Oliveira Portes, j. 03.03.2020).

de suspensão, art. 4º, da Lei n. 8.437/92) ou da sua reforma ou anulação (julgamento da questão de fundo do agravo).

Ademais, como visto, o dispositivo é suficientemente claro no sentido de que o pedido de suspensão poderá ser intentado até mesmo quando o agravo de instrumento tiver sido desprovido no mérito.

Isso conduz à admissão da concomitância do agravo de instrumento e do pedido de suspensão, afastando-se a tese de que a opção por uma das vias inviabilizaria a adoção da outra.[41]

11.6. O mérito dos pedidos de suspensão

As leis que compõem o "sistema de suspensão" definem que o pedido de suspensão será cabível "em caso de manifesto interesse público ou de flagrante ilegitimidade, e para evitar grave lesão à ordem, à saúde, à segurança e à economia públicas".

Os fundamentos elencados no aludido dispositivo constituem rol exaustivo, não podendo o incidente de suspensão ser fundamentado em hipótese não constante daquele elenco legal.[42] Essa é a interpretação que melhor se compatibiliza com o caráter excepcional do incidente de suspensão.

11.6.1. Flagrante ilegitimidade, probabilidade de defeito e juízo de delibação

O *caput* do art. 4º da Lei n. 8.437/92 – ora adotado como regra paradigma para o estudo do tema – afirma que a execução da decisão contrária ao Poder Público poderá ser suspensa caso seja demonstrado o "manifesto interesse público" *ou* a "flagrante ilegitimidade" *e* que o pedido se destinará a "evitar grave lesão à ordem, à saúde, à segurança ou à economia públicas".

Portanto, "manifesto interesse público" e "flagrante ilegitimidade" são requisitos aparentemente alternativos. Mas nenhum deles é suficiente para se

41 BUENO, Cassio Scarpinella. *Manual do Poder Público em Juízo*. São Paulo: Saraiva Jur, 2022, p. 151; CUNHA, Leonardo Carneiro da. Do conflito entre o agravo de instrumento e o pedido de suspensão de liminar. *Revista dos Tribunais*, v. 813, jul. 2003, p. 167; TALAMINI, Eduardo. Nota sobre a atual natureza jurídica da suspensão de decisões contrárias ao Poder Público, à luz do seu regime de eficácia. *Revista Dialética de Direito Processual*, v. 67, out. 2008, p. 46.

42 THEODORO JÚNIOR, *Lei...*, p. 324; DINAMARCO, Cândido Rangel. Suspensão do mandado de segurança pelo presidente do tribunal. *Fundamentos do processo civil moderno*, v. 1. 4. ed. São Paulo: Malheiros, 2001, p. 618-619. O STJ corrobora o caráter taxativo do rol constante do *caput* do art. 4º da Lei n. 8.437/92 (STJ, Corte Especial, AgInt na SLS 3.090/MG, rel. Min. Maria Thereza de Assis Moura, j. 15.03.2023, *DJe* 27.03.2023; STJ, Corte Especial, AgInt na SLS 3.401/CE, rel. Min. Maria Thereza de Assis Moura, j. 11.06.2024, *DJe* 17.06.2024).

obter a suspensão. A lei também exige a comprovação do risco de grave lesão "à ordem, à saúde, à segurança ou à economia públicas".[43]

No que tange ao requisito da "flagrante ilegitimidade", a interpretação mais adequada do *caput* do art. 4º da Lei n. 8.437/92 é a de que o incidente de suspensão será cabível quando, cumulativamente, for flagrante o defeito da decisão contrária ao Poder Público[44-45] *e* por meio do pedido de suspensão pretenda-se evitar grave lesão à ordem, à saúde, à segurança ou à economia públicas. Ou seja, trata-se de requisitos cumulativos, equivalentes ao *fumus* e ao *periculum* com especiais conotações, que deverão ser ponderados reciprocamente, pois a presença de um exigirá uma demonstração menos intensa do outro.

Muito embora a lei possa transparecer que somente em alguns casos o pedido de suspensão seria deduzido com fundamento na probabilidade de defeito da decisão contrária ao Poder Público ("flagrante ilegitimidade"), a correta interpretação do dispositivo aponta para solução diversa.

Para que se avalie se a execução da decisão contrária ao Poder Público é apta a causar grave lesão à ordem, à saúde, à economia ou à segurança públicas também é "preciso vislumbrar ao menos alguma probabilidade de defeito, erro, nessa decisão. Caso contrário, não há perspectiva de *lesão* no sentido jurídico do termo, pois a lesão pressupõe ilicitude".[46]

---

43 A respeito da insuficiência de mera alegação no âmbito dos incidentes de suspensão e a necessidade de "demonstração cabal", confiram-se: STJ, Corte Especial, AgInt na SLS 3.021/MT, rel. Min. Humberto Martins, j. 18.10.2023, *DJe* 06.12.2023; STJ, Corte Especial, AgInt na SLS 2.186/PB, rel. Min. Laurita Vaz, j. 07.12.2016, *DJe* 15.12.2016.

44 VILLELA, Gilberto Etchaluz. *A suspensão das liminares e das sentenças contra o Poder Público*. Porto Alegre: Síntese, 1998, p. 91-92; BUENO, Cassio Scarpinella. *Liminar em mandado de segurança*. 2. ed., São Paulo: Revista dos Tribunais, 1999, p. 214-215; GUTIÉRREZ, Cristina. *Suspensão de liminar e de sentença na tutela do interesse público*. Rio de Janeiro: Forense, 2000, p. 40.

45 O Superior Tribunal de Justiça também reputa que a "A 'flagrante ilegitimidade' cogitada no art. 4º da Lei 8.437/92 não é condição da ação, porque se refere, no contexto do dispositivo, à execução da liminar nas ações movidas contra o Poder Público ou seus agentes" (Corte Especial, AgRg na SLS 827/SP, rel. Min. Humberto Gomes de Barros, j. 04.06.2008, *DJe*, 07.08.2008).

46 TALAMINI, Nota sobre a atual..., p. 51. Na mesma linha, Cassio Scarpinella Bueno ensina que "deve o requerente da suspensão da liminar ou da segurança demonstrar também a injuridicidade (ilegitimidade) do ato judicial praticado em benefício do impetrante. Não basta, desta sorte, a demonstração das razões políticas (ou metajurídicas) indicadas naquele dispositivo legal. Mister que aquelas consequências nefastas ao interesse público sejam sentidas, porque o ato do qual se pretende a suspensão é contrário ao ordenamento jurídico e, por esta razão, é que afeta, negativamente, os valores constantes do referido art. 4º. Não fosse assim — e porque

Portanto, o pedido de suspensão sempre exigirá a demonstração da probabilidade da existência de defeito na decisão contrária ao Poder Público.

O Supremo Tribunal Federal reconhece pacificamente a viabilidade de aferição de defeito da decisão em sede de pedido de suspensão. Trata-se do chamado *juízo de delibação*, por meio do qual o presidente do tribunal examina, em cognição superficial, o mérito do processo principal.[47]

11.6.2. Os interesses qualificados pela lei

O *caput* do art. 4º da Lei n. 8.437/92 consigna que o pedido de suspensão se destinará a "evitar grave lesão à ordem, à saúde, à segurança ou à economia públicas".

Muito embora a regra contemple expressões de conteúdo aberto, a doutrina e a jurisprudência já se dedicaram a definir tais conceitos, de modo a permitir a sua adequada aferição no caso concreto.

A definição precisa da expressão *ordem pública*, como fundamento para o pedido de suspensão, encontra-se assente na jurisprudência há décadas. Quando do exercício da Presidência do extinto Tribunal Federal de Recursos, o Ministro Néri da Silveira asseverou que no conceito de "ordem pública compreende-se a ordem administrativa em geral, isto é, a normal execução do serviço público, o regular andamento das obras públicas, o devido exercício das funções da Administração pelas autoridades constituídas".[48]

Uma decisão terá aptidão para causar grave lesão à *saúde pública* quando a sua execução possa comprometer a regular prestação (gestão do sistema) de serviço público relativo à saúde. É o que se extrai de uma análise detida a

---

não existe interesse público à margem da lei —, nunca seria imaginável a ocorrência dos pressupostos *condutores* da suspensão da liminar ou da sentença concessiva do mandado de segurança" (BUENO, *Liminar*..., p. 223-224).

47 O STF consolidou o entendimento de que o incidente de suspensão comporta avaliação superficial a respeito do mérito do processo principal, o chamado juízo de delibação: Tribunal Pleno, SL 1.411, rel. Min. Luiz Fux, j. 29.03.2021, *DJe* 13.05.2021; Tribunal Pleno, SL 1.164 AgR, rel. Min. Dias Toffoli, j. 06.12.2019, *DJe* 12.02.2020; Tribunal Pleno, SS 5.049-AgR-ED, rel. Min. Ricardo Lewandowski, j. 20.04.2016, *DJe* 13.05.2016. Esse também é o entendimento do STJ: Corte Especial, AgInt na SLS 3.021/MT, rel. Min. Humberto Martins, j. 18.10.2023, *DJe* 06.12.2023; Corte Especial, AgInt na SLS 3.090/MG, rel. Min. Maria Thereza de Assis Moura, j. 15.03.2023, *DJe* 27.03.2023; Corte Especial, AgInt na SS 3.349/GO, rel. Min. Humberto Martins, j. 12.04.2022, *DJe* 19.04.2022.

48 TFR, SS 4.405/SP, *DJ* 07.12.1979. Esse entendimento tem sido reiteradamente reafirmado em recentes julgados do STJ: Corte Especial, AgInt na SLS 2.507/RJ, rel. Min. Humberto Martins, j. 15.06.2022, *DJe* 22.06.2022; Corte Especial. AgRg na SS 1.504/MG, rel. Min. Edson Vidigal, j. 20.03.2006, *DJ* 10.04.2006.

propósito da jurisprudência dos Tribunais Superiores. Já se reputou que determinada decisão é apta a causar grave lesão à saúde pública quando, por exemplo: (a) põe em risco a continuidade da prestação do serviço de saúde;[49] (b) interfere na atividade regulatória desempenhada pela ANS;[50] (c) ameaça o funcionamento do sistema de abastecimento de água e esgoto de determinada municipalidade;[51] (d) suspende as atividades de coleta de resíduos sólidos domiciliares e de limpeza e manutenção em determinado local.[52]

Com relação à hipótese de grave lesão à *segurança pública*, reputa-se estar preenchido esse requisito quando a decisão seja capaz de causar lesão física à população ou grave abalo à pacífica convivência social.[53]

Por fim, será atentatória à *economia pública* a decisão que, em razão do seu impacto financeiro, tenha comprovada aptidão de prejudicar ou inviabilizar a prestação de serviços públicos essenciais à população ou a realização de uma obra pública indispensável à sociedade.

De modo a evitar que o Poder Público se valha do fundamento da grave lesão à "economia pública" para obter a satisfação de interesses egoístico-fazendários, impõe-se que o respectivo pedido de suspensão seja acompanhado de elementos (por exemplo, provas documentais) que demonstrem a aptidão de a decisão judicial objeto do incidente de suspensão causar lesão ao bem jurídico envolvido naquele caso concreto (no caso, à economia pública).[54]

---

49 STJ, Corte Especial, AgInt na SLS 3.243/MA, rel. Min. Maria Thereza de Assis Moura, j. 13.06.2023, *DJe* 19.06.2023.

50 STJ, Corte Especial, AgRg na SLS 1.807/RJ, rel. Min. Felix Fischer, j. 19.02.2014, *DJe* 26.02.2014.

51 STJ, Corte Especial, AgInt na SLS 2.487/SC, rel. Min. João Otávio de Noronha, j. 25.08.2020, *DJe* 27.08.2020.

52 STJ, Corte Especial, AgRg na SLS 2.043/RJ, rel. Min. Francisco Falcão, j. 16.09.2015, *DJe* 05.10.2015.

53 STJ, Corte Especial, AgInt na SLS 3.042/ES, rel. Min. Humberto Martins, j. 18.05.2022, *DJe* 01.06.2022; STJ, Corte Especial, AgInt na SLS 2.511/PR, rel. min. Humberto Martins, j. 07.04.2021, *DJe* 01.07.2021; STJ, Corte Especial, AgRg nos Edcl na SLS 807/SP, rel. Min. Cesar Asfor Rocha, j. 28.05.2009, *DJe* 04.08.2009; STJ, Corte Especial, AgRg na SS 1.026/PA, rel. Min. Nilson Naves, j. 16.10.2002, *DJ* 18.11.2002.

54 "A respeito da lesão à economia, a mera alegação, desvinculada de dados concretos e de efetiva demonstração, não é suficiente para ensejar o acolhimento do pedido de suspensão" (STJ, Corte Especial, AgRg na SS 1.844/PI, rel. Min. Cesar Asfor Rocha, j. 02.02.2009, *DJe* 19.02.2009). No mesmo sentido: STJ, Corte Especial, AgInt na SLS 3.373/SE, rel. Min. Maria Thereza de Assis Moura, j. 25.06.2024; *DJe* 28.06.2024; STJ, Corte Especial, AgInt na SLS 3.277/SP, rel. Min. Maria Thereza de Assis Moura, j. 12.09.2023, *DJe* 15.09.2023.

11.7. Prazo para a dedução do pedido

As leis que integram o "sistema de suspensão" silenciaram sobre o prazo para a dedução do pedido de suspensão.

A interpretação que melhor se amolda às características do pedido de suspensão é a de que o requerimento poderá ser formulado a qualquer tempo antes do trânsito em julgado da decisão de mérito,[55] isto é, preventivamente quando ainda exista apenas a ameaça de que a decisão provisória produza efeitos ou, caso já iniciada a produção de eficácia da decisão, enquanto tais efeitos estiverem incidindo de forma provisória sobre os interesses qualificados pela lei.[56]

11.8. Competência

O pedido de suspensão da decisão contrária ao Poder Público deverá ser endereçado ao presidente do tribunal competente para conhecer do respectivo recurso (art. 4, *caput*, da Lei n. 8.437/92).

Isso significa que se uma liminar em mandado de segurança for deferida por um juiz da Vara da Fazenda Pública de Curitiba, o órgão competente para conhecer de eventual pedido de suspensão da liminar será a presidência do Tribunal de Justiça do Estado do Paraná, pois seria esse o tribunal competente para apreciar eventual recurso de agravo de instrumento.

Contudo, se a mesma decisão liminar tivesse sido concedida no âmbito da Justiça Federal de Brasília, o correspondente pedido de suspensão deveria ser dirigido ao presidente do Tribunal Regional Federal da 1ª Região.

Ou seja, o pedido de suspensão tendente a sustar a eficácia de decisão liminar proferida por juiz de primeiro grau será endereçado à presidência do tribunal a que esteja subordinado o magistrado prolator da decisão.

Também é cabível o incidente de suspensão contra acórdão que negar provimento ao recurso de agravo de instrumento interposto contra a liminar (art. 4º, § 5º, da Lei n. 8.437/92). Nessa hipótese, o pedido de suspensão deverá ser dirigido ao presidente do Tribunal competente para julgar eventual recurso especial (STJ) ou extraordinário (STF), visto que o acórdão do agravo substituirá a liminar de primeiro grau. Caso sejam cabíveis ambos os recursos extraordinários *lato sensu*, deverá ser deduzido um único pedido de suspensão

---

55 O STJ firmou entendimento no sentido de reputar que, presentes os requisitos legais, o pedido de suspensão tem cabimento em qualquer momento antes do trânsito em julgado da decisão de mérito (Corte Especial, AgInt na SLS 2.181/BA, rel. Min. Laurita Vaz, j. 16.11.2016, *DJe* 06.12.2016; Corte Especial, AgRg na SLS 618/GO, rel. Min. Barros Monteiro, j. 19.12.2007, *DJ* 11.02.2008).

56 VENTURI, *Suspensão...*, p. 176.

ao presidente do Supremo Tribunal Federal, pois a matéria constitucional absorve a matéria infraconstitucional.[57] Todavia, se a decisão que se pretende suspender ensejar apenas ofensa reflexa à Constituição, a competência para a apreciação do pedido de suspensão recai sobre o presidente do Superior Tribunal de Justiça, pois nessa hipótese o recurso extraordinário será incabível.[58]

Poderá haver casos, no entanto, em que mesmo diante do desprovimento do agravo de instrumento, a parte deduza o pedido de suspensão perante o presidente do próprio tribunal que apreciou o recurso já rejeitado. Nessa hipótese, o incidente deverá ser indeferido de plano. O eventual acolhimento do pedido de suspensão usurpará a competência do presidente do STJ ou do STF, cabendo reclamação constitucional destinada a preservar a competência do Tribunal Superior.[59]

No âmbito dos Tribunais Superiores, aplica-se a regra contida no art. 25 da Lei n. 8.038/90, a qual dispõe que da liminar ou da decisão concessiva de mandado de segurança, proferida em única ou última instância, caberá pedido de suspensão ao presidente do Superior Tribunal de Justiça ou do Supremo Tribunal Federal, a depender se a questão for relativa à lei federal ou constitucional.[60]

11.9. Eficácia no tempo da decisão suspensiva

Anteriormente foram tratados os principais contornos do pedido de suspensão, notadamente o seu cabimento e alguns aspectos procedimentais.

Atinge-se agora o ponto principal, que justificou o exame pormenorizado do incidente de suspensão: a eficácia temporal da decisão que defere o pedido de suspensão da eficácia da medida urgente concedida contra o Poder Público.

57 CUNHA, *A Fazenda...*, p. 634. Na jurisprudência, destacam-se os seguintes julgados: STJ, Corte Especial, AgInt na SLS 2.441/PI, rel. Min. João Otávio de Noronha, j. 21.05.2019, *DJe* 24.05.2019; STJ, Corte Especial, AgRg na SLS 242/RJ, rel. Min. Barros Monteiro, j. 02.08.2006, *DJ* 11.09.2006.

58 STJ, Corte Especial, AgRg na SS 1.705/PE, rel. Min. Barros Monteiro, j. 29.06.2007, *DJ* 24.09.2007; STJ, Corte Especial, AgRg na SS 1.612/AM, rel. Min. Barros Monteiro, j. 06.09.2006, *DJ* 09.10.2006.

59 CUNHA, *A Fazenda...*, p. 636. Na jurisprudência: STJ, Corte Especial, Rcl 46.127/AM, rel. Min. Maria Thereza de Assis Moura, j. 06.03.2024, *DJe* 20.03.2024.

60 Em sentido contrário, Gilberto Etchaluz Villela sustenta que a competência para apreciar pedidos de suspensão formulados contra decisões liminares de relator é do presidente do tribunal de que é integrante o próprio relator que proferiu a decisão. Para tanto, fundamenta que a lei outorga competência para apreciar tal pedido de suspensão ao presidente do tribunal ao qual couber o conhecimento do respectivo recurso que, segundo o autor, seria o agravo interno (VILLELA, *A suspensão...*, p. 71).

De acordo com o § 9º do art. 4º da Lei n. 8.437/92, "A suspensão deferida pelo Presidente do Tribunal vigorará até o trânsito em julgado da decisão de mérito na ação principal".

A despeito de o aludido § 9º ser inaplicável aos pedidos suspensivos deduzidos incidentalmente aos processos de mandado de segurança, e de a Lei n. 12.016/2009 ser omissa em relação à duração da suspensão, fato é que o Supremo editou a Súmula 626[61], cuja redação notadamente se baseou no § 3º do art. 25 da Lei n. 8.038/90, que assim dispõe: "A suspensão de segurança vigorará enquanto pender o recurso, ficando sem efeito, se a decisão concessiva for mantida pelo Superior Tribunal de Justiça ou transitar em julgado".

Essas regras têm a nítida pretensão de conferir eficácia à decisão que suspende a tutela de urgência, de natureza antecipatória ou acautelatória, até o trânsito em julgado da sentença que apreciar o mérito do processo. Trata-se do que a doutrina convencionou chamar de "ultra-atividade" do pedido de suspensão.

Não há consenso na doutrina acerca do tempo de duração da decisão que susta a eficácia de provimento (urgente ou definitivo) contrário ao Poder Público.

Há quem repute correta a orientação jurisprudencial, apoiando a permanência da suspensão até o trânsito em julgado da decisão de mérito do processo.[62] Todavia, não é esse o entendimento prevalecente em sede doutrinária.

Em dedicado estudo a propósito do tema, Dinamarco considera que a prolação da sentença faz cessar a eficácia da liminar — que deixa de existir — e prejudica a suspensão deferida pelo presidente do tribunal. Assim, Dinamarco considera que os motivos que ensejaram a suspensão da liminar hão de ser colocados em confronto, não mais com a liminar (já inexistente no mundo jurídico), mas com a sentença e seus fundamentos.[63] Esse posicionamento do autor deriva da ideia de que, em qualquer hipótese, o ato jurisdicional proferido com base em cognição exauriente (sentença de mérito) substitui a decisão proferida a partir de um juízo de plausibilidade (por exemplo, liminares).

Partindo dessa premissa, Dinamarco conclui que jamais a suspensão de uma liminar concedida em processo de mandado de segurança poderá propa-

61 Eis o teor da Súmula 626 do STF: "A suspensão da liminar em mandado de segurança, salvo determinação em contrário da decisão que a deferir, vigorará até o trânsito em julgado da decisão definitiva de concessão da segurança ou, havendo recurso, até a sua manutenção pelo Supremo Tribunal Federal, desde que o objeto da liminar coincida, total ou parcialmente, com o objeto da impetração".

62 SIQUEIRA FILHO, Elio Wanderley de. Da ultra-atividade da suspensão de liminar em "writ". *Revista dos Tribunais*, São Paulo, n. 701, mar. 1994, p. 27.

63 DINAMARCO, *Suspensão*..., p. 624.

gar-se à sentença de procedência. A única forma de pretender manter inexequível a decisão (agora de mérito) contrária ao Poder Público será formulando novo pedido de suspensão da eficácia da sentença concessiva da segurança.[64]

De fato, se o incidente de suspensão tem por escopo retirar a eficácia de liminar ou de sentença contrária ao Poder Público, nada mais razoável que se reputar inviável a manutenção de suspensão que tinha por objeto sustar a eficácia de decisão liminar que não existe mais (por exemplo, em razão da sua substituição por uma sentença de mérito, de cognição exauriente).[65] Dito de outro modo, em virtude da absorção da liminar pela sentença de mérito, não haverá mais efeitos a serem sustados, evidenciando-se a perda de objeto (*rectius*, interesse de agir) do incidente de suspensão.

Em termos práticos, para que não haja sobreposição do juiz singular em relação ao presidente do tribunal, reputa-se adequado que, sobrevindo sentença de mérito substitutiva da liminar, essa circunstância seja comunicada nos autos do incidente de suspensão, de modo que a perda de objeto seja reconhecida no âmbito do próprio incidente — jamais por juiz hierarquicamente inferior.

O entendimento que parece ser o mais adequado é o seguinte: a regra do § 9º do art. 4º da Lei n. 8.437/92, que estende o estado de ineficácia da liminar até o trânsito em julgado da decisão final do processo, só deve ser aplicada no silêncio da decisão quanto à duração de seus efeitos.[66] Caso a decisão que deferir o pedido de suspensão contenha um termo final anterior ao trânsito em julgado, tal será o período de ineficácia da medida urgente proferida contra a Fazenda Pública.

11.10. O incidente de suspensão e a (in)eficácia da tutela provisória de urgência

O incidente de suspensão de liminares e sentenças contrárias ao Poder Público possui natureza jurídica de medida cautelar e pode ser deduzido especialmente pela pessoa jurídica de direito público (ou por quem lhe fala as vezes), por entes despersonalizados que pretendam preservar as suas prerrogativas institucionais e pelo Ministério Público.

O pedido de suspensão será cabível em caso de manifesto interesse público ou de flagrante ilegitimidade e para evitar grave lesão à ordem, à saúde, à

64 DINAMARCO, *Suspensão...*, p. 629-630.

65 BUENO, *Manual do Poder...*, p. 154.

66 STJ, Corte Especial, AgRg na Rcl 34.882/DF, rel. Min. João Otávio de Noronha, j. 26.03.2019, *DJe* 01.04.2019; STJ, Corte Especial, AgRg na SLS 162/PE, rel. Min. Barros Monteiro, j. 04.10.2006, *DJ* 11.12.2006.

segurança e à economia públicas. Assim, além de demonstrar ofensa aos interesses públicos qualificados pela lei, o incidente de suspensão exigirá a demonstração superficial de que a decisão impugnada possui (é provável que possua) alguma espécie de defeito.

A decisão que acolher o pedido de suspensão não implicará a revogação, reforma ou cassação do pronunciamento contrário ao Poder Público. Conduzirá à sustação da eficácia da decisão, cujo estado de ineficácia perdurará, em princípio, até o trânsito em julgado da decisão final de mérito a ser proferida no processo – ou por prazo mais curto que tenha constado expressamente da decisão do presidente do tribunal que deferiu a suspensão.

Disso decorre que a decisão que deferir o pedido de suspensão de liminar caracterizará exceção à regra do *caput* do art. 296. Implicará a suspensão da eficácia da medida de urgência, sem que tenha havido revogação ou modificação.

12. Persistência da eficácia da tutela provisória nos processos suspensos

Em princípio, a suspensão do processo não impactará nos efeitos da tutela provisória concedida. Ela conservará a sua eficácia durante o período de suspensão do processo, salvo se houver uma decisão judicial que determine a suspensão dos efeitos da tutela provisória enquanto o processo estiver suspenso (art. 296, parágrafo único).

> **Art. 297.** O juiz poderá determinar as medidas que considerar adequadas para efetivação da tutela provisória.
>
> **Parágrafo único.** A efetivação da tutela provisória observará as normas referentes ao cumprimento provisório da sentença, no que couber.
>
> *CPC de 1973 – arts. 798 e 805*

13. Poderes de efetivação do juiz

Uma vez concedida a tutela provisória, o julgador disporá de amplos poderes para determinar as medidas que considerar adequadas à efetivação da sua decisão (art. 297, *caput*). O juiz poderá implementar concretamente a sua decisão mediante o emprego das técnicas previstas para o cumprimento provisório de sentença, no que couber (art. 297, parágrafo único).

Isso não equivale a afirmar que a decisão que concede uma tutela provisória será *executada* mediante um processo de execução ou mesmo por meio de um cumprimento de sentença.[67] O parágrafo único do art. 297 pretende asse-

67 NEVES, Daniel Amorim Assumpção. *Manual de Direito Processual Civil*: volume único. 16. ed. São Paulo: JusPodivm, 2024, p. 343; WAMBIER e TALAMINI,

gurar que o julgador implemente de forma concreta a sua decisão mediante o emprego das técnicas previstas no cumprimento provisório.

Tal revela a natureza provisória do provimento, que ficará sem efeito caso seja reformado ou anulado, com a responsabilidade do beneficiário da medida pela reparação dos danos que a parte contrária tiver sofrido pela sua efetivação.

A decisão concessiva da tutela provisória, no mais das vezes, ostentará natureza mandamental ou executiva *lato sensu*, de modo que será efetivada no próprio processo em que foi deferida.

A locução "no que couber" permite concluir que não será em todo e qualquer caso que deverão ser aplicadas as regras do cumprimento provisório para efetivar a tutela provisória. O juiz deverá ponderar concretamente a necessidade do emprego de tais técnicas e, acima de tudo, verificar se elas terão aptidão para trazer resultados positivos.

Esse juízo de ponderação considerará a possibilidade de imposição das medidas que o julgador reputar concretamente adequadas (art. 297, *caput*) ou, se for o caso, a aplicação das técnicas previstas no cumprimento provisório (art. 297, parágrafo único).[68]

A adequada compreensão dos amplos poderes de efetivação do juiz acerca das tutelas provisórias decorre da conjugação de duas regras: de um lado, a regra geral que atribui ao juiz o dever de "determinar todas as medidas indutivas, coercitivas, mandamentais ou sub-rogatórias necessárias para assegurar o cumprimento de ordem judicial" (art. 139, IV); de outro, a regra específica que autoriza o juiz a "determinar as medidas que considerar adequadas para efetivação da tutela provisória" (art. 297, *caput*).

A conjugação dessas duas regras (arts. 139, IV, e 297, *caput*) conduz ao reconhecimento da existência de amplos poderes do julgador para efetivar a tutela provisória, por exemplo, por meio da imposição de multas periódicas ou nomeação de interventor na empresa.[69]

Evidentemente que a imposição de tais medidas deverá ser acompanhada de adequada fundamentação, como forma de permitir o controle do acerto ou

---

Curso..., v. 2, p. 961.

68 DINAMARCO, Cândido Rangel. *Instituições de Direito Processual Civil*, v. 3. 7. ed. São Paulo: Malheiros, 2017, p. 865.

69 TJPR, 10ª Câmara Cível, Agravo de Instrumento 0045835-53.2024.8.16.0000, rel. Des. Guilherme Freire de Barros Teixeira, j. 29.07.2024; TJMG, 12ª Câmara Cível, Agravo de Instrumento 1514599-61.2022.8.13.0000, rel. Des. Domingos Coelho, j. 23.03.2023; TJDFT, 6ª Turma Cível, Agravo de Instrumento 0701829-03.2022.8.07.9000, rel. Des. Leonardo Roscoe Bessa, j. 25.01.2023, *DJe* 10.02.2023. Na doutrina: CÂMARA, Alexandre Freitas. *Manual de Direito Processual Civil*. 3. ed. Barueri: Atlas, 2024, p. 300.

não da solução atingida. Por exemplo, a imposição de multa periódica poderá se revelar concretamente inadequada diante da constatação de que o destinatário da ordem não possui patrimônio.

14. Aplicação das regras do cumprimento provisório

A aplicação das regras do cumprimento provisório relaciona-se com o caráter provisório da decisão concessiva da tutela provisória (art. 297, parágrafo único) – nos termos e para os fins descritos no item precedente.

Todavia, caso a tutela antecipada em caráter antecedente se estabilize (art. 304), não há dúvida de que a sua efetivação deverá ser implementada por meio das regras do cumprimento definitivo de sentença. Afinal, nesse caso, não estaremos mais diante de um pronunciamento provisório, mas de uma decisão definitiva.[70]

Art. 298. Na decisão que conceder, negar, modificar ou revogar a tutela provisória, o juiz motivará seu convencimento de modo claro e preciso.

CPC de 1973 – art. 273

15. Dever de fundamentação da tutela provisória

O dever constitucional de motivação das decisões judiciais incide em todas as fases do processo (CF, art. 93, IX; CPC, arts. 11, 489, II e § 1º). A validade da motivação pressupõe clareza, coerência e completude.[71]

Essa diretriz geral já seria suficiente para impor que a decisão acerca da tutela provisória fosse motivada.

Todavia, o legislador optou por reiterar de forma específica a necessidade de que a decisão que conceda, negue, modifique ou revogue a tutela provisória seja fundamentada. Mais do que isso, detalhou que o juiz deverá demonstrar de modo claro e preciso os motivos que conduziram à formação do seu convencimento acerca do pedido de tutela provisória (art. 298).

Disso decorrem algumas consequências fundamentais.

De um lado, impõe ao julgador que enfrente "todos os argumentos deduzidos no processo capazes de, em tese, infirmar a conclusão adotada pelo julgador", sob pena de nulidade (art. 489, § 1º, IV). Trata-se de determinação direcionada ao juiz, consistente no dever de que a decisão dialogue de forma expressa com todas as alegações e provas produzidas no processo. Tal análise

70 DINAMARCO, *Instituições...*, v. 3, p. 864.

71 TUCCI, José Rogério Cruz e. *A motivação da sentença no processo civil*. São Paulo: Saraiva: 1987, p. 18-21; LUCCA, Rodrigo Ramina de. *O dever de motivação das decisões judiciais*. Salvador: JusPodivm, 2015, p. 217.

será indispensável para que o julgador explicite na decisão a sua convicção acerca da tutela provisória de maneira completa.

Por outro lado, a exigência de fundamentação plena das decisões que versem sobre tutela provisória torna juridicamente inadmissível, por exemplo, uma decisão que pretenda justificar o indeferimento do pedido de concessão de uma tutela provisória aludindo genericamente à "ausência dos requisitos legais" (CPC, art. 489, § 1.º, III). Do mesmo modo, também será inválida a decisão que defira um pedido de tutela provisória de urgência porque "estão presentes a probabilidade do direito e o perigo de dano ou o risco ao resultado útil do processo".

Uma decisão que empregue tal método será nula por vício de fundamentação. Espera-se que a decisão contenha uma motivação que, de forma adequada, demonstre aos litigantes o raciocínio empreendido, as alegações examinadas e as provas utilizadas pelo julgador para se atingir determinada solução. Tal demonstração é fundamental para permitir o efetivo controle da atividade judicial.[72]

16. Inexistência de discricionariedade judicial

O dever de fundamentação assume especial relevância no que concerne à decisão acerca da tutela provisória, pois os requisitos para a sua concessão consistem em conceitos indeterminados.

É o que se extrai da exigência de que a parte demonstre, por exemplo, a "probabilidade do direito" e o "risco ao resultado útil do processo" para que seja concedida uma tutela provisória de urgência.

Todavia, muito embora se trate de conceitos abertos, isso não significa que exista margem para discricionariedade judicial. O julgador não terá a opção de escolher entre duas soluções igualmente válidas.

Quando muito, poder-se-á reconhecer que o juiz terá uma maior liberdade para interpretar concretamente aqueles conceitos abertos. Mas isso não significa que possam existir duas decisões igualmente legítimas para uma mesma situação concreta: presentes os requisitos legais, o juiz *deverá* conceder a tutela provisória; ausentes os requisitos, o juiz *deverá*

72 MOREIRA, José Carlos Barbosa. A motivação das decisões judiciais como garantia inerte ao estado de direito. In: *Temas de direito processual:* segunda série. São Paulo: Saraiva, 1980, p. 88; BEDAQUE, José Roberto dos Santos. *Tutela provisória:* analisada à luz das garantias constitucionais da ação e do processo. 6. ed. São Paulo: Malheiros, 2021, p. 312; ALVIM, Eduardo Arruda. *Tutela provisória.* 2. ed. São Paulo: Saraiva, 2017, p. 111-115; LAMY, Eduardo. *Tutela provisória.* São Paulo: Atlas, 2018, p. 7.

indeferi-la. Haverá somente uma solução correta. Não há margem para discricionariedade neste juízo.

Prova disso é que a decisão que versa sobre tutela provisória poderá ser impugnada por meio de recurso, que se dedicará a demonstrar um erro na decisão impugnada e veiculará pedido de reforma ou cassação daquele pronunciamento. Vale dizer, se caberá recurso para demonstrar o desacerto da decisão, isso significa que haverá apenas uma solução certa para a situação concreta – seja aquela que foi concebida pelo juiz singular seja aquela outra que se pretende obter com a decisão do tribunal.

17. Regra geral: impossibilidade de concessão da tutela provisória de ofício

Como regra, a tutela provisória não poderá ser concedida de ofício pelo juiz. Ela pressupõe pedido da parte.[73] Trata-se de uma imposição do sistema. Há razões de ordem sistemática que justificam essa conclusão.

O processo se ampara no princípio da inércia da jurisdição, segundo o qual ele se inicia por iniciativa da parte (art. 2º).[74] Trata-se de uma garantia de imparcialidade do julgador, que está impedido de formular pedido de tutela em favor do autor – ou, o que seria ainda pior, em desfavor do réu.

Também se extrai do princípio da inércia a exigência da adstrição ou da correlação entre o pedido e a decisão (arts. 141 e 492). Com isso, impõe-se que o juiz decida nos limites propostos pelas partes e, consequentemente, veda-se que seja proferida decisão de natureza diversa da pleiteada.

Considerando que a tutela provisória integra a tutela jurisdicional que se pretende obter por meio do processo, conclui-se que a concessão desse provimento judicial se submete à formulação de uma demanda pelo interessado.[75]

De todo modo, após iniciado o processo por iniciativa da parte, não há dúvida de que ele será impulsionado pelo juiz (art. 2º), independentemente de nova manifestação de vontade das partes.[76]

---

73 DEU, *Lecciones...*, p. 512.

74 Constituem exemplos de exceções à inércia da jurisdição: (i) instauração do Incidente de Resolução de Demandas Repetitivas – IRDR (arts. 976 e 977); (ii) instauração do conflito de competência (art. 951); (iii) incidente de arguição de constitucionalidade (art. 948); e (iv) cumprimento de sentença que impõe prestação de fazer, não fazer ou entregar de coisa (arts. 536 e 538). Sobre o tema, confira-se: DIDIER JR., Fredie. Comentários ao art. 2º. In: CABRAL, Antonio do Passo; CRAMER, Ronaldo (Coord.). *Comentários ao Novo Código de Processo Civil.* Rio de Janeiro: Forense, 2015, p. 4-5.

75 THEODORO JÚNIOR, *Curso...*, v. 1, p. 616.

76 WAMBIER, Luiz Rodrigues; TALAMINI, Eduardo. *Curso avançado de Processo Civil: Teoria geral do Processo,* v. 1. 21. ed. São Paulo: Thomson Reuters, 2022, p. 83.

Disso decorre que, se uma decisão judicial – interlocutória ou final – for proferida em desacordo com tais diretrizes do sistema, o pronunciamento será inválido, por ofensa àquelas regras (arts. 2º, 141 e 492).

Além disso, a tutela provisória atribui à parte que dela se beneficia um risco: responsabilidade objetiva pelos prejuízos que ela causar ao adversário, no caso de a medida ser revogada, reformada ou cassada (art. 302). Logo, não seria juridicamente admissível impor esse risco a qualquer das partes quando ela não requereu a tutela provisória e, consequentemente, não desejou assumir o risco a ela inerente.[77-78]

Mas, ainda que não houvesse uma justificativa sistemática para sustentar a impossibilidade da concessão de tutela provisória de ofício, não se pode ignorar a literalidade dos arts. 295, 299 e 303, que expressamente determinam que a tutela provisória será *requerida*.[79]

Com isso, a tutela provisória pressuporá, como regra, a formulação de um respectivo requerimento pela parte.

18. Exceções legais: admissão de determinadas cautelares *ex officio*

Não se ignora a existência de entendimento doutrinário e jurisprudencial que admite excepcionalmente a concessão *ex officio* de tutela provisória destinada a evitar o perecimento do direito da parte, de modo a preservar o resultado útil do processo.[80] Especificamente, destaca-se o posicionamento que

---

Caracterizam-se como exemplos de exceções ao princípio do impulso oficial, pois exigem nova manifestação da parte para que o processo se desenvolva, sob pena de extinção sem resolução de mérito: art. 485, II (processo parado por 1 ano) e III (autor abandona a causa por mais de 30 dias).

77 DIDIER JR., Fredie; BRAGA, Paula Sarno; OLIVEIRA, Rafael A. de. *Curso de Direito Processual Civil:* teoria da prova, direito probatório, decisão, precedente, coisa julgada, processo estrutural e tutela provisória, v. 2. 18. ed. São Paulo: JusPodivm, 2023, p. 759; BUENO, *Curso sistematizado...*, v. 1, p. 689.

78 Daniel Mitidiero pretende resolver esse impasse a partir da consulta à parte que seria beneficiada com a tutela antecipada concedida *ex officio*, mediante exercício do dever de cooperação (MITIDIERO, Daniel. *Antecipação da tutela (da tutela cautelar à técnica antecipatória).* 4. ed. São Paulo: Thomson Reuters, 2019, p. 110). No entanto, essa construção não parece contornar a exigência sistemática da formulação de demanda expressa para a obtenção da tutela provisória (de urgência e de evidência) nem a ofensa à isonomia decorrente de tal atuação *ex officio* pelo juiz.

79 THEODORO JÚNIOR, *Curso...*, v. 1, p. 616; WAMBIER e TALAMINI, *Curso...*, v. 2, p. 957; ALVIM, José Manoel de Arruda. *Manual de Direito Processual Civil:* teoria geral do processo, processo de conhecimento, recursos, precedentes. 20. ed. São Paulo: Thomson Reuters, 2021, p. 768.

80 THEODORO JÚNIOR, *Curso...*, v. 1, p. 616. Na jurisprudência: STJ, 4ª Turma, AgInt no AREsp 975.206/BA, rel. Min. Maria Isabel Gallotti, j. 27.04.2017, *DJe*

defende a possibilidade da concessão de tutela cautelar incidental por ela se destinar a proporcionar eficiência ao processo e não a satisfazer o direito de uma das partes.[81]

Todavia, discorda-se desse posicionamento. Reputa-se que somente será admissível a concessão de uma tutela provisória *ex officio* quando a lei assim expressamente autorizar.[82] Caso a tutela provisória seja concedida em hipóteses não expressamente autorizadas pela lei, haverá afronta às regras da inércia e da congruência, o que conduzirá à invalidade da decisão.

Há três principais exemplos em que a lei autoriza a concessão de tutela provisória *ex officio* pelo juiz, isto é, sem um respectivo pedido da parte: (*i*) fixação de alimentos provisórios (art. 4º da Lei n. 5.478/68);[83] (*ii*) exigência de seguro de navios ou de aeronaves penhorados, para que continuem a operar (art. 864);[84] (*iii*) providências urgentes na execução suspensa (art. 923).[85]

19. Modificação ou revogação da tutela provisória

Em princípio, a tutela provisória conservará a sua eficácia enquanto o processo estiver em curso, salvo se for revogada ou modificada (art. 296).

19.1. Por iniciativa das partes: regra geral

Como regra, a tutela provisória poderá ser modificada ou revogada por iniciativa das partes. Tal iniciativa pode se concretizar por meio da interposição de recurso ao órgão competente ou da formulação de pedido de reconsideração ao próprio juiz prolator da decisão.

04.05.2017; TRF5, 3ª Turma, Agravo de Instrumento 0001945-84.2016.4.05.0000, rel. Des. Carlos Rebêlo Júnior, j. 09.11.2017; TJAM, 1ª Câmara Cível, Agravo de Instrumento 4003300-21.2017.8.04.0000, rel. Des., Anselmo Chíxaro, j. 07.05.2018, *DJe* 15.08.2018.

81 DINAMARCO, *Instituições...*, v. 3, p. 862.

82 WAMBIER e TALAMINI, *Curso...*, v. 2, p. 957; DIDIER JR., BRAGA e OLIVEIRA, *Curso...*, v. 2, p.759.

83 Dispõe o art. 4º da Lei n. 5.478/68: "As [*sic*] despachar o pedido, o juiz fixará desde logo alimentos provisórios a serem pagos pelo devedor, salvo se o credor expressamente declarar que deles não necessita".

84 Dispõe o art. 864 do CPC: "A penhora de navio ou de aeronave não obsta que continuem navegando ou operando até a alienação, mas o juiz, ao conceder a autorização para tanto, não permitirá que saiam do porto ou do aeroporto antes que o executado faça o seguro usual contra riscos".

85 Dispõe o art. 923 do CPC: "Suspensa a execução, não serão praticados atos processuais, podendo o juiz, entretanto, salvo no caso de arguição de impedimento ou de suspeição, ordenar providências urgentes".

19.1.1. Interposição de recurso contra a decisão acerca da tutela provisória

A parte poderá interpor agravo de instrumento contra a decisão singular que versar sobre tutela provisória (art. 1.015, I). Qualquer das partes poderá ostentar concretamente interesse para impugnar a tutela provisória decidida pelo juiz de primeiro grau. Tudo dependerá do conteúdo da decisão proferida.

A parte que requereu a medida terá interesse em impugnar a decisão que indeferir, modificar ou revogar a tutela provisória. O adversário terá interesse em recorrer da decisão que conceder total ou parcialmente a tutela provisória requerida pela outra parte. Nesses casos o interesse em recorrer é evidente.

Mas também haverá interesse recursal em relação à decisão que conceder parcialmente a tutela provisória. É o caso, por exemplo, em que a parte requer a concessão de medida urgente para duas finalidades: suspender os efeitos de uma penalidade de multa já aplicada e a emissão de ordem para que a autoridade administrativa se abstenha de registrar o nome da parte em cadastro de inadimplentes. Todavia, a medida urgente é concedida apenas para impedir o registro do nome da parte em cadastro de inadimplentes. Haverá então interesse da parte em interpor agravo de instrumento para obter a providência que requereu, mas que foi indeferida.

Em todos esses casos a parte terá interesse em obter uma situação mais favorável do que a concedida pelo juízo singular.

O agravante poderá comunicar nos autos de origem a interposição do agravo instrumento[86], hipótese em que o juiz, tomando conhecimento das razões contidas no recurso, terá a oportunidade de reconsiderar a sua decisão. A reconsideração da decisão pelo juiz prolator conduzirá o relator a considerar "prejudicado o agravo de instrumento" (art. 1.018, § 1º). Rigorosamente, haverá uma perda superveniente do interesse recursal.

A tutela provisória também poderá ser decidida no âmbito do tribunal, por meio de decisão monocrática (de relator ou do presidente do tribunal, por exemplo) ou de acórdão proferido por órgão colegiado.

Se a tutela provisória for concedida pelo relator ou pelo presidente do tribunal, a parte contrária terá interesse em obter a sua reversão por meio de agravo interno (art. 1.021, *caput*). O agravo interno admite a realização de juízo de retratação, após a concessão de vista ao agravado para oferecimento

---

86 No caso de autos físicos, a agravante terá o ônus de juntar aos autos de origem "cópia da petição do agravo de instrumento, do comprovante de sua interposição e da relação dos documentos que instruíram o recurso" (art. 1.018, *caput*), no prazo de três dias. Caso não o faça e isso seja alegado e provado pelo adversário, o recurso será reputado inadmissível (art. 1.018, §§ 2º e 3º).

de eventual resposta ao agravo. Caso o julgador não reconsidere a sua decisão proferida monocraticamente, o recurso será então submetido a julgamento pelo órgão colegiado (art. 1.021, § 2º).

Se a tutela provisória for concedida no julgamento do mérito do agravo de instrumento, o recurso em tese cabível será o recurso extraordinário ou o recurso especial – com todas as dificuldades inerentes à admissibilidade de tais recursos contra um pronunciamento que envolva tutela provisória.[87]

Situação interessante ocorrerá quando a tutela provisória for concedida em sede de agravo de instrumento, com acórdão precluso, e posteriormente seja proferida sentença julgando improcedente a demanda. Nesse caso, reputa-se que a sentença, proferida com base em cognição exauriente, absorverá a tutela provisória, concedida mediante cognição sumária. A prevalência da sentença singular sobre o acórdão do tribunal decorre da profundidade da cognição inerente à sentença, e não de um critério hierárquico.[88]

Neste mesmo exemplo, caso seja proferida sentença de improcedência quando ainda pender recurso contra o acórdão do agravo que concedeu a tutela provisória, o recurso deverá ser julgado prejudicado, diante da prevalência da sentença (de cognição exauriente) sobre o acórdão que concedeu a tutela provisória com base em mera probabilidade.

---

87 Súmula 735 do STF: "Não cabe recurso extraordinário contra acórdão que defere medida liminar". Tal enunciado é aplicado analogicamente pelo STJ, em relação aos recursos especiais (STJ, 2ª Turma, AgInt no AREsp 2.481.531/RS, rel. Min. Herman Benjamin, j. 24.07.2024, *DJe* 28.06.2024; STJ, 4ª Turma, AgInt no AREsp 1.532.120/GO, rel. Min. Marco Buzzi, j. 05.06.2023, *DJe* 14.06.2023). Em síntese, o STF e o STJ aplicam a Súmula 735 do STF para inadmitir recursos aos tribunais superiores sob o fundamento de que as decisões que concedem ou denegam antecipação de tutela, medidas cautelares ou provimentos liminares, passíveis de alteração no curso do processo principal, não configuram decisão de última instância a ensejar o cabimento de recurso extraordinário. Nesse sentido: STF, Tribunal Pleno, ARE 1.474.378 AgR, rel. Min. Luís Roberto Barroso, j. 04.04.2024, *DJe* 17.04.2024; STF, 2ª Turma, ARE 1.271.942 AgR-segundo-ED, rel. Min. Edson Fachin, j. 25.10.2021, *DJe* 12.11.2021; STJ, 4ª Turma, AgInt no AREsp 2.510.461/MT, rel. Min. Raul Araújo, j. 01.07.2024, *DJe* 02.08.2024; STJ, 1ª Turma, AgInt no REsp 2.117.461/PE, rel. Min. Regina Helena Costa, j. 13.05.2024, *DJe* 16.05.2024.

88 TJCE, 1ª Câmara de Direito Público, Agravo de Instrumento 0634946-38.2022.8.06.0000, rel. Des. Lisete de Souza Gadelha, j. 06.02.2023, *DJe* 22.02.2023; TJPE, 1ª Câmara Cível, Agravo de Instrumento 0008543-46.2019.8.17.9000, j. 10.11.2022; TJRJ, 20ª Câmara Cível, Agravo de Instrumento 0002716-05.2017.8.19.0000, rel. Des. Conceição Aparecida Mousnier Teixeira de Guimarães Pena, j. 12.07.2017, *DJe* 14.07.2017.

19.1.2. Apresentação de pedido de reconsideração: nuances

Como visto, há hipóteses típicas em que o julgador pode reconsiderar a decisão que apreciou (deferiu ou indeferiu) a tutela provisória.

Todavia, nada impede que a modificação ou a revogação da tutela provisória seja realizada mediante provocação atípica da parte (fora das hipóteses previamente admitidas pela lei), endereçada ao próprio prolator da decisão, por meio do chamado pedido de reconsideração.

O pedido de reconsideração não tem previsão legal expressa, tampouco está qualificado pela lei como um recurso. O seu cabimento pode ser extraído do direito constitucional de petição (art. 5º, XXXIV, *a*, da CF), do contraditório, da ampla defesa (art. 5º, LV, da CF) e do princípio da colaboração (art. 6º).

O pedido de reconsideração é especialmente relevante em relação às tutelas de urgência. Ele assume função de demonstrar ao prolator da decisão (concessiva ou denegatória) da tutela provisória que ele incorreu em grave erro, passível de simples e rápida correção. A ideia do pedido de reconsideração será obter a correção da decisão sem a necessidade de recorrer a instâncias superiores por meio da interposição de um recurso, com economia processual e de recursos para as partes.

Todavia, é necessário que o pedido de reconsideração seja deduzido com algumas cautelas.

Ele não terá o efeito interruptivo próprio dos recursos. O protocolo do pedido de reconsideração não terá o efeito de interromper o prazo, por exemplo, para a interposição de agravo de instrumento contra a decisão interlocutória que tiver examinado o pedido de tutela provisória.[89] Portanto, caso o pedido de reconsideração não seja examinado pelo juiz antes do término do prazo de quinze dias, a parte deverá interpor agravo de instrumento contra a tutela provisória objeto do pedido de reconsideração, sob pena de preclusão.

Mantendo-se no mesmo exemplo, a decisão que rejeitar o pedido de reconsideração não terá o efeito de substituir a decisão acerca da tutela provi-

---

89 STJ, 1ª Turma, AgInt na PET no REsp 1.544.999/RS, rel. Min. Manoel Erhardt (Des. convocado do TRF5), j. 24.05.2022, *DJe* 27.05.2022; STJ, 4ª Turma, AgInt no AREsp 1.655.894/SC, rel. Min. Antonio Carlos Ferreira, j. 27.09.2021, *DJe* 30.09.2021; TJSP, 3ª Câmara de Direito Privado, Agravo de Instrumento 2148765-39.2024.8.26.0000, rel. Des. Donegá Morandini, j. 22.07.2024, *DJe* 26.07.2024; TJMS, 1ª Câmara Cível, Agravo de Instrumento 1410710-50.2024.8.12.0000, rel. Des. Marcos José de Brito Rodrigues, j. 04.05.2024, *DJe* 05.07.2024; TJRS, 10ª Câmara Cível, Agravo de Instrumento 5069045-93.2023.8.21.7000, rel. Des. Tulio de Oliveira Martins, j. 24.03.2023.

sória, que foi objeto daquele pedido. Não será juridicamente admissível que a parte recorra apenas da decisão que rejeitou o pedido de reconsideração, deixando de impugnar a primeira decisão. Nesse caso terá havido preclusão para impugnar a primeira decisão.

Mas constituirá uma situação diferente quando o pedido de reconsideração for acolhido, alterando-se a decisão anteriormente proferida. Nessa hipótese terá havido a prolação de uma nova decisão, diferente da anterior, que dará ensejo a um agravo de instrumento específico acerca da parte que foi alterada. Nesse caso, não haverá dúvida de que o termo inicial para tal agravo de instrumento será da intimação da decisão acerca do pedido de reconsideração.

Contudo, se a decisão originária ostentar capítulos autônomos e o pedido de reconsideração alterar apenas um deles, será somente sobre ele que se autorizará a interposição de agravo de instrumento, com termo inicial da intimação da decisão sobre o pedido de reconsideração. Com relação aos demais capítulos, que foram mantidos em sede de reconsideração, a parte deverá interpor recurso contra a decisão originária, cujo prazo se iniciará da sua intimação acerca daquele pronunciamento anterior.

Caso pretenda recorrer de todos os temas, mas adote como termo inicial a sua intimação acerca da segunda decisão (do pedido de reconsideração), o recurso não será conhecido quanto aos temas referentes à primeira decisão, considerando que já terá transcorrido o prazo de quinze dias para recorrer daquele primeiro pronunciamento.

19.2. Por iniciativa do juiz (*ex officio*)

Há relevante divergência doutrinária acerca da eventual possibilidade de o julgador revogar ou modificar *ex officio* (sem provocação da parte), antes da sentença,[90] uma tutela provisória anteriormente concedida.

Os partidários da possibilidade de revogação ou modificação *ex officio* reputam que isso seria possível caso o juiz detecte que os requisitos que autorizaram a concessão da tutela provisória não estão mais presentes.[91]

90 Sobre a revogação ou concessão da tutela provisória na sentença ou no acórdão, ver comentários aos arts. 296 e 309.

91 TJPR, 5ª Câmara Cível, Embargos de Declaração 0051740-31.2023.8.16.0014, rel. Des. Leonel Cunha, j. 19.06.2023; STJ, 3ª Turma, REsp 193.298/MS, rel. Min. Waldemar Zveiter, rel. p/ acórdão Min. Ari Pargendler, j. 13.03.2001, *DJ* 01.10.2001, p. 205; STJ, REsp 1.379.306, rel. Min. Maria Isabel Gallotti, j. 26.11.2015; *DJe* 27.11.2015 – decisão monocrática. Na doutrina, confiram-se: ASSIS, Araken de. *Processo Civil brasileiro: parte geral, institutos fundamentais – II.* v. 3. 3. ed. São Paulo: Thomson Reuters Brasil, 2022, p. 445; NEVES, *Manual...*, p. 346-347.

Contudo, o posicionamento que nos parece mais adequado e consentâneo com o princípio dispositivo é aquele que considera inadmissível que o juiz, antes da sentença, reveja de ofício o seu posicionamento e decida modificar ou revogar a tutela provisória concedida anteriormente.[92]

Ainda que os contextos fático, probatório e jurídico tenham se alterado posteriormente à prolação da tutela provisória, considera-se indispensável que a parte interessada formule pedido de alteração da medida anteriormente concedida.[93]

Entender o contrário, com o devido respeito, poderia conduzir à aceitação de duas consequências extremamente perigosas e, em nosso sentir, incorretas.

De um lado, admitir que o julgador pudesse, de ofício e antes da sentença, modificar ou revogar a tutela provisória anteriormente concedida equivaleria a admitir que seria possível a concessão de uma tutela provisória de ofício. Afinal, em ambos os casos, o julgador estaria proferindo uma nova decisão interlocutória, sem uma correspondente provocação. Rigorosamente, ambas as decisões teriam a mesma natureza.

Por outro lado, a aceitação da modificação ou revogação da tutela provisória sem requerimento das partes poderia conduzir à seguinte situação prática. É muito frequente que os processos tramitem por diversos anos. Grande parte desse tempo de tramitação ocorre em primeiro grau de jurisdição. Ou seja, é bastante frequente que entre a propositura da ação e a prolação da sentença atuem no processo diversos juízes, que com o passar do tempo são substituídos, entram em licença, são promovidos etc. Portanto, admitir que a tutela provisória seja alterada de ofício equivaleria a admitir que cada novo juiz que passasse a funcionar no processo tivesse autonomia de rever a decisão proferida pelo seu antecessor – o que causaria evidente insegurança jurídica, além de violar as regras sobre estabilidade das decisões.[94]

> **Art. 299.** A tutela provisória será requerida ao juízo da causa e, quando antecedente, ao juízo competente para conhecer do pedido principal.

---

92 MARINONI, Luiz Guilherme. *A antecipação da tutela*. São Paulo: Malheiros, 2002, p. 218; ALVIM, J. E. Carreira. *Tutela antecipada*. 4. ed. Curitiba: Juruá, 2005, p. 125; RIBEIRO, Leonardo Ferres da Silva. *Tutela provisória:* tutela de urgência e tutela de evidência do CPC/1973 ao CPC/2015. São Paulo: Revista dos Tribunais, 2018, p. 125. Na jurisprudência: TJSP, 12ª Câmara de Direito Privado, Agravo de Instrumento 2178548-91.2015.8.26.0000, rel. Des. Sandra Galhardo Esteves, j. 28.10.2015, *DJe* 29.10.2015.

93 Em sentido contrário: TJMS, 3ª Câmara Cível, Agravo de Instrumento 1407126-09.2023.8.12.0000, rel. Des. Amaury da Silva Kuklinski, j. 30.06.2023.

94 BUENO, Cassio Scarpinella. *Tutela antecipada*. São Paulo: Saraiva, 2004, p. 66-67.

Parágrafo único. Ressalvada disposição especial, na ação de competência originária de tribunal e nos recursos a tutela provisória será requerida ao órgão jurisdicional competente para apreciar o mérito.

CPC de 1973 – art. 800

20. Tutela provisória incidental

Recairá sobre o juiz da causa a competência para apreciar os pedidos incidentais de tutela provisória (art. 299, *caput*).

Considera-se pedido incidental tanto aquele formulado na petição inicial – contendo não apenas o requerimento de concessão de medida urgente, mas também os pedidos de tutela final – quanto os pedidos formulados no curso do procedimento, de forma interlocutória (art. 294, parágrafo único).

O juiz competente para os pedidos incidentais dependerá do órgão do Judiciário que está responsável por processar os pedidos finais daquela demanda. Será do juiz de primeiro grau a competência para apreciar os pedidos de tutela provisória inerentes aos processos de sua competência. Da mesma forma que recairá sobre o relator a atribuição de apreciar requerimento de tutela provisória formulado em ação de competência originária de tribunal (art. 299, parágrafo único).

Em qualquer caso, a decisão que verse sobre tutela provisória caracterizará pronunciamento interlocutório, passível de agravo de instrumento (art. 1.015, I) ou de agravo interno (art. 1.021, *caput*), respectivamente, a depender de quem o examinou (juiz singular ou relator no tribunal).

21. Tutela provisória antecedente

A tutela provisória de urgência (cautelar ou antecipada) também poderá ser concedida em caráter antecedente (art. 294, parágrafo único).

Isso significa que a parte poderá optar por pleitear apenas a concessão de uma tutela antecipada ou de uma tutela cautelar, quando a urgência for contemporânea à propositura da ação (arts. 303 e 305). Nesses casos, a parte não precisará se preocupar em deduzir uma petição inicial definindo precisamente a sua pretensão principal. Poderá se liminar a demonstrar os requisitos para a concessão da medida de urgência (art. 300, *caput*) e expor sumariamente a sua futura pretensão principal. Serão então deflagrados procedimentos específicos para cada espécie de demanda urgente, que permitirão à parte introduzir posteriormente a sua pretensão principal (arts. 303, § 1º, I, e 308, *caput*).

A tutela provisória antecedente deverá ser proposta no juízo competente para conhecer do pedido principal (art. 299), de acordo com as regras constitucionais e legais de definição de competência.

Esse é um dos motivos que justifica a exigência de que a petição inicial da tutela antecipada antecedente contenha a "indicação do pedido de tutela final" (art. 303, *caput*) e a tutela cautelar antecedente exponha "a lide e seu fundamento" (art. 305, *caput*). A competência será aferida a partir de tais elementos inerentes à futura pretensão principal.

Concedida a tutela provisória, haverá prazo para o autor deduzir seu pedido principal. Nesse momento haverá verdadeira conversão do procedimento, que nasceu para tutelar o autor provisoriamente e, a partir do aditamento, transforma-se em um processo com o objetivo de obter uma tutela definitiva.[95]

Assim, o juízo que conheceu da tutela antecedente se tornará prevento para conhecer do subsequente pedido principal, que será formulado no âmbito do mesmo processo.

22. Tutela provisória perante os Tribunais Locais

A sentença terá efeito suspensivo (art. 1.012, *caput*). Essa é a regra geral. Contudo, o § 1º do art. 1.012 trouxe dois conjuntos de exceções a essa regra.

De um lado, definiu em seis incisos as exceções a essa regra: "I – homologa divisão ou demarcação de terras; II – condena a pagar alimentos; III – extingue sem resolução do mérito ou julga improcedentes os embargos do executado; IV – julga procedente o pedido de instituição de arbitragem; V – confirma, concede ou revoga tutela provisória; VI – decreta a interdição".

Por outro lado, o mesmo § 1º do art. 1.012 consigna que, além dos casos previamente determinados nos seis incisos, também não terão efeito suspensivo "outras hipóteses previstas em lei". São exemplos dessas outras hipóteses a sentença proferida na ação de despejo (art. 58, V, da Lei n. 8.425/91) e a sentença do mandado de segurança (art. 14, § 3º, da Lei n. 12.016/2009).

Em todos esses casos, a sentença terá eficácia imediata e admitirá cumprimento provisório após a sua publicação (art. 1.012, § 2º).

Até a prolação da sentença, o pedido de tutela provisória deverá ser submetido ao juiz de primeiro grau ("juízo da causa" ou "juízo competente para conhecer do pedido principal" – art. 299, *caput*).

Contudo, após a prolação da sentença e sua respectiva publicação, encerra-se o ofício do juiz nesta fase cognitiva (art. 494). Disso decorre que o pedido de tutela provisória deverá ser formulado diretamente no tribunal. Afinal, se o juiz de primeiro grau não tem sequer competência para realizar o juízo de admissibilidade da apelação (art. 1.010, § 3º), evidentemente também não

95 NEVES, *Manual...*, p. 350.

terá competência para examinar pedido de tutela provisória, que envolverá o exame (ainda que perfunctório) de aspectos relacionados ao mérito da apelação.

Após a sentença, podem surgir duas possibilidades para o requerimento de uma tutela provisória incidental, a depender da fase em que se encontre a tramitação da apelação (art. 1.012, § 3º, I e II).

No período compreendido entre a interposição da apelação e sua distribuição a um relator no tribunal, o requerimento de tutela provisória deverá ser endereçado ao presidente do tribunal, que determinará a distribuição a um relator. Caso haja um relator que tenha conhecido de recurso anterior derivado do mesmo processo, ter-se-á estabelecido a sua prevenção; logo, será ele o competente para apreciar o pedido de tutela provisória.

Se a apelação já tiver sido distribuída, o requerimento de tutela provisória deverá ser endereçado ao respectivo relator (art. 299, parágrafo único).

Em qualquer caso, o requerimento deverá ser deduzido por meio de *simples* petição. É o que se extrai da determinação para que o pedido seja "formulado por requerimento" (art. 1.012, § 3º, *caput*). Na atual sistemática, portanto, não se reputa tecnicamente adequado que o pedido de tutela provisória recursal seja formulado no bojo da apelação.

Todavia, não se pode levar tal diretriz a soluções excessivamente formalistas e, portanto, inadequadas. Discorda-se do entendimento jurisprudencial que reputa caracterizar inadequação da via eleita a dedução de pedido de tutela provisória na peça de apelação.[96] O princípio da instrumentalidade das formas (art. 277) permite relevar tal defeito formal para admitir o conhecimento do pedido pelo relator. O principal inconveniente consistirá em que o pedido de tutela provisória somente será examinado após a apresentação de contrarrazões à apelação, submissão do recurso ao tribunal e distribuição a um relator – o que poderá demorar muito tempo e comprometer eventual alegação de urgência.

O requerimento de tutela provisória deverá demonstrar a presença de determinados requisitos para o seu deferimento. A conjugação das regras do art. 995, parágrafo único e do art. 1.012, § 4º, determina que o relator concederá o efeito suspensivo (ou antecipará a tutela recursal)[97] quando estiverem

96 TJAC, 2ª Câmara Cível, Apelação Cível 0712246-48.2021.8.01.0001, rel. Des. Júnior Alberto, j. 12.07.2022; TJMG, 12ª Câmara Cível, Apelação Cível 5052277-32.2019.8.13.0024, rel. Des. Juliana Campos Horta, j. 03.02.2021, *DJe* 04.02.2021.

97 DIDIER JR., Fredie; CUNHA, Leonardo Carneiro da. *Curso de Direito Processual Civil*: meios de impugnação às decisões Judiciais e Processo nos Tribunais, v. 3. 20. ed. São Paulo: JusPodivm, 2023 p. 58; THEODORO JÚNIOR, Humberto. *Curso de direito processual civil*, v. 3. 57. ed. Rio de Janeiro: Forense, 2024, p. 941.

presentes: (*i*) a probabilidade de provimento do recurso ou (*ii*) a relevância da fundamentação recursal e houver risco de dano grave ou de difícil reparação.

Trata-se de duas hipóteses autônomas e inconfundíveis.

A probabilidade de provimento do recurso é um caso de tutela provisória de evidência.[98] Dispensa-se a demonstração de urgência ("risco de dano grave ou de difícil reparação"). No entanto, essa hipótese exige a demonstração de que a sentença contém defeito grave, objetivamente aferível, o que permite concluir com elevado grau de segurança que a sentença muito provavelmente será reformada.

A segunda hipótese consiste na tradicional tutela de urgência, que pressupõe a demonstração da relevância das alegações do recorrente e do risco de dano grave ou de difícil reparação.

Nesse contexto, a *probabilidade de provimento do recurso* é um requisito substancialmente mais rigoroso do que a *relevância da fundamentação recursal*. Tanto é assim, que a relevância da fundamentação recursal não é suficiente para permitir a concessão do efeito suspensivo; ao lado dela, exige-se que também seja demonstrado o risco de dano.

A regra será o estabelecimento do prévio contraditório acerca do pedido de tutela provisória incidental no tribunal. Isso se aplica tanto à tutela de evidência (que não envolve situação urgente) quanto à tutela de urgência propriamente dita, conforme se infere do art. 300, § 2º ("A tutela de urgência pode ser concedida liminarmente ou após justificação prévia").[99]

A concessão liminar da tutela de urgência pelo relator será admitida em casos de extrema urgência, em que o estabelecimento do prévio contraditório tenha a potencialidade de frustrar a eficácia da medida. Ademais, no caso da tutela de urgência, o relator poderá exigir a prestação de uma contracautela (caução real ou fidejussória idônea – art. 300, § 1º) para garantir o ressarcimento de eventuais danos que a outra parte possa vir a sofrer, podendo a caução ser dispensada se a parte economicamente hipossuficiente não puder oferecê-la.

---

98 DIDIER JR. e CUNHA, *Curso...*, v. 3, p. 247-248; MELLO, Rogerio Licastro Torres de. Da apelação. In: ALVIM, Teresa Arruda; DIDIER JR., Fredie; TALAMINI, Eduardo; DANTAS, Bruno. *Breves comentários ao novo Código de Processo Civil*. 3. ed. São Paulo: Revista dos Tribunais, 2016, p. 2.493.

99 Entretanto, o juiz deverá fundamentar a decisão que postergar a análise do pedido de concessão liminar da tutela provisória. Confira-se o Enunciado 30 do Fórum Permanente de Processualistas Civis: "O juiz deve justificar a postergação da análise liminar da tutela provisória sempre que estabelecer a necessidade de contraditório prévio".

23. Tutela provisória perante os Tribunais Superiores

Os recursos extraordinários *lato sensu* não possuem efeito suspensivo automático (art. 995, *caput*). Disso decorre que os acórdãos impugnados por meio desses recursos possuem eficácia imediata e autorizam eventual execução provisória.

Contudo, podem surgir situações concretas que justifiquem a atribuição de efeito suspensivo ao recurso especial ou ao recurso extraordinário – o que será viabilizado mediante a concessão de uma tutela provisória, pleiteada pela parte por meio de simples requerimento.

O requerimento de tutela provisória deverá demonstrar a presença de determinados requisitos para o seu deferimento. O art. 995, parágrafo único, determina que o relator concederá o efeito suspensivo (ou antecipará a tutela recursal)[100] quando estiverem presentes: (*i*) a probabilidade de provimento do recurso e (*ii*) houver risco de dano grave, de difícil ou impossível reparação. Rigorosamente, trata-se de hipótese de tutela de urgência, que pressupõe a demonstração dos tradicionais *fumus boni iuris* e *periculum in mora*.

Ao tempo do CPC/73, foram editadas as Súmulas 634[101] e 635[102] do STF. Elas determinavam que a competência para conhecer de medida cautelar destinada a atribuir efeito suspensivo a recurso extraordinário somente seria do Supremo Tribunal Federal quando o recurso já tivesse sido admitido no tribunal de origem. Caso contrário, a medida cautelar deveria ser submetida ao presidente do tribunal *a quo*.

Tais súmulas eram aplicadas analogicamente pelo STJ[103], de modo a se reconhecer a competência do Superior Tribunal de Justiça para a aludida medida cautelar apenas quando o recurso especial já tivesse sido admitido no tribunal de origem.

---

100 DIDIER JR. e CUNHA, *Curso...*, v. 3, p. 58; THEODORO JÚNIOR, *Curso...*, v. 3, p. 941.

101 Dispõe a Súmula 634 do STF: "Não compete ao Supremo Tribunal Federal conceder medida cautelar para dar efeito suspensivo a recurso extraordinário que ainda não foi objeto de juízo de admissibilidade na origem".

102 Dispõe a Súmula 635 do STF: "Cabe ao Presidente do Tribunal de origem decidir o pedido de medida cautelar em recurso extraordinário ainda pendente do seu juízo de admissibilidade".

103 STJ, 6ª Turma, AgRg na MC 23.498/RS, rel. Min. Nefi Cordeiro, j. 25.11.2014, *DJe* 16.12.2014; STJ, 3ª Turma, AgRgna MC 22.601/MG, rel. Min. Sidnei Beneti, j. 13.05.2014, *DJe* 05.06.2014; STJ, 4ª Turma, AgInt no RCD na Pet 16.166/SP, rel. Min. João Otávio de Noronha, j. 08.04.2024, *DJe* 11.04.2024; STJ, 3ª Turma, AgInt no RCD na Pet 11.435/SP, rel. Min. João Otávio de Noronha, j. 16.08.2016, *DJe* 23.08.2016.

Em casos excepcionalíssimos, admitia-se a mitigação da regra para permitir a propositura da medida cautelar para atribuir efeito suspensivo a recurso especial ainda não interposto (em casos de manifesta teratologia ou de manifesta contrariedade à orientação pacífica do STJ, aliada a um evidente risco de dano de difícil reparação)[104] ou mesmo a dedução da cautelar diretamente perante o tribunal superior quando, na pendência do exame da admissibilidade do recurso perante o Tribunal *a quo*, houvesse comprovada existência de risco de dano iminente gerado pela não suspensão da decisão recorrida e fosse demonstrada a possibilidade de êxito do recurso interposto.[105]

Em grande medida, o CPC/2015 positivou o entendimento que havia sido consagrado no âmbito dos tribunais superiores – especificamente por meio das Súmulas 634 e 635 do STF.

Na vigência do CPC/2015, o requerimento de tutela provisória perante os tribunais superiores se submete a regramento específico.

O § 5º do art. 1.029 define a competência para conhecer e decidir acerca da concessão de efeito suspensivo a recurso extraordinário e a recurso especial. Muito embora seja empregada a expressão *efeito suspensivo*, não há dúvida de que será admissível um pedido de tutela de provisória que tenha por objetivo a concessão de uma providência ativa. Vale dizer, presentes os requisitos para a concessão da tutela provisória, o art. 1.029, § 5º, autoriza não apenas a obtenção da suspensão da eficácia do acórdão proferido pelo tribunal *a quo* (estadual ou federal), mas também a antecipação total ou parcial da tutela pretendida com o provimento do recurso.[106]

Ademais, o pedido deverá ser formulado por simples petição. Não será admissível a formulação de ação cautelar autônoma para tal finalidade. Bastará um pedido autônomo, sob a forma de petição interlocutória, que demonstre a presença dos requisitos legais para a concessão da providência pretendida.

---

104 STJ, 2ª Turma, AgRg na MC 20.999/MT, rel. Min. Assusete Magalhães, j. 03.10.2022, *DJe* 07.10.2022. Em sentido contrário, na vigência do CPC/73, afastando peremptoriamente a possibilidade de se requerer a concessão de efeito suspensivo a recurso ainda não interposto, confira-se: STF, Tribunal Pleno, AC 3.365 AgR, rel. Min. Celso de Mello, j. 10.04.2014, *DJe* 29.10.2014.

105 STJ, 4ª Turma, AgInt na Pet 13.316/MT, rel. Min. Marco Buzzi, j. 29.06.2020, *DJe* 03.08.2020; STJ, 4ª Turma, AgRg na MC 21.729/MG, rel. Min. Luis Felipe Salomão, rel. p/ acórdão Min. Raul Araújo, j. 17.10.2013, *DJe* 30.11.2015; e STJ, 2ª Turma, AgRg na MC 23.511/SE, rel. Min. Assusete Magalhães, j. 04.12.2014, *DJe* 03.02.2015.

106 DIDIER JR. e CUNHA, *Curso...*, v. 3, p. 58. Na mesma linha: THEODORO JÚNIOR, *Curso...*, v. 3, p. 1.021.

A competência para apreciar o pedido de tutela provisória será definida a partir da fase em que se encontre a tramitação do recurso especial ou do recurso extraordinário.

O requerimento deverá ser submetido ao relator, caso o recurso especial ou extraordinário já tenha sido distribuído no âmbito do respectivo tribunal superior. Nesse caso, trata-se de típico pedido de tutela provisória incidental, que será processado e decidido pelo relator que já está responsável pelo processamento e julgamento do recurso (art. 299, parágrafo único c/c art. 1.029, § 5º, II).

No período compreendido entre a data de publicação da decisão de admissibilidade e a distribuição do recurso no tribunal superior, o pedido de tutela provisória deverá ser submetido ao presidente do respectivo tribunal superior, que determinará a distribuição do requerimento a um relator. Tal relator se tornará prevento para julgar o recurso (art. 1.029, § 5º, I). Contudo, caso já exista um relator prevento, o pedido de tutela provisória deverá ser submetido ao presidente do tribunal superior, que determina a distribuição ao relator prevento.

Recairá sobre o presidente ou o vice-presidente do tribunal recorrido a competência para conhecer e decidir o pedido de tutela provisória formulado entre a data da interposição do recurso e a publicação da decisão de admissão do recurso (art. 1.029, § 5º, III). Também será do presidente ou do vice-presidente do tribunal recorrido a competência para decidir pedido de tutela provisória no caso de o recurso especial ou extraordinário ter sido sobrestado, nos termos do art. 1.036 (que disciplina os recursos especial e extraordinário repetitivos) – art. 1.029, § 5º, III.

Caso a parte recorrente tenha interposto simultaneamente recursos especial e extraordinário, recairá sobre o STJ a competência para o exame do pedido de tutela provisória, pois será para ele que os autos serão remetidos (art. 1.031).[107]

Em casos excepcionais, caracterizados pela necessidade de se coibir a eficácia de decisão teratológica ou em manifesta contrariedade à jurisprudência do STJ, admite-se a mitigação da regra do art. 1.029, § 5º, III, de modo que a permitir que o pedido de tutela provisória seja submetido diretamente ao Superior Tribunal de Justiça.[108] Contudo, seguindo o entendimento formado ao tempo do CPC/73, atualmente se admite, em caráter excepcional, a

107 THEODORO JÚNIOR, *Curso...*, v. 3, p. 1.021.

108 STJ, 4ª Turma, AgInt no RCD na Pet 16.166/SP, rel. Min. João Otávio de Noronha, j. 08.04.2024, *DJe* 11.04.2024; STJ, 3ª Turma, AgInt no RCD na Pet 11.435/SP, rel. Min. João Otávio de Noronha, j. 16.08.2016, *DJe* 23.08.2016.

dedução de requerimento de concessão de efeito suspensivo a recurso extraordinário ou especial que ainda não tenha sido interposto.[109]

No caso da tutela de urgência, o presidente ou vice-presidente do tribunal *a quo* ou o relator no tribunal superior poderá exigir a prestação de uma contracautela (caução real ou fidejussória idônea – art. 300, § 1º) para garantir o ressarcimento de eventuais danos que a outra parte possa vir a sofrer, podendo a caução ser dispensada se a parte economicamente hipossuficiente não puder oferecê-la.

Contra a decisão do presidente, do vice-presidente ou do relator que defere ou indefere o pedido de efeito suspensivo caberá agravo interno (art. 1.021). O recurso será julgado pelo respectivo órgão colegiado do tribunal superior (no caso de decisão do relator) ou pelo órgão especial (corte especial, pleno etc.) do tribunal *a quo*, no caso de decisão do presidente ou do vice-presidente.

23.1. Tutela provisória no recurso ordinário

O recurso ordinário será cabível contra a decisão denegatória de mandado de segurança de competência originária de tribunal regional federal ou de tribunal de justiça (art. 1.027, I e II). Tal recurso também será admissível para impugnar decisões proferidas nos processos em que figurem como partes, de um lado, Estado estrangeiro ou organismo internacional e, de outro, Município ou pessoa residente ou domiciliada no Brasil (art. 1.027, II, *b*).

Não há regra expressa atribuindo efeito suspensivo ao recurso ordinário. Tampouco lhe será aplicável a disciplina específica concebida para a apelação (art. 1.012, *caput*), que, por constituir exceção no sistema, deverá ser interpretada restritivamente.[110] Disso decorre a ausência de efeito suspensivo *ope legis* no recurso ordinário (art. 995).[111]

Essa constatação será de menor relevância considerando-se as hipóteses de decisão denegatória de mandado de segurança. Nesses casos, a denegação da segurança não produzirá efeitos concretos.

---

109 STJ, 3ª Turma, AgInt no TP 2.616/SP, rel. Min. Nancy Andrighi, j. 08.06.2020, *DJe* 10.06.2020. Em sentido contrário: STJ, 1ª Turma, AgInt na PET no TP 2.715/MG, rel. Min. Benedito Gonçalves, j. 05.10.2020, *DJe* 07.10.2020.

110 DIDIER JR. e CUNHA, *Curso...*, v. 3, p. 389; ALMEIDA, Diogo Rezende de. *Recursos Cíveis*. 4. ed. São Paulo: JusPodivm, 2023, p. 300-301. No sentido contrário: BUENO, *Manual de Direito...*, p. 483; FUX, *Curso...*, p. 1.012; RODRIGUES, Marco Antonio. *Manual dos recursos:* ação rescisória e reclamação. 2. ed. São Paulo: JusPodivm, 2023, p. 278.

111 DINAMARCO, Cândido Rangel. *Instituições de Direito Processual Civil*, v. 5. São Paulo: Malheiros/JusPodivm, 2022, p. 263; CAMBI; DOTTI; PINHEIRO; MARTINS e KOZIKOSKI, *Curso...*, p. 1.724-1.725; DONIZETTI, *Curso...*, p. 1.409.

Mas pode ocorrer a parcial procedência dos pedidos formulados no mandado de segurança. A ausência de efeito suspensivo no recurso ordinário permitirá a eficácia imediata da sentença na parte em que tiver concedido a segurança, com eventual desencadeamento da execução provisória.

Com relação ao capítulo da sentença que julgou improcedente (denegou) parcela do pedido formulado pelo autor, a pretensão da parte recorrente será a concessão de uma providência ativa (efeito ativo, ou mais propriamente, uma antecipação da tutela recursal), com fundamento no art. 995, equivalente à medida urgente pleiteada na inicial do mandado de segurança, que foi indeferida por decisão interlocutória ou revogada pelo acórdão.

Porém, no caso da decisão de mérito de que trata o art. 1.027, II, *b*, será irrelevante para fins de cabimento do recurso ordinário a rejeição ou o acolhimento do pedido do autor. Em ambos os casos, poderá haver interesse concreto das partes para requerer a suspensão da eficácia da decisão objeto do recurso ordinário ou mesmo a concessão de uma antecipação da tutela recursal.

A disciplina do recurso ordinário contém remissão direta ao art. 1.029, § 5º (art. 1.027, § 2º), que traça o procedimento para a concessão de efeito suspensivo a recurso extraordinário e a recurso especial.[112]

Não se desconhece o entendimento doutrinário que reputa não ser esse o procedimento mais adequado para se obter a concessão de uma tutela provisória no âmbito do recurso ordinário. Tal corrente defende a inaplicabilidade do § 5º do art. 1.029 aos recursos ordinários, pois o exame de admissibilidade do recurso ordinário será realizado apenas pelo tribunal *ad quem*, o que afastaria a competência do tribunal local para examinar o pedido de efeito suspensivo antes do exame de admissibilidade. Aqui seria aplicável a mesma regra prevista para a apelação: pedido formulado diretamente ao tribunal superior; se o recurso ordinário já foi distribuído no tribunal superior, o pedido de efeito suspensivo será endereçado ao relator.[113]

Mas não é esse o entendimento prevalecente na jurisprudência.

O Superior Tribunal de Justiça reputa que o fato de o juízo de admissibilidade do recurso ordinário ser realizado diretamente no tribunal *ad quem* não conduz à conclusão de que o STJ teria competência para, em qualquer

112 STJ, 2ª Turma, AgInt na Pet 14.232/SC, rel. Min. Mauro Campbell Marques, j. 16.08.2021, *DJe* 19.08.2021.

113 DIDIER JR. e CUNHA, *Curso...*, v. 3, p. 388-389. Cândido Dinamarco reputa que, de fato, seria sistematicamente mais adequado que o recurso ordinário tivesse seguido o mesmo regramento previsto para a apelação, mas reconhece que "diferente foi a opção do legislador" (DINAMARCO, *Instituições...*, v. 5, p. 263).

caso, decidir sobre o pedido de efeito suspensivo. O pedido de concessão de tutela provisória – seja para suspender a eficácia da decisão, seja para antecipar a tutela recursal – deverá ser submetido à presidência do tribunal local enquanto o recurso estiver em trâmite perante o referido tribunal.[114] A competência do tribunal superior somente será inaugurada após ultimado o processamento do recurso na origem, isto é, quando houver transcorrido o prazo de quinze dias para o recorrido apresentar contrarrazões.[115]

Se o caso envolver recurso ordinário interposto contra decisão denegatória de mandado de segurança originário de tribunal, o autor precisará de uma providência ativa, consistente na obtenção de nova medida urgente, que porventura tenha sido revogada pela sentença.[116]

23.2. Tutela provisória na ação rescisória

A decisão de mérito transitada em julgado terá eficácia plena. Caso se enquadre no rol dos títulos executivos judiciais (art. 515), permitirá a deflagração da fase de cumprimento de sentença.

Contudo, haverá casos em que a decisão de mérito, a despeito de ter transitado em julgado, conterá algum defeito grave – assim qualificado pela lei (art. 966).

Será então cabível a propositura da ação rescisória, que é uma ação impugnativa autônoma, destinada a rescindir a decisão de mérito transitada em julgado ou aquelas decisões que, embora não sejam de mérito, impeçam nova propositura da demanda ou a admissibilidade do recurso correspondente (CPC, art. 966, *caput* e § 2º).

Contudo, a propositura da ação rescisória não tem efeito suspensivo automático. Ela "não impede o cumprimento da decisão rescindenda, ressalvada a concessão de tutela provisória" (art. 969). Isso significa que a mera propositura da ação rescisória não terá o efeito de impedir a regular tramitação da execução, com a prática de atos executivos e expropriatórios.

---

114 STJ, 1ª Turma, AgInt na Pet 14.770/GO, rel. Min. Benedito Gonçalves, j. 28.03.2022, *DJe* 30.03.2022.

115 STJ, TutCautAnt 521, rel. Min. Ricardo Villas Bôas Cueva, j. 28.05.2024, *DJe* 29.05.2024 – decisão monocrática; STJ, 1ª Turma, AgInt no TP 4.430/GO, rel. Min. Regina Helena Costa, j. 14.08.2023, *DJe* 16.08.2023; STJ, 1ª Turma, AgInt na Pet 14.770/GO, rel. Min. Benedito Gonçalves, j. 23.03.2022, *DJe* 30.03.2022; STJ, 2ª Turma, AgInt na PET no TP 2.159/MT, rel. Min. Herman Benjamin, j. 22.10.2019, *DJe* 29.10.2019.

116 Súmula 405 do STF: "Denegado o mandado de segurança pela sentença, ou no julgamento do agravo dela interposto, fica sem efeito a liminar concedida, retroagindo os efeitos da decisão contrária".

A menção a "tutela provisória", como exceção à eficácia da decisão rescindenda, permite concluir que será em tese admissível no âmbito da ação rescisória a concessão de tutelas de urgência (cautelar e antecipada) e de tutela da evidência.[117]

23.2.1. Tutela de urgência na ação rescisória

A tutela provisória poderá ser requerida em caráter antecedente (se for de natureza urgente) ou de forma incidental, a depender do momento em que surjam os elementos necessários ao pedido. Caso o autor proponha uma tutela antecipada em caráter antecedente, há ao menos três ponderações que merecem ser feitas.

Primeiro, ressalve-se que a não interposição de agravo interno contra a decisão concessiva da tutela antecipada antecedente não terá o efeito de estabilizar a medida. Não se aplica a disciplina da estabilização à tutela antecipada (art. 304), proposta de forma antecedente à ação rescisória. O elevado grau de estabilidade da decisão rescindenda, atingido mediante cognição exauriente, não cederá definitivamente pela simples não impugnação da medida urgente, proferida com base em cognição sumária.[118]

Segundo, não há dúvida de que o requerente da tutela antecipada antecedente deverá preencher apenas os requisitos gerais e específicos da petição inicial relativos à medida urgente pleiteada.[119] Não precisará comprovar desde logo o recolhimento da caução de que trata o art. 968, II, que consiste em específico requisito de admissibilidade da ação rescisória, o qual deverá ser comprovado no momento do aditamento da petição inicial da tutela antecipada antecedente.[120]

Terceiro, o relator será competente para apreciar o pedido de tutela antecipada antecedente (e também o incidental), nos termos do art. 932, II. Mas

117 ASSIS, Araken de. *Ação rescisória*. 2. ed. São Paulo: Thomson Reuters, 2024, p. 406; CARVALHO, Fabiano. *Comentários ao Código de Processo Civil, v. XIX (art. 926 a 993)*: da ordem dos processos e dos processos de competência originária dos tribunais. São Paulo: Saraiva Jur, 2022, p. 366; MEDINA, José Miguel Garcia. *Sentença, coisa julgada e ação rescisória*. São Paulo: Thomson Reuters Brasil, 2023, p. 237.

118 ASSIS, *Ação...*, p. 405; CARVALHO, *Comentários...*, p. 367; MEDINA, *Sentença...*, p. 237;
GAJARDONI, Fernando; DELLORE, Luiz; ROQUE, Andre Vasconcelos; OLIVEIRA JR., Zulmar. *Execução e recursos:* comentários ao CPC de 2015. Rio de Janeiro: Forense, 2017, p. 804. Nesse sentido, confira-se também o Enunciado 421 do Fórum Permanente de Processualistas Civis: "Não cabe estabilização de tutela antecipada em ação rescisória".

119 Sobre o tema, confiram-se os comentários aos arts. 303 e 305.

120 CARVALHO, *Comentários...*, p. 366-367.

não se trata de uma competência exclusiva do relator. Admite-se, também, que tal requerimento urgente seja submetido "ao órgão jurisdicional competente para apreciar o mérito" (art. 299, parágrafo único).

A despeito da menção genérica a "tutela provisória" no art. 969, constata-se que a hipótese mais frequente será a concessão de uma tutela de urgência, destinada a suspender a eficácia da decisão rescindenda. A parte terá interesse em suspender os efeitos da decisão, em especial quando ela estiver produzindo efeitos concretos (extraprocessuais) sobre a esfera jurídica da parte ou quando o título estiver sendo executado em face do devedor.

Os requisitos necessários à concessão da tutela de urgência serão os previstos no *caput* do art. 300: (*i*) probabilidade do direito (*fumus boni iuris*) e (*ii*) perigo de dano ou risco ao resultado útil do processo (*periculum in mora*).

A probabilidade necessária à concessão da tutela de urgência no âmbito da ação rescisória exigirá a demonstração de que o autor da rescisória tem relevantes chances de possuir o direito que afirma. Vale dizer, o autor deverá evidenciar a existência de plausibilidade de que a decisão rescindenda tem mesmo um dos defeitos encartados no art. 966.

Repare-se que naturalmente o juiz deverá exigir do autor uma demonstração robusta de que a decisão rescindenda realmente ostente um alegado defeito – ainda que tal análise seja feita em sede de cognição sumária. Afinal, o juiz deverá sopesar a plausibilidade da alegação do autor, em contraposição à estabilidade incidente sobre o pronunciamento judicial impugnado.

O autor da ação rescisória também deverá demonstrar o perigo de dano ou o risco ao resultado útil do processo. Mas obviamente não será um temor subjetivo que conduzirá ao preenchimento do requisito do *periculum in mora*. Afinal, a regular tramitação do processo ou o início da execução do julgado serão inerentes ao trânsito em julgado da decisão rescindenda.[121] Logo, em princípio, tais fundamentos não serão suficientes para justificar a concessão da medida. O risco deverá ser concreto, atual, injusto e impactar diretamente na esfera jurídica da parte.

A análise do pedido de concessão de tutela provisória de urgência na ação rescisória exigirá do juiz a realização de um concreto juízo de ponderação acerca dos requisitos para a concessão da medida: quanto maior for a demonstração da plausibilidade do direito do autor à rescisão, o juiz deverá se satisfazer com uma menor demonstração do risco de dano; quanto menor for o grau

---

121 STJ, 1ª Seção, RCD na AR 5.879/SE, rel. Min. Mauro Campbell Marques, j. 26.10.2016, *DJe* 08.11.2016.

de probabilidade da existência do direito afirmado pelo autor, deverá ser exigida a demonstração do perigo de dano em grau mais elevado.

23.2.2. Tutela da evidência na ação rescisória

Também será admissível a concessão de uma tutela da evidência no âmbito da ação rescisória (art. 311 c/c art. 969), hipótese em que será dispensada a demonstração de perigo de dano ou de risco ao resultado útil do processo. Bastará a demonstração da plausibilidade, associada a uma das hipóteses contidas nos incisos do art. 311.[122]

A tutela da evidência será sempre concedida de forma incidental. Ela jamais será cabível de forma antecedente.

Tome-se como exemplo uma ação rescisória fundada em violação manifesta da ordem jurídica decorrente de indevida aplicação de julgamento repetitivo pelo acórdão rescindendo (art. 966, V, §§ 5º e 6º). O autor demonstra de forma fundamentada e analítica que a causa de origem envolvia questão fática distinta daquela que ensejou a formação do precedente vinculante. O réu, em contestação, limita-se a afirmar genericamente que o acórdão rescindendo está "correto". Com isso, não há dúvida de que o réu não foi capaz de infirmar a plausibilidade do direito afirmado pelo autor na petição inicial, isto é, a defesa apresentada não teve aptidão para "gerar dúvida razoável" acerca das alegações do autor. Nesse caso, estariam presentes os requisitos necessários à concessão da tutela da evidência (art. 311, IV), com a consequente suspensão dos efeitos do acórdão rescindendo.

A tutela da evidência (sempre incidental) também poderá ser concedida pelo relator (art. 932, II) ou pelo órgão colegiado "competente para apreciar o mérito" da ação rescisória (art. 299, parágrafo único).

24. Tutela provisória e arbitragem

A partir do momento em que as partes retiram do Estado o poder de resolver o seu litígio, investindo um (ou mais) particular(es) de poder para decidir a controvérsia de forma definitiva, vinculante e obrigatória, parece claro que qualquer interferência estatal no mérito do litígio será ilegítima.

Se apenas o árbitro está autorizado a proferir o provimento final, também recai sobre ele o poder de decidir as medidas urgentes. Afinal, quem pode o mais, também pode o menos.

---

122 Cândido Rangel Dinamarco, no entanto, não admite a concessão de tutela da evidência nos processos de ação rescisória "porque, sem o fundamento de uma *urgência*, não se legitima fragilizar a autoridade da coisa julgada material" (DINAMARCO, *Instituições...*, v. 5, p. 475).

Diante disso, é desnecessário que a convenção de arbitragem contenha autorização para que os árbitros decidam sobre medidas de urgência[123]; ela está contida na incumbência dos árbitros de zelar pela justa solução do litígio – o que abrange a concessão de medidas de urgência, desde que presentes os requisitos legais.

24.1. Competência dos árbitros para as medidas urgentes

Assim, no sistema brasileiro a concessão de medidas urgentes (cautelares ou antecipatórias) é de competência exclusiva do árbitro[124-125] e tais decisões são em regra irrecorríveis (art. 18, da Lei n. 9.307/96).

---

123 TALAMINI, Eduardo. Arbitragem e a tutela provisória no Código de Processo Civil de 2015. *Revista de Arbitragem e Mediação*, v. 46, jul./set. 2015, p. 288; CAHALI, Francisco José. *Curso de arbitragem (mediação, conciliação, tribunal multiportas)*. 8. ed. São Paulo: Thomson Reuters, 2020, p. 325. Em sentido contrário, José Carlos de Magalhães admite a concessão de provimento antecipatório somente quando a convenção de arbitragem autorizar. Isso porque, "se a convenção dispuser sobre a matéria e omitir autorização para o juízo arbitral deferir a tutela antecipada é porque não quiseram as partes conferir-lhe esse poder" (MAGALHÃES, José Carlos de. A tutela antecipada no processo arbitral. *Revista de Arbitragem e Mediação*, São Paulo, n. 4, jan./mar. 2005, p. 15-17). Reputando inviável que a convenção de arbitragem exclua previamente a possibilidade de concessão de medidas urgentes no processo arbitral: ATHENIENSE, Aristóteles. As medidas coercitivas no juízo arbitral. *Revista de Direito Bancário, do Mercado de Capitais e da Arbitragem*, São Paulo, n. 19, jan./mar. 2003, p. 314.

124 Nesse sentido posiciona-se a doutrina amplamente majoritária: ALVIM, J.E. Carreira. *Comentários à Lei de Arbitragem*: Lei n. 9.307, de 23.09.1996. Rio de Janeiro: Lumen Juris, 2002, p. 128; TALAMINI, Eduardo. *Tutela relativa aos deveres de fazer e de não fazer e sua extensão aos deveres de entrega de coisa (CPC, arts. 461 e 461-A; CDC, art. 84)*. 2. ed. São Paulo: Revista dos Tribunais, 2003, p. 459; CARMONA, Carlos Alberto. Árbitros e juízes: guerra ou paz. In: MARTINS, Pedro A. Batista; LEMES, Selma M. Ferreira; CARMONA, Carlos Alberto (Coord.). *Aspectos fundamentais da lei de arbitragem*. Rio de Janeiro: Forense, 1992, p. 432; BERMUDES, Sérgio. Medidas coercitivas e cautelares no processo arbitral. *In*: MARTINS, Pedro A. Batista; GARCEZ, José Maria Rossani (Coord.). *Reflexões sobre arbitragem*: *in memoriam* do Desembargador Cláudio Vianna de Lima. São Paulo: LTr, 2002, p. 279; VILELA, Marcelo Dias Gonçalves. Reflexões sobre a tutela cautelar na arbitragem. *Revista Brasileira de Arbitragem*, Porto Alegre, n. 7, jul./set. 2005, p. 35; MARTINS, Pedro A. Batista. Da ausência de poderes coercitivos e cautelares do árbitro. In: MARTINS, Pedro A. Batista; LEMES, Selma M. Ferreira; CARMONA, Carlos Alberto (Coord.). *Aspectos fundamentais da lei de arbitragem*. Rio de Janeiro: Forense, 1999, p. 362-363; YARSHELL, Flávio Luiz. Brevíssimas notas a respeito da produção antecipada da prova na arbitragem. *Revista de Arbitragem e Mediação*, São Paulo, n. 14, jul./set. 2007, p. 53.

125 A competência do tribunal arbitral para proferir medidas urgentes está expressamente prevista no art. 28, I, do regulamento da Câmara de Comércio Internacional

A competência do árbitro para a concessão de medidas urgentes está expressamente prevista no parágrafo único do art. 22-B da Lei n. 9.307/96 (Lei Brasileira de Arbitragem) segundo o qual "Estando já instituída a arbitragem, as medidas cautelares e de urgência serão requeridas diretamente aos árbitros".

Se houver o cumprimento espontâneo da decisão do árbitro, o Poder Judiciário nem sequer intervirá na relação.

Caso contrário, o árbitro ou o tribunal arbitral poderá expedir carta arbitral para que "o órgão jurisdicional nacional pratique ou determine o cumprimento, na área de sua competência territorial, de ato solicitado pelo árbitro" (art. 22-C da Lei n. 9.307/96).

Adicionalmente, o descumprimento da determinação do árbitro será levado em consideração no momento da prolação de sua decisão.[126]

Essas considerações evidenciam o poder cognitivo do árbitro para apreciar pedidos de concessão de medida urgente (*cognitio*), bem como a inviabilidade de o julgador privado impor atos de força (*imperium*) no processo arbitral, pois tais providências constituem monopólio estatal.[127]

24.2. Concessão de medidas urgentes antes de instituída a arbitragem

Não se pode ignorar uma hipótese em que a situação de urgência surja em momento anterior à instituição da arbitragem.[128]

(CCI), aprovado em 2021: "A menos que as partes tenham convencionado diferentemente, o tribunal arbitral poderá, tão logo esteja na posse dos autos, e a pedido de uma das partes, determinar a adoção de qualquer medida cautelar ou provisória que julgar apropriada. O tribunal arbitral poderá subordinar tal medida à apresentação de garantias pela parte solicitante. A medida que for adotada tomará a forma de ordem procedimental devidamente fundamentada, ou a forma de uma sentença arbitral, conforme o tribunal arbitral considerar adequado". A mesma orientação pode ser encontrada nas regras da UNCITRAL Model Law on International Commercial Arbitration (art. 26) e no regulamento da London Court of International Arbitration (LCIA), em seu art. 25, item 25.1, alíneas *ii* e *iii*.

126 MARTINS, *Da ausência...*, p. 367.

127 TALAMINI, *Tutela...*, p. 459; ALVIM, J. E. Carreira. *Direito arbitral*. 3. ed. Rio de Janeiro: Forense, 2007, p. 332; DOTTI, Rogéria Fagundes. A urgência e a arbitragem: isolamento cooperativo entre juízo arbitral e jurisdição estatal. In: MARINONI, Luiz Guilherme; LEITÃO, Cristina Bichels (Coord.). *Arbitragem e direito processual*. São Paulo: Thomson Reuters, 2021, p. 183-184; AMARAL, Paulo Osternack. O regime das medidas de urgência no processo arbitral. In: CAHALI, Francisco; RODOVALHO, Thiago; FREIRE, Alexandre (Org.). *Arbitragem*: estudo sobre a Lei n. 13.129, de 26-5-2015. São Paulo: Saraiva, 2016, p. 461-473; AMARAL, *Arbitragem...*, p. 89.

128 Dispõe o art. 19 da Lei de Arbitragem: "Considera-se instituída a arbitragem quando aceita a nomeação pelo árbitro, se for único, ou por todos, se forem vários".

Vislumbram-se duas soluções para a hipótese, a depender da existência de manifestação prévia das partes a esse respeito.

Caso as partes tenham convencionado um procedimento específico para fazer frente à situação de urgência anterior à arbitragem – tal como a previsão de um "árbitro de emergência" ou um procedimento "pré-arbitral" –, poderão optar por ingressar no Poder Judiciário ou seguir o procedimento emergencial que elegeram.[129] O objetivo de tal estipulação é conferir às partes uma opção adicional para solucionar uma situação de urgência.

Contudo, se nada tiverem disposto a esse respeito, admite-se excepcionalmente que a parte interessada ingresse na via judicial antes de instituída a arbitragem, de modo a submeter ao juiz – que originariamente conheceria do litígio caso não houvesse convenção arbitral – o exame do cabimento da concessão da medida de urgência no caso concreto (art. 22-A, *caput*, da Lei n. 9.307/96)[130].

Trata-se de intervenção provisória do Judiciário, restrita à análise da medida urgente pré-arbitral.

Ressalve-se que essa prévia submissão ao Judiciário para decidir sobre tutela de urgência não subverte, tampouco contradiz, as considerações acima tecidas acerca da competência exclusiva do árbitro para apreciar medidas urgentes. Tal providência emergencial visa, tão somente, garantir a incolumidade do direito das partes, conferindo máxima efetividade à garantia fundamental à tutela jurisdicional tempestiva, efetiva e adequada, prevista no art. 5º, XXXV, da CF. O custo de se ingressar no Judiciário emergencialmente será o desprezo, temporário, das regras de competência.

Contudo, após instituída a arbitragem (com a aceitação do encargo pelos árbitros), cessam as atribuições do juiz, impondo-se a remessa dos autos (e do eventual agravo de instrumento interposto) ao tribunal arbitral (art. 22-B da Lei n. 9.307/96).[131]

---

129 As partes poderão se valer do procedimento emergencial que convencionaram – esteja ele previsto em um regulamento de câmara arbitral ou tenha sido concebido diretamente pelas partes. Destaque-se a hipótese de as partes terem eleito um regulamento contendo tal previsão, mas excluído a aplicação do procedimento do árbitro de emergência. Nesse caso, as partes não poderão solicitar a instauração do procedimento emergencial. A esse respeito, confira-se a disciplina contida no art. 29 do regulamento da Câmara de Comércio Internacional (CCI) e nos arts. 7º e 8º do regulamento da Câmara de Arbitragem e Mediação da Federação das Indústrias do Estado do Paraná (CAM-FIEP).

130 Dispõe o art. 22-A, *caput*, da Lei n. 9.307/96: "Antes de instituída a arbitragem, as partes poderão recorrer ao Poder Judiciário para a concessão de medida cautelar ou de urgência".

131 STJ, 4ª Turma, REsp 1.586.383/MG, rel. Min. Maria Isabel Galotti, j. 05.12.2017, *DJe* 14.12.2017; TJRJ, 3ª Câmara de Direito Público, Agravo de Instrumento

24.3. A possibilidade de revisão pelo árbitro da medida urgente pré-arbitral

Instituída a arbitragem, o Judiciário remeterá os autos da medida pré--arbitral ao árbitro, que poderá "manter, modificar ou revogar a medida cautelar ou de urgência concedida pelo Poder Judiciário" (art. 22-B, *caput*, da Lei n. 9.307/96).

Antes mesmo de o art. 22-B ser introduzido na Lei de Arbitragem pela Lei n. 13.129/2015, o Superior Tribunal de Justiça já havia firmado entendimento no sentido de admitir que o árbitro reapreciasse a medida urgente inicialmente examinada pelo Judiciário, "mantendo, alterando ou revogando a respectiva decisão".[132]

Rigorosamente, a solução hoje consagrada no art. 22-B da Lei n. 9.307/96 sempre pareceu ser a mais adequada.

Antes, porque a partir do momento em que as partes investiram (no âmbito da autonomia da vontade) o árbitro de poderes para decidir *todas* as questões derivadas de determinada relação negocial, não parece razoável que esse julgador — que é de confiança das partes, geralmente especialista na matéria objeto do litígio e que está em contato com amplo material probatório no processo arbitral — não pudesse rever a decisão proferida (de forma precária, provisória e urgente) pelo Judiciário, que está impedido de analisar o mérito da controvérsia.

Depois, porque a provisoriedade é inerente às medidas urgentes. Esse atributo constitui uma espécie de contrapartida em relação à superficialidade da cognição que é desenvolvida para a concessão dessas medidas.

Não por outro motivo o CPC prevê expressamente a possibilidade de as medidas urgentes serem, a qualquer tempo, revogadas ou modificadas (art. 296). Afinal, as circunstâncias que ensejaram o deferimento da medida urgente podem ter se modificado no curso do processo, ou os elementos probatórios trazidos aos autos podem ter evidenciado a inexistência da plausibilidade do direito antes verificada, ou, ainda, o réu pode ter comprovado que não está (ou que nunca esteve) dilapidando o seu patrimônio etc.

Portanto, se a provisoriedade é inerente à própria essência da medida urgente, nada mais adequado e coerente do que reconhecer que o julgador investido de jurisdição para dirimir a controvérsia de forma definitiva e irrecorrível possa também decidir acerca da manutenção da medida urgente decidida (concedida ou negada) pelo juiz.

0031828-43.2022.8.19.0000, rel. Des. Eduardo Antonio Klausner, j. 09.05.2022; TJMG, 16ª Câmara Cível, Agravo de Instrumento 0036356-98.2016.8.13.0000, rel. Des. Wagner Wilson, j. 18.05.2016, *DJe* 20.05.2016.

132 STJ, 3ª Turma, AgRg na MC 19.226/MS, rel. Ministro Massami Uyeda, rel. p/ Acórdão Ministra Nancy Andrighi, j. 21.06.2012, *DJe* 29.06.2012.

Sustentar o contrário seria admitir que a decisão proferida pelo Judiciário, em sede de medida urgente pré-arbitral, definiria o destino do processo. Pois se o árbitro não pudesse rever a tutela de urgência examinada pelo Judiciário, também não poderia sentenciar no sentido oposto ao daquela decisão estatal, sob pena de estar modificando (revendo) a decisão anteriormente proferida.

Tais motivos conduzem à conclusão de que a regra do art. 22-B da Lei n. 9.307/96 contém relevante repercussão prática. De um lado, confere segurança ao árbitro, que poderá rever (eventualmente, para confirmar) a decisão judicial urgente, sem o temor de que isso gere alguma espécie de invalidade. Por outro lado, o art. 22-B traz previsibilidade às partes, pois esclarece a possibilidade de revisão da decisão judicial pré-arbitral pelo árbitro que elas escolheram, no âmbito da autonomia da vontade.

24.4. Medida urgente pré-arbitral: a manutenção da eficácia da liminar

O parágrafo único do art. 22-A da Lei n. 9.307/96 determina que cessará a eficácia da medida urgente se a parte interessada não requerer a instituição da arbitragem no prazo de trinta dias, contados da data da efetivação da respectiva decisão.

O prazo de trinta dias para a instauração da arbitragem deverá ser contado a partir do cumprimento (efetivação) da medida urgente pré-arbitral. A natureza da medida urgente – antecipatória ou cautelar – é irrelevante para fins de definição do prazo para a instauração da arbitragem. O prazo será sempre de trinta dias. Não se aplica a regra do art. 303, § 1º, I, inerente à tutela antecipada requerida em caráter antecedente, que prevê um prazo de "em 15 (quinze) dias ou em outro prazo maior que o juiz fixar".[133]

Se o cumprimento integral da decisão urgente concedida em caráter antecedente demandar, por exemplo, múltiplos atos de bloqueio patrimonial, o prazo para a instauração da arbitragem será deflagrado a partir do primeiro bloqueio. Afinal, apesar de nesse caso ainda não ter havido o cumprimento integral da decisão cautelar, o cumprimento parcial justificará o reconhecimento da existência de proteção cautelar (ainda que parcial) em favor do autor. Isso será suficiente para desencadear o prazo para a instauração da arbitragem, em que será oportunizado ao réu debater de forma exauriente o direito alegado pelo autor.[134]

---

133 TALAMINI, Arbitragem e a tutela provisória no Código de Processo Civil de 2015..., p. 302.

134 TJPR, 19ª Câmara Cível, Agravo de Instrumento 0068678-80.2022.8.16.0000, rel. Des. Subs. Anderson Ricardo Fogaça, j. 06.02.2024.

Nesse ponto, o art. 22-A, introduzido na Lei de Arbitragem por meio da Lei n. 13.129/2015, contém regramento semelhante ao previsto no CPC/2015 para a tutela cautelar requerida em caráter antecedente. Em ambos os casos, a eficácia da medida urgente dependerá de iniciativa da parte requerente, no sentido de formular sua demanda principal no prazo de trinta dias.

Aqui cabe um esclarecimento importante: o prazo de trinta dias de que trata o art. 22-A da Lei n. 9.307/96 deve ser contado em dias corridos, enquanto o prazo de trinta dias previsto nos arts. 308, *caput*, e 309, II, será contado em dias úteis[135].

Na hipótese de haver cláusula compromissória cheia, caberá à parte interessada promover a instituição da arbitragem (art. 5º da Lei n. 9.307/96), comprovando judicialmente o fato. Tal providência será suficiente para atender à exigência contida no art. 22-A, parágrafo único, da Lei n. 9.307/96.

Todavia, a Lei n. 9.307/96 não contém solução para a hipótese de se estar diante de cláusula arbitral vazia, em que não é possível a imediata instituição da arbitragem. Entende-se que caso a cláusula compromissória seja vazia, o atendimento à exigência contida no aludido parágrafo único do art. 22-A se aperfeiçoará no momento em que a parte interessada manifestar à outra parte sua intenção de dar início à arbitragem, por via postal ou por outro meio qualquer de comunicação, mediante comprovação de recebimento, convocando-a para firmar o compromisso arbitral (art. 6º da Lei n. 9.307/96).[136]

Não comparecendo a parte convocada, ou não havendo consenso, a parte interessada deverá intentar perante o Poder Judiciário a demanda de que trata o art. 7º da Lei n. 9.307/96, cuja sentença de procedência valerá como compromisso (art. 7º, § 7º, da Lei n. 9.307/96).

24.5. Urgência superveniente impassível de solução imediata pelo árbitro

Por fim, não se pode ignorar a hipótese em que, muito embora o tribunal arbitral já esteja constituído, não haja tempo suficiente para se obter uma providência urgente dos árbitros (por eles estarem indisponíveis, por exemplo).

135 STJ, Corte Especial, EREsp 2.066.868/SP, rel. Min. Sebastião Reis Júnior, j. 03.04.2024, *DJe* 09.04.2024; TJSP, 15ª Câmara de Direito Privado, Agravo de Instrumento 2144641-47.2023.8.26.0000, rel. Des. Achile Alesina, j. 21.06.2023, *DJe* 27.06.2023; TJPR, 14ª Câmara Cível, Agravo de Instrumento 0011137-55.2023.8.16.0000, rel. Des. João Antônio de Marchi, j. 30.08.2023. Na doutrina: GAJARDONI, DELLORE, ROQUE e OLIVEIRA JR., *Comentários...*, p. 465; DONIZETTI, *Curso...*, p. 459.

136 TJRJ, 8ª Câmara de Direito Privado, Apelação Cível 0077659-85.2020.8.19.0000, rel. Des. Marcia Ferreira Alvarenga, j. 24.03.2021. Na doutrina: CAHALI, *Curso...*, p. 317.

Nesse caso de extrema excepcionalidade, e se o regulamento de arbitragem não contemplar uma solução imediata para a situação premente, a postulação perante o Poder Judiciário será a única alternativa disponível à parte.[137]

Tal solução não representará renúncia tácita à arbitragem, mas apenas uma forma de preservar a garantia constitucional da inafastabilidade para aquela situação concreta.[138]

25. Tutela provisória de urgência concedida por juízo incompetente

A tutela provisória requerida em caráter antecedente deverá ser deduzida perante o juízo competente para conhecer do pedido principal (art. 299, *caput*).

Mas pode ocorrer de a medida urgente ser requerida perante juízo incompetente para a pretensão principal. Há uma série de motivos que poderão conduzir à propositura da tutela provisória (cautelar ou antecipada) antecedente em juízo incompetente: extrema urgência[139], dificuldade de acesso ou incerteza acerca do juízo competente, por exemplo.

O juiz incompetente tem poder para apreciar o pedido de urgência e deverá fazê-lo toda vez que tiver condições de evitar o risco de dano invocado pelo requerente da medida.[140] Essa conclusão se aplica tanto à incompetência

---

137 "Mas tão logo acessível o árbitro, a ele deve ser encaminhada a questão, com autoridade para reavaliar o quanto decidido, tal qual ocorre para qualquer tutela de urgência antecedente" (CAHALI, *Curso*..., p. 326). No mesmo sentido: TALAMINI, Eduardo. Arbitragem e a tutela provisória no CPC/2015. In: TEIXEIRA, Tarcisio; LIGMANOVSKI, Patricia Ayub da Costa (Coord.). *Arbitragem em evolução (aspectos relevantes após a reforma da Lei Arbitral)*. Barueri: Manole, 2018, p. 132; CARRETEIRO, Mateus Aimoré. Tutelas de urgência. In: LEVY, Daniel; PEREIRA, Guilherme Setoguti J. (Coord.). *Curso de arbitragem*. São Paulo: Thomson Reuters Brasil, 2021, p. 427. A esse respeito, confira-se a disciplina contida no art. 28.2 do regulamento da Câmara de Comércio Internacional (CCI).

138 Esse é o entendimento de Flávio Luiz Yarshell (YARSHELL, Brevíssimas..., p. 54-55), com o qual se concorda integralmente.

139 TJMG, 2ª Câmara Cível, Agravo de Instrumento 2003065-97.2021.8.13.0000, rel. Des. Marcelo Rodrigues, j. 20.04.2022, *DJe* 26.04.2022; TJES, 3ª Câmara Cível, Agravo de Instrumento 5006554-95.2022.8.08.0000, rel. Des. Telemaco Antunes de Abreu Filho, j. 30.11.2022. Na doutrina: MOREIRA, José Carlos Barbosa. Ação Cautelar. Liminar. Eficácia. In: *Direito aplicado II:* pareceres. Rio de Janeiro: Forense, 2000, p. 53; WAMBIER e TALAMINI, *Curso*..., v. 2, p. 956; GAJARDONI, DELLORE, ROQUE e OLIVEIRA JR., *Comentários*..., p. 440.

140 A título de exemplo, confira-se o art. 109 do RI-TJPR: "Art. 109. Havendo risco de perecimento do direito, o Relator deverá apreciar o pedido de tutela provisória de urgência, de natureza cautelar ou de evidência de natureza cível, requerida em recurso de agravo de instrumento ou liminares em feito de competência originária, ainda que venha a declinar da competência. Parágrafo único. Ocorrendo a redistribuição do feito, caberá ao novo Relator sorteado manter ou modificar, total ou parcialmente, essa decisão".

relativa quanto à incompetência absoluta. Trata-se de assegurar de forma plena o acesso à justiça, conferindo-se a tutela de urgência à parte que se encontre em situação emergencial.[141]

Surgem aqui algumas situações que merecem dedicada reflexão.

Caso a tutela antecipada antecedente seja proposta em descumprimento de uma regra de competência relativa (em razão do valor, por exemplo), o demandado deverá alegar essa matéria em preliminar de contestação ao pedido de tutela final (art. 303, III c/c art. 337, II), sob pena de prorrogação da competência para a demanda urgente e também para o julgamento da pretensão principal (art. 65, *caput*).

Se o juízo for absolutamente incompetente para conhecer do pedido de tutela final, a matéria também deverá ser alegada em preliminar de contestação ao pedido principal (art. 303, III c/c art. 337, II), porém sem a possibilidade de prorrogação da competência. A incompetência absoluta, que porventura não tenha sido alegada em contestação, poderá ser invocada mais adiante. Essa matéria é considerada uma questão de ordem pública, que pode ser alegada a qualquer tempo e grau de jurisdição, devendo ser declarada de ofício (art. 64, § 1º) – desde que observado o contraditório (art. 10).

Caso se trate de uma tutela cautelar em caráter antecedente proposta perante juízo relativamente incompetente, o réu deverá alegar a incompetência relativa em preliminar da contestação relativa à pretensão cautelar (art. 306 c/c art. 337, II), sob pena de prorrogação da competência para a demanda urgente e também para o julgamento da pretensão principal (art. 65, *caput*).

A tutela cautelar antecedente proposta em juízo absolutamente incompetente também não impedirá que a pretensão urgente seja decidida pelo juiz incompetente. A matéria também deverá ser alegada em preliminar da contestação ao pedido cautelar (art. 306 c/c art. 337, II), mas a ausência desta alegação em contestação não implicará preclusão. Trata-se de matéria de ordem pública, que pode ser alegada a qualquer tempo e grau de jurisdição e deve ser declarada de ofício (art. 64, § 1º) – sempre respeitado o contraditório (art. 10).

25.1. Especificamente o caso da cláusula de eleição de foro

A cláusula de eleição de foro submete-se a requisitos de eficácia trazidos pela Lei n. 14.879/2024, que alterou substancialmente a disciplina originalmente prevista no art. 63.

---

141 No sistema argentino, o art. 196 do Codigo Procesal Civil y Comercial de la Nacion admite expressamente a validade da medida cautelar concedida por juiz incompetente, com a ressalva de que tal conduta não terá o efeito de prorrogar a competência.

Consta agora do § 1º do art. 63 que a eleição de foro somente produzirá efeitos quando forem preenchidos os seguintes requisitos: (*i*) constar de instrumento escrito, (*ii*) aludir expressamente a determinado negócio jurídico e (*iii*) guardar pertinência com o domicílio ou a residência de uma das partes ou com o local da obrigação. Os dois primeiros requisitos já constavam da redação original do art. 63.[142] A novidade consiste na exigência de que o foro escolhido tenha pertinência com as partes ou com o local da obrigação.

A cláusula de eleição de foro é um negócio processual típico. Trata-se de uma convenção das partes destinada a regular o foro competente para a propositura da demanda, mediante o preenchimento de requisitos previamente definidos no § 1º do art. 63.

Disso decorre que não será juridicamente admissível que se pretenda contornar a falta dos requisitos do art. 63, § 1º, mediante o estabelecimento de um juízo sem vinculação com o domicílio ou residência das partes ou com o negócio jurídico discutido na demanda, sob o fundamento de que, na verdade, consistiria em um negócio processual atípico celebrado nos termos do art. 190.

Tampouco será possível reputar preenchido o requisito de pertinência com a residência dos sócios ou acionistas de uma das pessoas jurídicas envolvidas no litígio. A expressão "de uma das partes", referida no § 1º do art. 63, relaciona-se com os sujeitos integrantes da relação de direito de material controvertida, que figurarão na condição de partes processuais no processo judicial. Logo, o endereço relevante para o preenchimento do requisito legal será o da parte processual, e não de eventuais sujeitos que a integrem ou a administrem.

O art. 63 contém duas regras acerca do controle da eficácia da cláusula de eleição de foro.

Antes da citação, o juiz poderá reputar ineficaz de ofício a cláusula de eleição de foro (art. 63, § 3º), hipótese em que determinará a remessa dos autos ao juízo do foro de domicílio do réu. Após a citação, o conhecimento da matéria pressuporá alegação da parte em contestação (art. 337, II), concedendo-se oportunidade para o autor apresentar réplica (art. 351), o qual eventualmente invocará o descumprimento de alguma exigência contida no art. 63 (na redação que lhe foi dada pela Lei n. 14.879/2024).

O ajuizamento de ação em foro que não guarde relação com o endereço das partes ou com o local da obrigação caracterizará um "juízo aleatório", constituidor de prática abusiva que justifica a declinação da competência de ofício (art. 63, § 5º).

---

142 Porém, o descumprimento das exigências contidas no § 1º do art. 63 não implicará ineficácia da convenção quando o foro escolhido beneficiar o consumidor (art. 63, § 1º, parte final).

Caso a ação seja ajuizada em foro diverso do constante da cláusula de eleição e não caracterize um "juízo aleatório", tratar-se-á de incompetência relativa e o juiz não poderá conhecê-la de ofício. A matéria precisará ser invocada pelo réu em contestação (art. 337, II), sob pena de prorrogação da competência (art. 65). Nesse caso prevalecerá como competente o foro eleito convencionalmente pelas partes – salvo se ele caracterizar ofensa a regras de competência absoluta, o que caracterizará violação de regra de ordem pública, passível de conhecimento a qualquer tempo e grau de jurisdição.

25.2. Eficácia da tutela de urgência concedida por juiz incompetente

As considerações acima expostas confirmam que o juiz absoluta ou relativamente incompetente tem poder para apreciar pedidos urgentes, em caráter excepcional.

Se a tutela de urgência, antecipada ou cautelar, for concedida em caráter antecedente por juízo relativamente incompetente, a matéria deverá ser alegada em contestação, sob pena de preclusão e consequente prorrogação da competência para a demanda urgente e para conhecer da pretensão principal.

Caso a tutela de urgência antecedente tenha sido concedida por juízo absolutamente incompetente, a matéria poderá ser conhecida de ofício pelo juiz e o reconhecimento da incompetência não implicará automaticamente a invalidação ou a revogação da medida. O juiz absolutamente incompetente deverá remeter os autos ao juízo competente, que então decidirá se mantém ou não a medida urgente proferida pelo juízo incompetente (art. 64, §§ 3º e 4º).

TÍTULO II
DA TUTELA DE URGÊNCIA

CAPÍTULO I
DISPOSIÇÕES GERAIS

Art. 300. A tutela de urgência será concedida quando houver elementos que evidenciem a probabilidade do direito e o perigo de dano ou o risco ao resultado útil do processo.

§ 1º Para a concessão da tutela de urgência, o juiz pode, conforme o caso, exigir caução real ou fidejussória idônea para ressarcir os danos que a outra parte possa vir a sofrer, podendo a caução ser dispensada se a parte economicamente hipossuficiente não puder oferecê-la.

§ 2º A tutela de urgência pode ser concedida liminarmente ou após justificação prévia.

§ 3º A tutela de urgência de natureza antecipada não será concedida quando houver perigo de irreversibilidade dos efeitos da decisão.

CPC de 1973 – arts. 273 e 804

26. A unificação do regime das medidas urgentes

O art. 300 concebeu um regime unificado para a concessão das tutelas de urgência. Definiu que as tutelas antecipatórias (satisfativas) e as tutelas cautelares (conservativas) serão deferidas mediante a demonstração da probabilidade do direito e o perigo de dano ou ao resultado útil do processo (art. 300, *caput*).[143]

Com isso, eliminou-se a disputa doutrinária existente ao tempo do CPC/73, que propugnava distinção de grau entre os requisitos necessários à concessão de uma tutela satisfativa ou à concessão de uma tutela conservativa.

Em outras palavras, consignou-se que a tutela provisória de urgência deverá ser concedida quando presentes o *fumus boni iuris* e o *periculum in mora*.[144]

Essa análise será feita pelo julgador mediante um juízo de cognição sumária.[145] Isso significa que a concessão de uma medida urgente não conduzirá necessariamente a um julgamento favorável à parte que obteve uma tutela provisória. Nada impede que a instrução revele que o autor não detinha o direito que, no início do processo, aparenta ser provável. Eis o motivo pelo

---

143 O CPC português admite a concessão de providências conservativas ou antecipatórias (arts. 362, 1), no âmbito do procedimento cautelar comum, desde que a parte apresente com a petição inicial "prova sumária do direito ameaçado e justifica o receio da lesão" (art. 365, 1). Tais requisitos são reafirmados no art. 368, 1 ("probabilidade séria da existência do direito" e "fundado o receio da sua lesão"). A doutrina portuguesa identifica esses requisitos como representativos do *fumus boni iuris* e do *periculum in mora* (FREITAS, José Lebre de; ALEXANDRE, Isabel. *Código de Processo Civil anotado*: artigos 362º a 626º, v. 2. 3. ed. Coimbra: Almedina, 2018, p. 40).

144 No sistema argentino, a concessão de uma medida cautelar pressupõe, como regra, a demonstração do *fumus boni iuris*, do *periculum in mora* e a prestação de caução (ARAZI, Roland. *Derecho procesal civil y comercial*, tomo 2. 3. ed. Santa Fe: Rubinzal-Culzoni, 2012, p. 115-117; FALCÓN, Enrique M. *Manual de derecho procesal*, tomo 2. Buenos Aires: Astrea, 2005, p. 125).

145 No sistema francês, o termo *référé* designa procedimentos e provimentos judiciais que ostentam as seguintes características gerais: estabelecimento do prévio contraditório, sumariedade, celeridade e simplicidade do procedimento, além da eficácia provisória do provimento. A urgência não integra as características gerais do instituto (incide apenas em algumas formas de *référé*), o que não dispensa que ele seja concedido com celeridade. Sobre a pluralidade de *référés* e suas características no sistema francês, confiram-se: HÉRON, Jacques; BARS, Thierry Le. *Droit judiciaire privé*. 5. ed. Paris: Montchrestien, 2012, p. 327-328; BONATO, Giovanni. Os référés. *Revista de Processo,* v. 250, dez. 2015, p. 217- 239.

qual a medida urgente, por exemplo, pode ser revogada ou modificada mediante a inserção de novos elementos no processo, a qualquer tempo.[146]

27. A questão da probabilidade do direito

O pedido de concessão de uma tutela de urgência pressupõe a demonstração de que a alegação deduzida pela parte possui elevada carga de probabilidade. Significa dizer, exige-se que a medida de urgência pleiteada esteja amparada em narrativa fática e enquadramento jurídico consistentes, além de ser corroborada por comprovação suficiente.

O juiz então analisará se as alegações (fáticas e jurídicas) deduzidas pela parte, em cotejo com as provas produzidas, são suficientes para revelar que a parte detém um direito provável. Disso decorre que não haverá plausibilidade nas alegações da parte que, por exemplo, formular pretensão conflitante com a orientação jurisprudencial dominante.[147]

Em outras palavras, o requisito da probabilidade do direito será atingido quando a parte conseguir demonstrar que existe elevada plausibilidade de que detenha o direito por ela afirmado.

28. O perigo de dano ou o risco ao resultado útil do processo

A tutela de urgência exige a demonstração de outros dois requisitos (art. 300, *caput*), de forma alternativa: (*i*) perigo de dano *ou* (*ii*) risco ao resultado útil do processo. Ambos podem ser reconduzidos à categoria do *periculum in mora*.[148]

Ressalve-se desde logo que ambos os requisitos se referem ao fator tempo. Contudo, não será a simples demora do processo que conduzirá ao preenchi-

---

146 Sobre a possibilidade de revogação ou modificação das tutelas provisórias, confiram-se os comentários ao art. 296.

147 NEGRÃO, Theotônio; GOUVÊA, José Roberto F.; BONDIOLI, Luis Guilherme A.; FONSECA, João Francisco N. da. *Código de Processo Civil e Legislação Processual em vigor*. 54. ed. São Paulo: Saraiva Jur, 2023, p. 368.

148 No processo italiano, reputa-se que as providências cautelares se destinam, em especial, a neutralizar: (*i*) o *pericolo da infruttuosità*, caracterizado pelo risco de o tempo do processo tornar impossível ou muito difícil a implementação concreta da sentença de cognição exauriente e (*ii*) o *pericolo da tardività*, entendida como o risco que a duração do processo pode causar ao direito da parte (CALAMANDREI, *Introducción...*, p. 71-73; PISANI, Andrea Proto. *Lezioni di diritto processuale civile*. Napoli: Jovene Editore, 2012, p. 600-601; CONTE, Riccardo. Tutela d'urgenza tra diritto di defesa, anticipazione del provvedimento ed irreparabilità del pregiudizio. In: *Studi in onore di Crisanto Mandrioli*, tomo 1, Milano: Giuffrè, 1995, p. 509).

mento de tal requisito. A caracterização do *periculum in mora* pressuporá sempre a iminência de um dano concreto, e não uma mera conjectura.[149]

O perigo de dano relaciona-se ao direito da parte. Diz respeito ao prejuízo iminente que a parte que provavelmente tem razão sofrerá em virtude do tempo necessário à prolação de uma decisão final.

Portanto, tal requisito será preenchido mediante a demonstração de que o ônus do tempo do processo está na iminência de causar um dano concreto à parte que detém um direito provável.[150]

O perigo de dano, nesse contexto, guarda íntima relação com a tutela provisória de urgência antecipada. Afinal, a parte pleiteará a antecipação total ou parcial dos efeitos práticos do provimento final em virtude da potencialidade de que o tempo necessário ao atingimento da solução de mérito será apto a causar prejuízos à sua esfera jurídica, isto é, esfera jurídica da parte que detém um direito provável. Teme-se que o direito da parte seja prejudicado pelo tempo do processo.

O risco ao resultado útil do processo também se destina a tutelar aquele que detém um direito provável. Todavia, nesse caso, a urgência não decorre de um dano incidente diretamente sobre o direito da parte. Relaciona-se com a potencialidade de que o tempo do processo conduza à inutilidade do provimento final perseguido pela parte.[151] Tal requisito possui aparente vinculação com os provimentos cautelares, em que a parte requer uma providência conservativa, destinada a garantir a persistência da utilidade da tutela jurisdicional final.[152]

É o caso, por exemplo, da medida cautelar de arresto, em que o julgador determina o bloqueio de bens necessários à satisfação de um alegado crédito. Com isso, assegura-se que, uma vez que o réu seja condenado, haverá patrimônio disponível (penhorável) para que a dívida seja satisfeita.

Por fim, ressalte-se que a demora no ajuizamento da ação é incompatível com a alegação de *periculum in mora*.[153] Da mesma forma, não haverá urgência

---

149 NEGRÃO; GOUVÊA; BONDIOLI e FONSECA, *Código de Processo...*, p. 369.

150 WAMBIER e TALAMINI, *Curso...*, v. 2, p. 967; THEODORO JÚNIOR, *Curso...*, v. 1, p. 600; BEDAQUE, *Tutela provisória...*, p. 351; CAMBI; DOTTI; PINHEIRO; MARTINS e KOZIKOSKI, *Curso...*, p. 301-302.

151 DINAMARCO, *Instituições...*, v. 3, p. 856; CAMBI; DOTTI; PINHEIRO; MARTINS e KOZIKOSKI, *Curso...*, p. 301-302.

152 PISANI, *Lezioni...*, p. 602.

153 STF, Tribunal Pleno, Ação Direta de Inconstitucionalidade 534/DF, rel. Min. Celso de Mello, j. 27.06.1991, *DJ* 01.08.1991 (RTJ 152/692-693); STJ, Corte Especial, AgInt na HDE 6.018/EX, rel. Min. Maria Thereza de Assis Moura, j. 11.10.2022, *DJe* 19.10.2022; TJPR, 4ª Câmara Cível, Agravo de Instrumento

no pedido deduzido de forma incidental no processo, quando ele for amparado em fatos pretéritos.[154] A urgência deve ser contemporânea ao pedido de concessão da medida de urgência.

29. A exigência de caução

Para a concessão de uma tutela de urgência, o juiz poderá exigir, conforme o caso, o oferecimento de uma caução real ou fidejussória idônea (art. 300, § 1º).

A regra será a concessão de uma medida urgente, independentemente da exigência da caução.[155] A apresentação de uma garantia como condição para a concessão de uma tutela de urgência será sempre uma exceção e, nessa condição, deverá ser adequadamente fundamentada pela decisão que a exigir.[156]

O oferecimento de uma garantia consiste em uma contracautela, pois se destinará a assegurar o ressarcimento pelos danos que a outra parte possa vir a sofrer em virtude da concessão da medida. A exigência de uma garantia para a concessão de uma medida urgente guarda íntima relação com a regra do art.

0032706-15.2023.8.16.0000, rel. Des. Luiz Taro Oyama, j. 24.09.2023; TJSP, 34ª Câmara de Direito Privado, Agravo de Instrumento 2032259-14.2023.8.26.0000, rel. Des. Gomes Varjão, j. 05.06.2023, *DJe* 07.06.2023.

154 O art. 728.1.II da Ley de Enjuiciamiento Civil espanhola veda expressamente a concessão de tutela cautelar quando se pretenda alterar situações fáticas consentidas pelo requerente há muito tempo, a menos que ele justifique cabalmente as razões pelas quais tais medidas não haviam sido requeridas até então.

155 Tal como no sistema brasileiro (art. 300, § 1º), o sistema italiano também condiciona a eventual exigência de caução a uma avaliação das circunstâncias concretas (art. 669-undecies do CPC italiano). Contudo, o art. 199 do Codigo Procesal Civil y Comercial de la Nacion dispõe que, no sistema argentino, a regra geral será a prestação de caução pela parte requerente como condição para a concessão da medida cautelar. A doutrina argentina reputa que a exigência de caução consiste em contrapartida à concessão da medida urgente sem a oitiva da parte contrária, que é a regra naquele sistema. Trata-se de garantir um equilíbrio entre as partes: concede-se a liminar, mas se assegura que eventuais danos causados ao requerido serão ressarcidos no caso de se reconhecer que o requerente não detinha o direito que afirmava (ARAZI, *Derecho...*, tomo 2, p. 119; PALACIO, Lino Enrique. *Manual de derecho procesal civil*. 21. ed. Buenos Aires: Abeledo Perrot, 2017, p. 821).

156 O art. 728.3 da Ley de Enjuiciamiento Civil espanhola parece exigir a prestação de caução como condição para a concessão da medida cautelar, salvo se houver expressa disposição legal que a dispense. Esse é o posicionamento de parte da doutrina: DEU, *Lecciones...*, p. 510-511; FERNÁNDEZ, Begoña Vidal. *Introducción al derecho procesal*. Madrid: Tecnos, 2017, p. 354. Entretanto, Jordi Nieva Fenoll ressalva que a caução somente poderá ser exigida se a medida cautelar puder provocar danos (FENOLL, Jordi Nieva. *Derecho procesal II. Proceso civil*. Madrid: Marcial Pons, 2015, p. 106).

302, que disciplina a responsabilidade objetiva da parte pelos danos que a efetivação da tutela de urgência concedida em seu favor causar à parte adversa.[157] Logo, a caução jamais terá a função de "saldar eventual débito objeto do litígio, quando improcedente o pedido do autor".[158]

A caução poderá ser real ou fidejussória.

A caução real, como contracautela para a concessão da tutela de urgência, consiste na garantia judicial prestada pela parte requerente mediante o oferecimento de um bem móvel ou imóvel para assegurar o ressarcimento dos danos que eventualmente sejam causados à parte contrária.[159]

A caução fidejussória, por sua vez, é uma espécie de garantia prestada por uma terceira pessoa, que assumirá a responsabilidade pelos danos causados pela parte ao seu adversário.[160]

Em qualquer hipótese, a caução prestada deverá ser idônea, isto é, deverá ostentar concreta capacidade e comprovada credibilidade para ressarcir os eventuais danos que venham a ser suportados pela outra parte.[161]

O seguro-garantia consiste em uma caução fidejussória,[162] pois se traduz em uma garantia prestada por terceiro e que se destinará a assegurar a reparação dos danos eventualmente causados ao demandado pela efetivação da medida urgente pelo autor, nos casos de improcedência da demanda. Trata-se de contracautela largamente utilizada para a concessão de medidas de urgência.

O seguro-garantia, em valor suficiente e idôneo (por prazo adequado, por exemplo), tem sido prestado em casos envolvendo a concessão de tutela de urgência para (*i*) suspender a exigibilidade de penalidade administrativa

---

157 PISANI, *Lezioni...*, p. 608.

158 STJ, 4ª Turma, REsp 1.796.534/RJ, rel. Min. Luis Felipe Salomão, j. 13.12.2022, *DJe* 06.03.2023.

159 VENOSA, Sílvio de Salvo. *Direito Civil:* contratos. 23. ed. Barueri: Atlas, 2023, p. 648.

160 TARTUCE, Flávio. *Manual de Direito Civil:* volume único. 13. ed. Rio de Janeiro: Método, 2023, p. 840.

161 NEVES, *Manual...*, p. 354. No sistema argentino, o juiz tem o dever de graduar a qualidade e o montante da caução, de modo que o seu valor terá relação com a quantia dos prejuízos que a medida possa causar ao adversário (art. 199 do Codigo Procesal Civil y Comercial de la Nacion).

162 TJMG, 15ª Câmara Cível, Agravo de Instrumento 5705569-18.2020.8.13.0000, rel. Des. Antônio Bispo, j. 10.02.2022, *DJe* 17.02.2022; TRF4, 2ª Turma, Agravo de Instrumento 5017624-27.2020.4.04.0000, rel. Des. Alexandre Rossato da Silva Ávila, j. 15.09.2021; TJCE, 2ª Câmara de Direito Público, Agravo Interno 0621070-50.2021.8.06.0000, rel. Des. Maria Iraneide Moura Silva, j. 01.09.2021, *DJe* 10.09.2021. O seguro-garantia (*póliza de seguro de caución*), como espécie de contracautela, também é admitido no processo civil argentino (ARAZI, *Derecho...*, tomo 2, p. 122).

(multa)[163] e (*ii*) para garantir o valor da dívida em discussão, possibilitando a emissão de certidão positiva com efeito de negativa, bem como impedindo a lavratura de protesto e a inclusão do referido débito em cadastro de órgãos de proteção de crédito.[164]

A lei não define um prazo para que seja prestada a caução. Caso o juiz não anote um prazo para o oferecimento da garantia (art. 218, § 1º), ela deverá ser prestada no prazo de cinco dias (art. 218, § 3º), contados a partir da intimação do advogado da parte requerente, sendo dispensável a intimação pessoal.[165]

30. Dispensa da caução

A parte será dispensada de oferecer caução quando ela não puder prestá-la em razão de sua hipossuficiência (art. 300, § 1º, parte final).

Trata-se de um juízo de ponderação realizado pelo legislador: preferiu-se proteger a parte economicamente hipossuficiente em detrimento da parte contrária, que não terá nenhuma garantia judicial de que será ressarcida pelos danos eventualmente causados pela efetivação da tutela de urgência, que ao final veio a ser revogada.[166]

31. Momentos para a concessão da tutela provisória

A tutela provisória poderá ser concedida em fases distintas do procedimento, a depender do momento em que forem preenchidos os respectivos pressupostos e seja formulado um requerimento pela parte.

31.1. Liminarmente

A tutela provisória poderá ser concedida liminarmente, isto é, no início do processo, antes mesmo da oitiva da parte contrária.[167]

---

163 STJ, 2ª Turma, AgInt no AREsp 1.901.637/SP, rel. Min. Mauro Campbell Marques, j. 20.03.2023, *DJe* 23.03.2023; STJ, 1ª Seção, AgInt nos EREsp 1.612.784/PR, rel. Min. Mauro Cambpell Marques, j. 29.03.2022, *DJe* 01.04.2022; STJ, 1ª Turma, AgInt nos Edcl nos Edcl no AREsp 1.689.022/SP, rel. Min. Gurgel de Faria, j. 14.02.2022, *DJe* 18.02.2022.

164 STJ, 1ª Turma, AgInt no REsp 2006993/PR, rel. Min. Gurgel de Faria, j. 29.05.2023, *DJe* 02.06.2023; STJ, 1ª Turma, AgInt no REsp 1915046/RJ, rel. Min. Gurgel de Faria, j. 28.06.2021, *DJe* 01.07.2021; TJSP, 3ª Câmara de Direito Público, Agravo de Instrumento 2255758-48.2020.8.26.0000, rel. Des. Encinas Manfré, j. 04.12.2020, *DJe* 17.12.2020.

165 NEGRÃO; GOUVÊA; BONDIOLI e FONSECA, *Código de Processo...*, p. 369.

166 NEVES, *Manual...*, p. 355.

167 TALAMINI, Eduardo. Nota sobre as recentes limitações legais à antecipação de tutela. In: ALVIM, Teresa Arruda (Coord.). *Aspectos polêmicos da antecipação de tute-*

A concessão de uma ordem *liminar* (*in limine litis*) pressupõe que ela tenha sido deferida antes da citação ou da oitiva da parte contrária (*inaudita altera parte*). Isso se aplica tanto à tutela provisória requerida em caráter antecedente quanto à tutela provisória incidental, pleiteada na petição inicial.

Somente será admissível a postergação do contraditório quando, mediante um juízo de ponderação, o juiz concluir que a prévia oitiva do réu poderá frustrar (total ou parcialmente) a tutela do direito afirmado pelo autor em sede de tutela provisória.[168] Tal frustração poderá derivar do perecimento do direito afirmado pelo autor ou do risco concreto de que a prévia ciência do demandado tenha a potencialidade de prejudicar o cumprimento da tutela provisória que venha a ser concedida em seu desfavor.[169]

Admite-se que seja concedida liminarmente uma tutela provisória nas hipóteses de urgência (risco de dano) ou em determinados casos de tutela de evidência (art. 9º, parágrafo único, I e II c/c arts. 300, § 2º e 311, parágrafo único).

Quando o juiz reputar não ser o caso de decidir liminarmente o pedido de tutela provisória, determinando o estabelecimento do prévio contraditório, não há dúvida de que ele deverá justificar tal postergação.[170] A decisão que posterga a análise do pedido de tutela provisória é impugnável por agravo de instrumento ou por agravo interno, a depender se o processo tramita em primeiro ou segundo graus.[171]

---

la. São Paulo: Revista dos Tribunais, 1997, p. 126. Segundo José Joaquim Calmon de Passos, "Liminar é o nome que damos a toda providência judicial determinada ou deferida *initio litis*, isto é, antes de efetivado o contraditório [...]" (PASSOS, José Joaquim Calmon de. *Comentários ao Código de Processo Civil* – arts. 270 a 331. 8. ed. Rio de Janeiro: Forense, 2001, p. 18).

168 No sistema argentino, no entanto, a regra será a concessão da medida cautelar *inaudita altera parte* e com a exigência de prestação de caução pela parte requerente (ARAZI, *Derecho...*, tomo 2, p. 115 e 119).

169 FREITAS e ALEXANDRE, *Código...*, v. 2, p. 29-30.

170 DIDIER JR.; BRAGA e OLIVEIRA, *Curso...*, v. 2, p. 743. Além disso, confira-se o Enunciado 30 do Fórum Permanente de Processualistas Civis: "O juiz deve justificar a postergação da análise liminar da tutela provisória sempre que estabelecer a necessidade de contraditório prévio".

171 TJMG, 10ª Câmara Cível, Agravo de Instrumento 1556695-96.2019.8.13.0000, rel. Des. Claret de Moraes, j. 16.06.2020; TJMG, 13ª Câmara Cível, Agravo de Instrumento 0095786-73.2019.8.13.0000, rel. Des. Newton Teixeira Carvalho, j. 04.07.2019. Contudo, não se desconhece a existência de entendimento que não admite a interposição de recurso contra a decisão que posterga a análise do pedido de tutela de urgência, sob o fundamento de que isso implicaria supressão de instância (TJSP, 37ª Câmara de Direito Privado, Agravo de Instrumento 2048196-30.2024.8.26.0000, rel. Des. José Wagner de Oliveira Melatto Peixoto, j. 20.03.2024, *DJe* 21.03.2024).

31.2. Justificação prévia

Caso o juiz considere que a prova documental trazida pelo autor na inicial é insuficiente para conduzir ao deferimento liminar da tutela de urgência,[172] poderá designar audiência de justificação (art. 300, § 2º). Ou seja, a justificação prévia terá lugar quando o juiz não se convencer desde logo da presença do *fumus boni iuris* e do *periculum in mora*.

A audiência poderá ser designada tanto diante de um pedido de tutela de urgência formulado de forma antecedente como diante de um requerimento deduzido *inaudita altera parte*.[173]

A audiência de justificação prévia se destinará a oportunizar que o autor produza provas destinadas a demonstrar a presença dos requisitos para a concessão da tutela de urgência.[174] Caso repute necessário e adequado, o autor poderá levar testemunhas para serem ouvidas na audiência de justificação.[175]

A designação de audiência de justificação (art. 300, § 2º) contém aparente incompatibilidade com a disciplina da tutela antecipada requerida em caráter antecedente (art. 303).

Há regra específica determinando que o juiz, caso não esteja convencido da presença dos requisitos para a concessão da tutela antecipada antecedente, determine a emenda da inicial no prazo de cinco dias, sob pena de indeferimento da medida e da extinção do processo sem resolução de mérito (art. 303, § 6º). Portanto, no caso da tutela antecipada antecedente, não haveria espaço para a designação de audiência de justificação prévia; caberia ao autor emendar a inicial para tentar demonstrar ao juiz a presença dos requisitos para a antecipação da tutela.

Rigorosamente, não é esse o sentido da emenda prevista no art. 303, § 6º, pois ela não se destina a conferir oportunidade para o autor agregar elementos necessários à concessão da tutela antecipada em caráter antecedente. O objetivo desta regra é o seguinte: diante do indeferimento da tutela antecipada em caráter antecedente, o autor deverá emendar a inicial para complementar a sua causa de pedir, juntar novos documentos e confirmar os pedidos de tutela final, de modo que o processo prossiga regularmente até o julgamento da pretensão principal.

---

172 "Nem sempre o autor disporá de prova pré-constituída. Prova desse teor só pode ser a prova documental, em sentido amplo (*v.g.*, gravações de imagem; gravações de som; pareceres técnicos; documentos emprestados de outro processo), e cujo sentido seja concludente e inequívoco" (ASSIS, *Processo...*, v. 3, p. 408).

173 NEVES, *Manual...*, p. 358.

174 BEDAQUE, *Tutela provisória...*, p. 357; WAMBIER e TALAMINI, *Curso...*, v. 2, p. 971; ASSIS, *Processo...*, v. 3, p. 406.

175 ASSIS, *Processo...*, v. 3, p. 412; NEVES, *Manual...*, p. 359.

Portanto, nos casos em que o autor não apresente elementos suficientes para a concessão da tutela antecipada (por exemplo, porque ele não dispõe de prova pré-constituída de suas alegações), o juiz poderá designar audiência de justificação para que o autor produza prova oral destinada a demonstrar a presença do *fumus boni iuris* e do *periculum in mora.*

Com regra, a audiência de justificação será designada de ofício pelo juiz, caso ele detecte insuficiência na demonstração dos requisitos para a concessão da tutela de urgência. No entanto, não se pode descartar a possibilidade de a audiência de justificação ser requerida pelo próprio autor, caso ele indique desde logo que não possui prova pré-constituída acerca dos fatos narrados ou demonstração suficiente do perigo de dano.[176]

Em qualquer caso, apenas o autor deverá ser convocado para a audiência de justificação, pois ainda se estará diante de situação em que o contraditório é postergado.[177] A oitiva da parte contrária, em muitos casos, poderia gerar o risco de ineficácia da medida urgente pleiteada pelo autor.[178]

Não há previsão legal acerca do procedimento a ser seguido para a realização da audiência de justificação. Mas diante da urgência do pedido formulado pelo autor, recomenda-se que o juiz designe a audiência para o dia seguinte (ou a data mais próxima), o advogado do autor seja cientificado da audiência por meio expedito e as testemunhas sejam levadas à audiência independentemente de intimação.[179]

Trata-se, portanto, de procedimento excepcional, em que o contraditório é postergado e o juiz se encontra no estado de dúvida acerca do direito do autor de obter a medida urgente. Mas o juiz não é obrigado a designar a audiência de justificação prévia. Se o juiz se convencer de plano acerca da absoluta ausência de plausibilidade ou de perigo de dano, deverá indeferir o pedido de tutela de urgência formulado pelo autor.

Não se pode ignorar a possibilidade de que o julgador determine a prévia manifestação do réu, para somente então decidir acerca do pedido de tutela de urgência. Ele pode detectar concretamente que a designação de audiência de

---

176 ASSIS, *Processo...*, v. 3, p. 409.

177 FABRÍCIO, Adroaldo Furtado. Justificação liminar, extinção do processo e apelação. *In: Estudos de Direito Processual em homenagem a José Frederico Marques*. São Paulo: Saraiva, 1982, p. 34; BEDAQUE, *Tutela Provisória...*, p. 357; WAMBIER e TALAMINI, *Curso...*, v. 2, p. 971. Em sentido contrário, Araken de Assis reputa que "o réu tem o direito de participar de modo pleno e efetivo" da audiência de justificação (ASSIS, *Processo...*, v. 3, p. 412).

178 NERY JUNIOR, Nelson; NERY, Rosa Maria de Andrade. *Comentários ao Código de Processo Civil.* São Paulo: Revista dos Tribunais, 2015, p. 858.

179 ASSIS, *Processo...*, v. 3, p. 412.

justificação não contribuirá para a formação do seu convencimento acerca dos requisitos para a tutela de urgência. As circunstâncias concretas podem conduzir o julgador a estabelecer o prévio contraditório, de modo que o réu se manifeste sobre o pedido urgente e somente então seja proferida decisão sobre a medida urgente pleiteada.

O julgador decidirá pela adoção de um ou de outro caminho, a depender do caso concreto. No entanto, caso o julgador postergue a análise da tutela de urgência para momento posterior à manifestação do réu, a parte autora, que se sinta prejudicada, poderá interpor agravo de instrumento (art. 1.015, I).[180]

32. O equilíbrio entre o contraditório e as situações de urgência

O princípio do contraditório é uma garantia constitucional (art. 5º, LIV, da CF), que foi reiterado em sede infraconstitucional (arts. 7º, 9º e 10). O contraditório impõe que as partes tenham a oportunidade de influenciar prévia e ativamente em todas as fases do processo e sob todos os seus elementos (fatos, provas e questões de direito).[181]

Isso significa que deve ser assegurado não apenas o direito de a parte ser informada acerca de todos os atos processuais, mas também que lhe sejam concedidas oportunidades para reagir (por meio da formulação de alegações de fato e de direito, produção de provas, controle das provas do adversário e manifestação sobre o valor e resultados de umas e outras)[182] e influenciar de forma prévia e adequada na formação da convicção do julgador.[183]

Trata-se de garantir o aperfeiçoamento do binômio informação-reação.[184] A fiel observância do princípio do contraditório tem, dentre outras finalidades,

---

180 TJSP, 15ª Câmara de Direito Privado, Agravo Interno 2225105-58.2023.8.26.0000, rel. Des. Mendes Pereira, j. 03.06.2024, *DJe* 13.06.2024; TJPR, 13ª Câmara Cível, Agravo de Instrumento 0004578-82.2023.8.16.0000, rel. Juiz Subst. em 2º grau Marcos Vinicius da Rocha Loures Demchuk, j. 30.06.2023; TJSC, 6ª Câmara Cível, Agravo de Instrumento 5017589-42.2021.8.24.0000, rel. Des. André Carvalho, j. 19.07.2022. Em sentido contrário: TJSP, 22ª Câmara de Direito Privado, Agravo de Instrumento 2056567-80.2024.8.26.0000, rel. Des. Júlio César Franco, j. 13.03.2024, *DJe* 15.03.2024.

181 FREITAS, José Lebre de. *Introdução ao Processo Civil:* conceito e princípios gerais à luz do novo Código. 4. ed. Coimbra: Gestlegal, 2017, p. 127. Em sentido semelhante, confira-se: MIRANDA, Jorge. Constituição e Processo Civil. *Separata da Revista Direito e Justiça*, v. 8, tomo 2, 1994, p. 19-20.

182 ANDRADE, Manuel A. Domingues. *Noções elementares de processo civil.* Coimbra: Coimbra Editora, 1979, p. 379; BARRETO, Ireneu Cabral. *A Convenção Europeia dos Direitos do Homem anotada.* 5. ed. Coimbra: Almedina, 2015, p. 170.

183 BONICIO, Marcelo José Magalhães. *Princípios do Processo no Novo Código de Processo Civil.* São Paulo: Saraiva, 2016, p. 77.

184 "[...] a doutrina vem há algum tempo identificando o contraditório no binômio *informação-reação*, com a ressalva de que, embora a primeira seja absolutamente

a de evitar o que se convencionou chamar de *decisão-surpresa*[185] (ou decisão de "terceira via"),[186] que ocorrerá quando o julgador proferir uma decisão sem que tenha sido franqueada às partes a oportunidade de se manifestar previamente sobre uma questão de fato ou de direito (material ou processual)[187] – ainda que se trate de matéria que o juiz deva conhecer de ofício (art. 10).

32.1. Tutelas provisórias e prévio contraditório: regra geral

Nas situações urgentes, o estabelecimento do prévio contraditório poderá ser concretamente relativizado. A despeito do art. 9º, parágrafo único, I e II, induzir a conclusão de que o prévio contraditório "não se aplica" à tutela de urgência (art. 300) e a duas hipóteses de tutela de evidência (art. 311, II e III), a interpretação sistemática do regime das tutelas provisórias revela exatamente o contrário.

Nos casos de tutela de urgência, reconhece-se que o juiz *pode* conceder liminarmente a medida (art. 300, § 2º), isto é, sem a prévia oitiva da parte contrária. Não existe uma imposição que assim o faça.

A tutela da evidência contém semelhante disciplina para as hipóteses dos incisos II e III do art. 311. Em tais casos, "o juiz poderá decidir liminarmente" (art. 311, parágrafo único).

necessária sob pena de ilegitimidade do processo e nulidade de seus atos, a segunda é somente *possível*" (DINAMARCO, Cândido Rangel. *Instituições de Direito Processual Civil*, v. 1. 8. ed. São Paulo: Malheiros, 2016, p. 347).

185 STJ, 3ª Turma, AgInt no AREsp 2.489.262/SP, rel. Min. Marco Aurélio Bellizze, j. 29.04.2024, *DJe* 02.05.2024; STJ, 4ª Turma, REsp 1.909.451/SP, rel. Min. Luis Felipe Salmoão, j. 23.03.2021, *DJe* 13.04.2021.

186 NERY JUNIOR, Nelson. *Princípios do processo civil na Constituição federal*. 13. ed., São Paulo: Revista dos Tribunais, 2017, p. 266; PEIXOTO, Ravi. Rumo à construção de um processo cooperativo. *Revista de Processo*, v. 219, maio 2013, p. 89-114; Os caminhos e descaminhos do princípio do contraditório: a evolução histórica e a situação atual. *Revista de Processo*, v. 294, ago. 2019, p. 121-145.

187 FREITAS, José Lebre de. Inconstitucionalidades do Código de Processo Civil. *Separata da Revista da Ordem do Advogados*, ano 52, I, Lisboa, abr. 1992, p. 37; RODRIGUES, Fernando Pereira. *O novo processo civil*: os princípios estruturantes. Coimbra: Almedina, 2013, p. 47. Carlos Lopes do Rego, amparado em acórdãos do Tribunal Constitucional português, destaca que caracterizará "verdadeira e inquestionável *decisão-surpresa*" a formulação de determinada exigência formal, de conteúdo insólito e imprevisível, que prejudique "drasticamente o exercício do '*direito de defesa*' pela parte afectada" (REGO, Carlos Lopes do. Os princípios constitucionais da proibição da indefesa, da proporcionalidade dos ónus e cominações e o regime da citação em processo civil. In: *Estudos em homenagem ao Conselheiro José Manuel Cardoso da Costa*. Coimbra: Coimbra Editora, 2003, p. 848).

Disso decorre ser uma excepcionalidade a concessão de uma tutela provisória sem a prévia oitiva da parte contrária.[188] O julgador somente deverá decidir sem a prévia oitiva da outra parte nos casos de extrema urgência ou quando a prévia manifestação do demandado for capaz de frustrar a efetivação da medida, caso concedida.[189]

A regra geral será o estabelecimento do prévio contraditório acerca do pedido de concessão de uma tutela provisória.[190] Obviamente que não será adequado que a análise do pedido de concessão de tutela provisória formulado na petição inicial seja postergada para um momento posterior ao oferecimento da contestação. Tampouco será adequada a postergação do exame do pedido de tutela provisória incidental somente para o momento de prolação da sentença.[191]

O contraditório de que ora se cogita será restrito aos requisitos para a concessão da medida urgente e deverá ser estabelecido em prazo expedito (setenta e duas horas, por exemplo). Nesses casos em que não há extrema ur-

---

188 LAMY, *Tutela*..., p. 7; THEODORO JÚNIOR, *Curso*..., v. 1, p. 595; YARSHELL, *Curso*..., v. 1, p. 317-318.

189 CÂMARA, *Manual de Direito*..., p. 321; BEDAQUE, *Tutela Provisória*..., p. 330-331. Na jurisprudência: STJ, 3ª Turma, Edcl no AgInt no TP 287/SP, rel. Min. Paulo de Tarso Sanseverino, j. 06.06.2017, DJe 13.06.2017; TJSP, 6ª Câmara de Direito Privado, Agravo de Instrumento 2258325-23.2018.8.26.0000, rel. Des. José Roberto Furquim Cabella, j. 14.02.2019, DJe 18.02.2019.

190 O art. 366, 1, do CPC português também impõe como regra o prévio contraditório: "O tribunal ouve o requerido, exceto quando a audiência puser em risco sério o fim ou a eficácia da providência". Essa também é a regra no processo civil italiano (art. 669-sexies), com a advertência da doutrina para que o contraditório seja estabelecido da forma mais expedita possível (MANDRIOLI, Crisanto. *Corso di diritto processuale civile*. 9. ed. Torino: G. Giappichelli Editore, 2011, p. 246). O sistema espanhol também impõe o prévio contraditório como regra, somente sendo admitida a concessão de uma tutela urgente *inaudita altera parte* por razões de urgência ou efetividade da medida (DEU, *Lecciones*..., p. 512-513).

191 No sistema francês, a tutela provisória (*référé*) será concedida em audiência, para a qual o demandado será citado para que participe em contraditório. Se caso exigir celeridade, mesmo não se tratando de uma tutela de urgência, o juiz poderá permitir que a citação seja realizada em um horário determinado (*référé "d'heure à heure"*), inclusive em feriados (art. 485 do *Code de procédure civile* francês). Todavia, caso o pedido de provimento provisório ostente natureza urgente, ele seguirá o procedimento das *les ordonnances sur requête* (arts. 493 a 498 do CPC francês), o qual possui como característica principal a dispensa do prévio contraditório (CADIET, Loïc; JEULAND, Emmanuel. *Droit judiciaire privé*. 8. ed. Paris: LexisNexis, 2013, p. 517). Nos casos de extrema urgência, tal requerimento poderá ser apresentado no domicílio do juiz (art. 494 do CPC francês). Sobre o tema, confiram-se ainda: HÉRON e BARS, *Droit*..., p. 326; BONATO, Giovanni; QUEIROZ, Pedro Gomes de. Os référés no ordenamento francês. *Revista de processo*, v. 255, p. 527-566, mai. 2016.

gência, a prévia oitiva do requerido permitirá que o julgador forme uma adequada convicção, em sede de cognição sumária, acerca do pedido urgente formulado.

32.2. O prévio contraditório nas medidas urgentes contra a Fazenda Pública

O regime das medidas de urgência contra a Fazenda Pública contém regras específicas acerca do prévio contraditório.

O art. 2º da Lei n. 8.437/92 consigna que "No mandado de segurança coletivo e na ação civil pública, a liminar será concedida, quando cabível, após a audiência do representante judicial da pessoa jurídica de direito público, que deverá se pronunciar no prazo de setenta e duas horas". Esse regramento, que determina o prévio contraditório no mandado de segurança coletivo e na ação civil pública, é aplicável às tutelas antecipadas requeridas contra a Fazenda Pública, por força do art. 1º da Lei n. 9.494/97.

Tais regras vêm sendo relativizadas há muito tempo. Somente se impõe o prévio contraditório quando não houver uma situação de extrema urgência que justifique a concessão da ordem liminarmente. Vale dizer, nos casos de extrema urgência, o pedido de concessão de medida urgente deverá ser deferido antes da oitiva do demandado.[192]

Havia ainda uma regra mais recente, contida no art. 22, § 2º, da Lei n. 12.016/2009, que disciplinava da seguinte forma a concessão de liminar no âmbito do mandado de segurança coletivo: "a liminar só poderá ser concedida após a audiência do representante judicial da pessoa jurídica de direito público, que deverá se pronunciar no prazo de 72 (setenta e duas) horas". Tal regra consistia em reiteração daquele regramento anterior, previsto no art. 2º da Lei n. 8.437/92.

A exemplo do que já ocorria com a regra do art. 2º da Lei n. 8.437/92, firmou-se também o entendimento de que o art. 22, § 2º, da Lei n. 12.016/2009 não impunha de forma absoluta o prévio contraditório para a concessão de liminar no mandado de segurança coletivo. Em casos de extrema urgência e de uma alegação plausível, tal regra poderia ser concretamente afastada.[193]

---

192 BUENO, *Manual do Poder...*, p. 338. Na jurisprudência: STJ, 2ª Turma, AgInt no AREsp 1.520.963/SC, rel. Min. Assusete Magalhães, j. 29.06.2020, *DJe* 01.07.2020; STJ, 1ª Turma, REsp 1.559.531/MG, rel. Min. Napoleão Nunes Maia Filho, j. 03.04.2018, *DJe* 16.04.2018; TJMG, 5ª Câmara Cível, Agravo de Instrumento 0097988-86.2020.8.13.0000, rel. des. José Eustáquio Lucas Pereira, j. 18.06.2020, *DJe* 20.06.2020; TJSP, 11ª Câmara de Direito Público, Agravo de Instrumento 2009477-52.2019.8.26.0000, rel. Des. Jarbas Gomes, j. 23.04.2019, *DJe* 24.04.2019.

193 AMARAL, Paulo Osternack; SILVA, Ricardo Alexandre da. Mandado de segurança coletivo. *Revista Dialética de Direito Processual,* v. 105, dez. 2011, p. 102.

Ocorre que a regra do art. 22, § 2º, da Lei n. 12.016/2009 foi declarada inconstitucional pelo Supremo Tribunal Federal no julgamento da ADI 4.296/DF, por se reputar que ela criava óbices ao exercício do poder geral de cautela, ínsito ao mandado de segurança.[194]

A parcial coincidência de texto e a identidade de finalidades permitem concluir que o julgamento da ADI 4.296/DF, ao declarar inconstitucional o art. 22, § 2º, da Lei n. 12.016/2009, retirou o fundamento de validade do art. 2º da Lei n. 8.437/92.[195] Atualmente, portanto, não há vedação legal para que a tutela de urgência no mandado de segurança coletivo seja concedida antes da oitiva da parte contrária.

Em última análise, a regra geral continuará sendo o estabelecimento do prévio contraditório para acerca de todo e qualquer pedido de tutela provisória – seja ele deduzido em face de um particular ou de um ente público. Porém, em casos de extrema urgência, não haverá óbice a que uma medida urgente contra um particular ou contra a Fazenda Pública seja concedida liminarmente, isto é, antes da oitiva da parte contrária.

32.3. Na sentença

A tutela provisória poderá ser decidida na sentença – deferindo-a, rejeitando-a ou modificando-a.

Obviamente que o juiz não poderá deferi-la de ofício. A concessão no momento da sentença exigirá a formulação de um pedido de tutela provisória pela parte e o preenchimento dos respectivos pressupostos legais.

A prolação de decisão acerca da tutela provisória na sentença terá relevantes efeitos práticos nos casos em que a sentença se submete a reexame necessário ou quando a apelação possui efeito suspensivo *ope legis*.

Não se tratará mais de um pronunciamento tomado com base em cognição sumária; já terá havido cognição exauriente. Portanto, o recurso cabível será a apelação contra a sentença que versar sobre tutela provisória. É irrelevante o conteúdo do pronunciamento acerca da tutela provisória, podendo a sentença ter veiculado a concessão, o indeferimento, a revogação ou mesmo a modificação da tutela provisória (por exemplo, redimensionando a sua amplitude).

A tutela provisória decidida na sentença será impugnável por meio de apelação, que não terá efeito suspensivo na parte em que confirmar, conceder

---

194 STF, Plenário, Ação Direta de Inconstitucionalidade 4.296/DF, rel. Min. Marco Aurélio, redator do acórdão Min. Alexandre de Moraes, j. 09.06.2021, *DJe* 11.10.2021.

195 BUENO, *Manual do Poder...*, p. 147-148.

ou revogar tutela provisória (art. 1.012, V). Isso permitirá o cumprimento provisório deste capítulo da sentença – o que não seria possível nos casos em que a sentença se submetesse a reexame necessário ou a apelação com efeito suspensivo *ope legis*.

32.4. Em grau recursal

Também é possível que os pressupostos da tutela provisória sejam preenchidos com o processo já em fase recursal.[196]

Após a prolação da sentença e a submissão do processo ao tribunal em grau recursal, o pedido de tutela provisória deverá ser deduzido ao órgão responsável para apreciar o mérito recursal (art. 299, parágrafo único).

O requerimento de tutela provisória deverá demonstrar a presença de determinados requisitos para o seu deferimento. O parágrafo único do art. 995 determina que o relator concederá o efeito suspensivo (ou antecipará a tutela recursal) quando estiverem presentes: (*i*) a probabilidade de provimento do recurso e (*ii*) houver risco de dano grave ou de difícil reparação.

No âmbito recursal, admite-se que o pedido de tutela provisória seja formulado, até mesmo, no curso da própria sustentação oral.[197]

33. Vedação à antecipação de tutela irreversível

Como visto, a concessão de qualquer espécie de tutela de urgência pressupõe a presença de *fumus* e *periculum* (art. 300, *caput*). Contudo, para a tutela de urgência de natureza antecipada, impõe-se também um requisito negativo: ausência de "perigo de irreversibilidade dos efeitos da decisão" (art. 300, § 3º).

A irreversibilidade de que trata o dispositivo não se relaciona com a irreversibilidade jurídica da decisão. Afinal, por meio de recurso ou por provocação da parte (diante de um novo contexto fático-probatório, por exemplo) a decisão poderá sempre ser revertida. A tutela antecipada, portanto, sempre será reversível sob o aspecto jurídico.[198]

O risco de irreversibilidade que deverá ser ponderado pelo julgador é de natureza fática, isto é, dos "efeitos da decisão". A reversibilidade de uma tutela antecipada será aferida a partir da possibilidade de se retornar ao *status quo ante*, caso a decisão venha a ser modificada ou revogada.

---

196 Sobre a disciplina referente aos pedidos de tutela provisória no âmbito dos tribunais locais e dos tribunais superiores, confiram-se os comentários ao art. 299.

197 STJ, 4ª Turma, REsp 1.332.766/SP, rel. Min. Luis Felipe Salomão, j. 01.06.2017, *DJe* 01.08.2017.

198 MOREIRA, José Carlos Barbosa. A antecipação da tutela jurisdicional na reforma do Código de Processo Civil. *Revista de Processo*, v. 81, jan./mar. 1996, p. 204.

O raciocínio a ser feito é o seguinte: se a modificação ou revogação da tutela antecipada conduzir ao retorno da situação fática anterior, então a decisão será reversível sob o aspecto fático e, consequentemente, não incidirá o óbice contido no § 3º do art. 300. Do contrário, caso exista risco de que não seja possível o retorno à situação fática anterior, então incidirá o impedimento à concessão da tutela antecipada.

No entanto, não será em todo e qualquer caso que a irreversibilidade impedirá a concessão de uma tutela antecipada.

Em determinadas situações envolvendo direitos fundamentais, pode-se admitir o desprezo à vedação legal, como forma de prestigiar um direito fundamental da parte. É o que frequentemente ocorre com o pedido de tutela antecipada, por exemplo, para o fornecimento de medicamentos pelo Estado[199] ou pelo plano de saúde.[200]

Ambos os casos traduzem hipóteses irreversíveis e, nem por isso, caracterizarão necessariamente um impedimento à concessão da tutela antecipada. Obviamente que o simples fato de envolver direitos fundamentais não autorizará o automático desprezo à exigência de reversibilidade fática. Deverão ser ponderados os interesses em jogo, inclusive à luz da plausibilidade do direito invocado pelo autor e do perigo da demora concretamente demonstrado.[201]

Não convence o argumento de que sempre seria passível de ser contornada a potencial irreversibilidade mediante a conversão em perdas e danos.[202] Rigorosamente, sempre será possível a conversão em perdas e danos. Mas isso não equivalerá ao retorno à situação fática existente antes da concessão da tutela antecipada.[203]

A interpretação adequada será respeitar, como regra, o limite da irreversibilidade. Somente em situações muito excepcionais, mediante um juízo de ponderação, o juiz poderá afastar concretamente a incidência do óbice e conceder uma tutela antecipada irreversível.[204]

---

199 TJSP, Turma Recursal Cível e Criminal, Recurso Inominado 1001034-14.2016.8.26.0137, rel. Rodrigo Pares Andreucci, j. 15.03.2019, *DJe* 25.03.2019.

200 TJMG, 15ª Câmara Cível, Agravo de Instrumento 1269822-72.2022.8.13.0000, rel. Des. Octávio de Almeida Neves, j. 23.03.2023.

201 O art. 368, 2, do CPC português contém previsão específica acerca da ponderação de valores a ser realizada no momento da concessão da tutela de urgência: "A providência pode, não obstante, ser recusada pelo tribunal quando o prejuízo dela resultante para o requerido exceda consideravelmente o dano que com ela o requerente pretende evitar". De acordo com a doutrina, trata-se "duma manifestação do princípio da proporcionalidade" (FREITAS e ALEXANDRE, *Código...*, v. 2, p. 41).

202 NERY JUNIOR e NERY, *Comentários...*, p. 859.

203 BEDAQUE, *Tutela provisória...*, p. 365-366; NEVES, *Manual...*, p. 362.

204 PIMENTEL, Alexandre Freire; ANDRADE, Camila Terezinha Arruda de. Ontologia processual e a superação do óbice da irreversibilidade para a concessão de

Todavia, não se pode ignorar a possibilidade de que tanto a concessão quanto o indeferimento possam caracterizar uma situação de irreversibilidade fática. É o que ocorrerá quando a concessão da medida causar efeitos irreversíveis à esfera jurídica do réu e o indeferimento da tutela antecipada lesar de forma irreversível o direito do autor. Trata-se do que se convencionou chamar de "recíproca irreversibilidade"[205] ou "irreversibilidade de mão dupla".[206]

Nesse caso, deve-se realizar um juízo de ponderação para se aferir quem detém o direito mais provável, de modo que o sacrifício recaia sobre a outra parte.[207-208]

Tal situação exigirá cautela especial pelo julgador, o que poderá recomendar, inclusive, que ele exija a prestação de caução pelo autor (art. 300, § 1º).

34. Medidas urgentes contra o Poder Público

Este tópico destina-se a examinar os contornos das regras que limitam o cabimento de medidas urgentes contra o Poder Público. Para tanto, serão analisadas as regras esparsas que veiculam tais vedações e os pronunciamentos dos tribunais e da doutrina a respeito do tema.

34.1. Regra geral: cabimento

A regra geral será a admissibilidade da concessão de tutela provisória em face da Fazenda Pública. Basta que estejam presentes os requisitos para a concessão da tutela de urgência (art. 300) ou para o deferimento da tutela da evidência (art. 311).

---

medidas antecipatórias por meio do princípio da proporcionalidade no CPC-2015. In: COSTA, Eduardo José da; PEREIRA, Mateus Costa; GOUVEIA FILHO, Roberto P. Campos (Coord.). *Tutela provisória*. 2. ed. Salvador: JusPodivm, 2019, p. 190.

205 MIRANDA NETTO, Fernando Gama de. Técnica da ponderação e irreversibilidade das tutelas de urgência no Código de Processo Civil de 2015 (art. 300, § 3º). In: COSTA, Eduardo José da; PEREIRA, Mateus Costa; GOUVEIA FILHO, Roberto P. Campos (Coord.). *Tutela provisória*. 2. ed. Salvador: JusPodivm, 2019, p. 222-223.

206 NEVES, *Manual...*, p. 363.

207 MARINONI, *A antecipação...*, p. 230; ZAVASCKI, *Antecipação...*, p. 103. Na jurisprudência: TJRJ, 12ª Câmara de Direito Privado, Agravo de Instrumento 0001786-74.2023.8.19.0000, rel. Des. Cleber Ghelfenstein, j. 27.04.2023, *DJe* 28.04.2023; TJMG, 15ª Câmara Cível, Agravo de Instrumento 2080434-36.2022.8.13.0000, rel. Des. Antônio Bispo, j. 10.03.2023, *DJe* 13.03.2023; TJPE, 1ª Câmara de Direito Público, Agravo de Instrumento 0018581-15.2022.8.17.9000, rel. Des. Jorge Américo Pereira de Lira, j. 23.02.2023.

208 Enunciado 40 da I Jornada de Direito Processual Civil do Conselho da Justiça Federal: "A irreversibilidade dos efeitos da tutela de urgência não impede sua concessão, em se tratando de direito provável, cuja lesão seja irreversível".

Como se verá adiante, as exceções legais ao cabimento de tais provimentos contra o Poder Público foram mantidas expressamente no CPC/2015, especificamente pelo art. 1.059.

34.2. Exceções ao cabimento de liminares contra o Poder Público

O crescente incremento das funções desempenhadas pelo Estado acarretou o inevitável aumento de situações conflituosas em que o Poder Público está envolvido.

Diante disso, na contramão das garantias constitucionais da inafastabilidade da jurisdição e da isonomia, o legislador brasileiro envidou esforços no sentido de engendrar um especialíssimo sistema de garantias e prerrogativas em favor da Fazenda Pública, que incida nas relações jurídicas processuais de que ela participe. Pretende-se justificar esse tratamento diferenciado mediante a invocação da suposta indisponibilidade dos interesses defendidos pelo Estado.

Essa perspectiva que permeia o chamado Direito Processual Público motivou a criação de diversas leis e medidas provisórias com o escopo, quando menos, de restringir a concessão de medidas urgentes em face da Fazenda Pública. Adiante, serão identificadas essas regras limitativas, de modo a delinear o seu espectro de incidência no processo civil. A despeito de haver diversas regras limitativas à concessão de medidas urgentes contra a Fazenda Pública, somente serão analisadas as restrições constantes do art. 1º da Lei n. 8.437/92, do art. 1º da Lei n. 9.494/97 e do art. 7º, § 2º, da Lei n. 12.016/2009, na medida em que interessam mais diretamente ao objeto deste trabalho.

34.2.1. Óbices do passado à concessão de tutela antecipada contra a Fazenda Pública

Com a inserção, em 1994, da tutela antecipada no sistema processual brasileiro, parte da doutrina e da jurisprudência passou a sustentar a inviabilidade da sua concessão em face do Poder Público.

Dois eram os argumentos lançados em defesa dessa tese: a necessidade de as sentenças contrárias ao Poder Público se submeterem obrigatoriamente ao duplo grau de jurisdição (remessa necessária)[209] e a exigência constitucional de que as execuções dos créditos contraídos em face da Fazenda Pública sigam a ordem cronológica de apresentação dos precatórios (art. 100, da CF).

---

209 GIANESINI, Rita. Descabimento da tutela antecipada e da execução provisória contra a Fazenda Pública. In: SUNDFELD, Carlos Ari; BUENO, Cassio Scarpinella (Coord.). *Direito Processual Público*. São Paulo: Malheiros, 2003, p. 173.

Contudo, esses óbices foram sendo paulatinamente suplantados por argumentos favoráveis (e contundentes) à concessão dessa espécie de medida urgente em face da Fazenda.

O reexame necessário não constitui verdadeiro óbice à concessão de tutela antecipada contra a Fazenda Pública.

Antes, porque em uma interpretação literal, evidencia-se que o que o art. 496 impede é que a *sentença* contrária ao Poder Público surta efeitos imediatos. Todavia, a tutela antecipatória é normalmente concedida por meio de *decisão interlocutória*, de modo que a sua eficácia não está condicionada à prévia confirmação pelo Tribunal.

Ainda que a antecipação de tutela seja concedida ou confirmada em sentença, a regra impositiva da remessa necessária não incidirá em relação à antecipação. Esse entendimento deriva da previsão contida no inciso V do art. 1.012, que determina o recebimento da apelação somente no efeito devolutivo quando o recurso for interposto em face de sentença que "confirma, concede ou revoga tutela provisória".[210]

No julgamento do Agravo Regimental no Recurso Especial n. 719.846/RS, o Ministro Felix Fischer, na vigência do CPC/73, consignou que o "[...] reexame necessário não pode obstar os efeitos da antecipação de tutela, porquanto a decisão liminar, além de objetivar a garantia da efetiva execução de sentença, não se trata de sentença definitiva, conforme dicção do art. 475 do CPC. Ainda assim, a medida antecipatória não impede a sua confirmação por meio da sentença de mérito, posteriormente sujeita ao duplo grau de jurisdição".[211]

Depois, porque tal interpretação subverte a própria essência da tutela antecipatória, que consiste na redistribuição do ônus do tempo do processo, pois antecipa de forma *imediata* e provisória (por vezes, até *inaudita altera parte*) providências práticas que somente seriam alcançadas com a prolação da sentença final de procedência. Portanto, fica clara a incongruência entre o escopo da tutela antecipatória e o regime de ineficácia das decisões contrárias ao Poder Público antes da sua submissão ao reexame pela instância superior.

---

210 Muito antes da inclusão do inciso VII ao art. 520 do CPC/73 pela Lei n. 10.352/2001 [atual inciso V do art. 1.012 do CPC/2015], Hugo de Brito Machado já sustentava a impossibilidade de o recurso de apelação interposto contra a sentença confirmatória de tutela antecipatória ter efeito suspensivo (MACHADO, Hugo de Brito. Tutela Jurisdicional Antecipada na Repetição de Indébito Tributário. *Revista Dialética de Direito Tributário*, São Paulo, n. 5, fev. 1996, p. 45-46).

211 STJ, 5ª Turma, AgRg no REsp 719.846/RS, rel. Min. Felix Fischer, j. 19.05.2005, *DJ* 01.07.2005.

Ainda, cumpre ressaltar que a lei infraconstitucional não tem o poder de vedar a concessão de medidas urgentes – inclusive em face da Fazenda Pública. A garantia constitucional contida no art. 5º, XXXV, da CF assegura ao jurisdicionado uma tutela jurisdicional adequada, efetiva e tempestiva – evidenciando-se, dessa forma, como o alicerce constitucional das medidas de urgência.[212] Isso porque haverá casos em que o direito material da parte somente será protegido de forma efetiva, adequada e tempestiva com a concessão de uma tutela de urgência.

No mesmo sentido, Nelson Nery Junior ensina que "Pelo princípio constitucional do direito de ação, além do direito ao *processo justo*, todos têm direito de obter do Poder Judiciário a *tutela jurisdicional adequada*. [...] Quando a tutela adequada para o jurisdicionado for medida urgente, o juiz, preenchidos os requisitos legais tem de concedê-la, independentemente de haver lei autorizando ou, ainda, que haja lei proibindo a tutela urgente".[213]

Logo, quando presentes os requisitos legais, é *dever* do juiz antecipar os efeitos da tutela final, não havendo neste juízo margem para discricionariedade.[214]

Portanto, e sob qualquer perspectiva, vedações infraconstitucionais à garantia constitucional à concessão de medidas urgentes constituirão ofensa ao direito subjetivo à jurisdição e ao devido processo legal.

Evidencia-se, com isso, não só a não incidência da regra do duplo grau obrigatório no caso de decisões concessivas de tutela antecipatória contra a

---

212 BUENO, Cassio Scarpinella. ADI 4.296 e liminar em mandado de segurança: uma proposta de compreensão de seu alcance. *Suprema:* revista de estudos constitucionais, Brasília, v. 2, n. 1, jan./jun. 2022, p. 177. Em sentido contrário, destaca-se a lição de J. J. Calmon de Passos: "Sempre sustentei que a garantia constitucional disciplinada no inciso XXXV do art. 5º da Constituição Federal (a lei não excluirá da apreciação do Poder Judiciário lesão ou ameaça a direito) diz respeito, apenas, à tutela definitiva, aquela que se institui com a decisão transitada em julgado, sendo a execução provisória e a antecipação de tutela problemas de política processual, que o legislador pode conceder ou negar, sem que com isso incida em inconstitucionalidade. [...] Daí sempre ter sustentado que a liminar, na cautelar, ou antecipação liminar da tutela em qualquer processo, não é direito das partes constitucionalmente assegurado" (PASSOS, José. Joaquim Calmon de. *Inovações no Código de Processo Civil*. 2. ed. Rio de Janeiro: Forense, 1995, p. 6-7).

213 NERY JUNIOR, *Princípios...*, p. 214.

214 NEVES, *Manual...*, p. 348. Na jurisprudência: TJMG, 14ª Câmara Cível, Agravo de Instrumento 1984616-86.2024.8.13.0000, rel. Des. Evangelina Castilho Duarte, j. 20.06.2024, *DJe* 21.06.2024; TJMS, 5ª Câmara Cível, Agravo de Instrumento 1403320-97.2022.8.12.0000, rel. Des. Vilson Bertelli, j. 17.03.2022, *DJe* 21.03.2022. Sustentando a incompatibilidade da função jurisdicional com a prática de atos discricionários, confiram-se: TALAMINI, *Tutela...*, p. 387; VENTURI, *Suspensão...*, p. 205; ALVIM, Teresa Arruda. Existe a discricionariedade judicial? *Revista de Processo*, v. 70, abr./jun., 1993, p. 232-234.

Fazenda Pública, mas também a inconstitucionalidade de uma lei que pretenda vedar a concessão de medidas de urgência que, como visto, são decorrentes da garantia constitucional do acesso à justiça.

A regra constitucional que impõe que os pagamentos devidos pela Fazenda Pública sejam realizados por meio do regime de precatórios também não pode ser considerada um impeditivo absoluto à concessão de provimentos antecipatórios contra o Poder Público. Há situações em que a regra vem sendo sistematicamente abrandada, de modo a conferir efetividade a outros valores também garantidos pela Constituição Federal.

Primeiro, porque nem toda a pretensão exercitável em face da Fazenda Pública é passível de quantificação pecuniária, de modo que o precatório não é a única forma de concretizar comandos jurisdicionais contra o Estado.[215]

Segundo, porque o regime constitucional dos precatórios não afeta o cumprimento de provimentos antecipatórios que não possuam natureza condenatória. Prova disso é a admissão pelo STJ de antecipação de tutela em demanda que tencione a imposição de uma conduta (comissiva ou omissiva) ao Estado.[216] Essa determinação se revestirá de cunho mandamental, que impõe o seu imediato cumprimento pelo Poder Público, sob pena, até mesmo, da cominação de multa diária pelo descumprimento da ordem.[217]

Mas se a pretensão a ser exercitada em face do Poder Público tiver por escopo o pagamento de quantia certa, não haverá como escapar da imposição constitucional de pagamentos por meio de precatório judiciário, que tem por pressuposto a existência de sentença judicial transitada em julgado (art. 100 da CF).

---

215 BUENO, *Tutela...*, p. 137. Teresa Arruda Alvim destaca que, "[...] quanto ao óbice do art. 100, pode-se dizer que este só se coloca se se tratar de caso em que a medida implique saída de dinheiro do erário público. Certamente, é o caso mais comum, mas não é o único" (ALVIM, Teresa Arruda. Da liberdade do juiz na concessão de liminares e a tutela antecipatória. ALVIM, Teresa Arruda (Coord.). *Aspectos polêmicos da antecipação de tutela.* São Paulo: Revista dos Tribunais, 1997, p. 552).

216 O STJ firmou entendimento no sentido de admitir a antecipação de tutela em face da Fazenda Pública, quando o objeto consistir em uma obrigação (*rectius*: dever jurídico) de fazer ou não fazer: STJ, 2ª Turma, REsp 1.827.009/PE, rel. Min. Herman Benjamin, j. 20.08.2019, *DJe* 13.09.2019.

217 O STJ assentou entendimento no sentido de admitir a cominação de multa diária para compelir o Poder Público a cumprir as determinações judiciais: STJ, 2ª Turma, AgInt no REsp 1.957.741/MG, rel. Min. Herman Benjamin, j. 21.03.2022, *DJe* 25.03.2022; STJ, 1ª Turma, AgInt no AREsp 1.604.195/PE, rel. Min. Napoleão Nunes Maia Filho, j. 13.10.2020, *DJe* 20.10.2020.

34.2.2. Restrições legais ao cabimento de tutela antecipada contra a Fazenda Pública

Com o intuito de restringir a concessão de tutela antecipatória contra a Fazenda Pública, foi editada a Medida Provisória 1.570, de 26 de março de 1997, convertida na atual Lei n. 9.494/97.

Contudo, as medidas restritivas à concessão de tutela antecipatória constantes nesse diploma nada mais fizeram do que reconhecer, de uma vez por todas, a possibilidade da concessão de antecipações de tutela contra a Fazenda, visto que "disciplinou" as hipóteses de seu cabimento quando o Poder Público for demandado.

O art. 1º da Lei n. 9.494/97[218] veda a concessão de liminares, em síntese, nas hipóteses de reclassificação, equiparação, concessão de aumento ou extensão de vantagens a servidores públicos, quando providência semelhante não puder ser concedida por meio de mandado de segurança e quando a medida liminar esgote no todo ou em parte o objeto da ação.

Com isso, o legislador pretendeu impedir a concessão de tutela de urgência em face do Poder Público quando a matéria disser respeito a esses temas, na medida em que estendeu à tutela antecipatória a mesma disciplina legislativa restritiva já existente nas ações de mandado de segurança e nas ações cautelares.

A propósito do tema, Eduardo Talamini pondera que nem toda a antecipação de tutela é *medida liminar*, "Daí que tais proibições, rigorosamente, não abrangem as hipóteses de antecipação em outros momentos do processo, diversos daquele inicial em que o demandado ainda não teve a oportunidade de defesa".[219]

Contudo, e de modo a preservar a eficácia do aludido dispositivo, o Presidente da República, a Mesa do Senado Federal e a Mesa da Câmara dos Deputados propuseram a Ação Declaratória de Constitucionalidade n. 4 perante o Supremo Tribunal Federal, pleiteando a declaração de constitucionalidade do art. 1º da Lei n. 9.494/97. Em julgamento realizado em 11 de fevereiro de 1998, o Tribunal Pleno, por maioria, deferiu parcialmente liminar acautelatória, para o fim de "[...] suspender, '*ex nunc*', e com efeito vinculante, até o julgamento final da ação, a concessão de tutela antecipada contra a Fazenda Pública, que tenha por pressuposto a constitucionalidade ou inconstitu-

---

218 Dispõe o art. 1º da Lei n. 9.494/97: "Art. 1º Aplica-se à tutela antecipada prevista nos arts. 273 e 461 do Código de Processo Civil o disposto nos arts. 5º e seu parágrafo único e 7º da Lei n. 4.348, de 26 de junho de 1964, no art. 1º e seu § 4º da Lei n. 5.021, de 9 de junho de 1966, e nos arts. 1º, 3º e 4º da Lei n. 8.437, de 30 de junho de 1992".

219 TALAMINI, Nota sobre as recentes..., p. 126.

cionalidade do art. 1º da Lei n. 9.494, de 10.09.97, sustando-se, igualmente '*ex nunc*', os efeitos futuros das decisões já proferidas, nesse sentido".[220]

Antes mesmo da prolação de decisão de mérito da ADC 4 pelo STF, a doutrina amplamente majoritária já afirmava a inconstitucionalidade das restrições à concessão de medidas urgentes contra a Fazenda Pública.[221]

Em 1º de outubro de 2008, contrariando a doutrina majoritária, o STF julgou procedente a ADC 4, por maioria, com eficácia *erga omnes* e efeito vinculante, declarando *ex tunc* a constitucionalidade do art. 1º da Lei n. 9.494/97 e confirmando a liminar acautelatória anteriormente deferida.[222]

A decisão da ADC 4 vedou de forma vinculante a concessão de decisões antecipatórias de tutela contra a Fazenda Pública nos casos disciplinados pela Lei n. 9.494/97. Nos demais casos, desde que preenchidos os requisitos, está autorizada a concessão de tutela antecipada em face do Poder Público.

Se a restrição à concessão de medida urgente contra a Fazenda Pública estiver contida em outro diploma legislativo, não mencionado no art. 1º da Lei n. 9.494/97, nada impede que o juiz declare incidentalmente a inconstitucionalidade da regra, por ofensa ao art. 5º, XXXV, da CF, e conceda a medida urgente pleiteada em face da Fazenda (desde que, por óbvio, estejam presentes o *fumus* e o *periculum*).[223]

Assim, qualquer decisão antecipatória deferida em face do Poder Público consistente na concessão de vencimentos a servidor público pode ser cassada por meio de reclamação, a ser ajuizada perante o Supremo Tribunal Federal (art. 156 do RI-STF).[224]

---

220 STF, Tribunal Pleno, ADC 4, rel. Min. Sydney Sanches, j. 11.02.1998, *DJ* 13.02.1998.

221 SHIMURA, Sérgio. Problemas relativos à Fazenda Pública, tutela antecipada e execução provisória. In: SUNDFELD, Carlos Ari; BUENO, Cassio Scarpinella (Coord.). *Direito Processual Público*. São Paulo: Malheiros, 2003, p. 186; ALVIM, *Tutela antecipada...*, p. 203; MARINONI, *A Antecipação...*, p. 272.

222 STF, Tribunal Pleno, ADC 4, rel. Min. Sydney Sanches, rel. p/ acórdão Min. Celso de Mello, j. 01.10.2008, *DJe* 29.10.2014.

223 BUENO, *Tutela...*, p. 139; BUENO, *Manual do Poder...*, p 145.

224 Contudo, vale destacar que "[...] A concessão de tutela antecipada que não teve como pressuposto a constitucionalidade ou a inconstitucionalidade do art. 1º da Lei n. 9.494/97, objeto de apreciação da Ação Declaratória de Constitucionalidade n. 4, não enseja o ajuizamento de Reclamação perante o Supremo Tribunal Federal. 2. O provimento antecipatório que se limita a restabelecer o *status quo ante* de servidor, abstendo-se de conceder o pagamento dos vencimentos atrasados, não configura afronta ao quanto decidido no julgado proferido na ADC 4. Agravo regimental desprovido" (STF, Tribunal Pleno, AgRg na Rcl 2.421/BA, Rel. Min. Eros Grau, j. 23.09.2004, *DJ* 17.12.2004, p. 32). Seguindo a orientação do STF: TJPE, 2ª Câmara de Direito Público, Agravo de Instrumento 0016046-79.2023.8.17.9000, rel. Des. Paulo Romero de Sá Araújo, j. 29.01.2024; TJAM, 3ª Câmara Cível,

Posteriormente ao julgamento do mérito da ADC 4 pelo STF, o Superior Tribunal de Justiça firmou entendimento no sentido de admitir, em casos excepcionais, como por exemplo na defesa dos direitos fundamentais, o deferimento de tutela antecipada contra o Poder Público, afastando a incidência do óbice constante no art. 1º da Lei n. 9.494/97.[225]

Todavia, o entendimento preponderante no STJ é no sentido de reconhecer a plena viabilidade da concessão de tutela antecipatória em face da Fazenda Pública, interpretando-se de forma restritiva as vedações contidas no art. 1º da Lei n. 9.494/97.[226]

O STF, por sua vez, confere interpretação restritiva à decisão da ADC 4.

É o que se infere do enunciado da Súmula 729 do STF, segundo a qual a decisão proferida na ADC-4 (que reputou constitucionais as restrições contidas no art. 1º, da Lei n. 9.494/97) não se aplica às antecipações de tutela em causas previdenciárias.[227]

Desse modo, evidencia-se que a concessão de liminar antecipatória em face da Fazenda Pública somente não será possível quando se tratar de alguma das hipóteses previstas no art. 1º da Lei n. 9.494/97. Em todas as outras hipóteses não albergadas por esse dispositivo, presentes os requisitos legais, o juiz deverá antecipar a tutela em face do Poder Público.

34.2.3. As limitações à concessão de liminares acautelatórias contra a Fazenda Pública

As restrições à concessão de liminares acautelatórias vieram expressamente previstas no *caput* e §§ 1º, 3º e 5º do art. 1º da Lei n. 8.437/92, que assim dispõem: "Não será cabível medida liminar contra atos do Poder Público, no procedimento cautelar ou em quaisquer outras ações de natureza cautelar ou preventiva, toda vez que providência semelhante não puder ser concedida em ações de mandado de segurança, em virtude de vedação legal. Não será cabível, no juízo de primeiro grau, medida cautelar inominada ou

---

Agravo de Instrumento 4003352-80.2018.8.04.0000, rel. Des. Airton Luís Corrêa Gentil, j. 02.12.2019, *DJe* 03.12.2019.

225 STJ, 2ª Turma, AgRg no AREsp 420.158/PI, rel. Min. Humberto Martins, j. 26.11.2013, *DJe* 09.12.2013. Seguindo a orientação do STJ: TJPA, 1ª Turma de Direito Público, Remessa Necessária 0018383-44.2014.8.14.0301, rel. Des. Maria Elvina Gemaque Taveira, j. 04.11.2019, *DJe* 18.11.2019.

226 STJ, 1ª Turma, AgInt no REsp 2.037.199/MA, rel. Min. Gurgel de Faria, j. 14.08.2023, *DJe* 18.08.2023; STJ, 2ª Turma, AREsp 1.563.366/GO, rel. Min. Herman Benjamin, j. 12.11.2019, *DJe* 19.12.2019; STJ, 1ª Turma, AgInt no AREsp 1.244.792/SP, rel. Min. Napoleão Nunes Maia Filho, j. 05.10.2020, *DJe* 08.10.2020.

227 Súmula 729 do STF: "A decisão da ADC-4 não se aplica à antecipação de tutela em causa de natureza previdenciária" (*DJ* 09.12.2003, p. 02).

a sua liminar, quando impugnado ato de autoridade sujeita, na via de mandado de segurança, à competência originária de tribunal. [...] Não será cabível medida liminar que esgote, no todo ou em qualquer parte, o objeto da ação. Não será cabível medida liminar que defira compensação de créditos tributários ou previdenciários".

Com isso, estendeu-se às ações cautelares (e às suas liminares) as restrições já existentes nas ações de mandado de segurança.

Foi proposta perante o STF a ADI 2.251/DF, tencionando obter a declaração de inconstitucionalidade, dentre tantas outras regras, dos §§ 4º e 5º do art. 1º da Lei n. 8.437/92, introduzidos pela Medida Provisória 1.984-19. Contudo, o Tribunal Pleno, resolvendo questão de ordem suscitada pelo Ministro Nelson Jobim, por unanimidade de votos julgou prejudicada a ação.

Com isso, as limitações à concessão de liminares acautelatórias previstas no art. 1º da Lei n. 8.437/92 permaneceram em pleno vigor.

Mas essas restrições não constituíam impeditivos absolutos à concessão de liminares cautelares contra a Fazenda Pública.

Primeiro, porque algumas das hipóteses em que essa Lei de 1992 impede a concessão de tais liminares consistem em casos de provimentos de natureza satisfativa. Isso porque, antes da inserção (em 1994) do instituto da tutela antecipatória nos moldes do art. 273 do CPC/73, as partes se valiam de ações cautelares para obter providências de natureza claramente satisfativa. Eram as chamadas cautelares satisfativas. Após a inclusão do aludido art. 273 do CPC/73, deixou-se de lado esse uso distorcido da ação cautelar, passando-se a pleitear a concessão de medidas urgentes de natureza satisfativa por meio de pedidos de antecipação de tutela. Assim, muitas das hipóteses restritivas previstas na Lei n. 8.437/92 (destinadas a impedir a concessão de cautelares satisfativas contra o Poder Público) tornaram-se inócuas na prática, pois tais providências não eram mais postuladas sob a forma de medidas cautelares, mas como tutelas antecipatórias.

Depois, porque nada impedia que a ineficácia das restrições à concessão de liminares previstas na Lei n. 8.437/92 fosse declarada incidentalmente no processo, por violação à garantia constitucional prevista no art. 5º, XXXV.

Esse era o panorama existente até o advento do julgamento pelo STF da ADI 4.296, conforme se verá adiante.

34.2.4. A inconstitucionalidade das restrições à concessão de liminares em mandado de segurança e sua influência sobre o CPC

A Lei n. 12.016/2009, que institui e disciplina o mandado de segurança, definiu em seu art. 7º, § 2º, que não será cabível a concessão de liminar quando ela tenha por objeto (*i*) a compensação de créditos tributários, (*ii*) a entrega de mercadorias e bens provenientes do exterior, (*iii*) a reclassificação ou equiparação de servidores públicos e (*iv*) a concessão de aumento ou a extensão de vantagens ou pagamento de qualquer natureza.

E a sentença que concedia a segurança em tais casos não seria passível de execução provisória (art. 14, § 3º, da Lei n. 12.016/2009). O recurso contra tal pronunciamento tinha efeito suspensivo e devia-se aguardar o trânsito em julgado da sentença para se promover a execução definitiva. No entanto, era admitida a execução provisória nas demais hipóteses de sentença de procedência do mandado de segurança.

A regra do art. 7º, § 2º, da Lei n. 12.016/2009 sempre foi alvo de críticas pela doutrina, na medida em que caracterizava restrição ilegítima ao *status* constitucional do mandado de segurança (art. 5º, LXIX, da CF) e à garantia da inafastabilidade da tutela jurisdicional (art. 5º, XXXV, CF).[228]

Tais restrições contidas na Lei n. 12.016/2009 eram aplicáveis às liminares acautelatórias, por força da regra do art. 1º, *caput,* da Lei n. 8.437/92. Portanto, toda vez que não era cabível a concessão de uma liminar em mandado de segurança, também não era cabível a obtenção de tal providência por meio de uma ação cautelar.

Esse conjunto de restrições foi expressamente encampado pelo CPC de 2015. O art. 1.059 consignou que as restrições à concessão de liminares contra a Fazenda Pública contidas na Lei n. 8.437/92 e na Lei n. 12.016/2009 são aplicáveis à tutela provisória disciplinada no CPC.[229] Rigorosamente, somente as vedações à concessão de *tutelas de urgência* contra a Fazenda Pública serão aplicáveis aos processos disciplinados pelo CPC.[230]

Assim, não será admissível o deferimento de uma tutela provisória contra a Fazenda Pública com base no CPC, quando equivalente providência estiver vedada pela Lei n. 8.437/92 ou pela Lei n. 12.016/2009.

---

228 BUENO, *Manual do Poder...*, p. 145.

229 Dispõe o art. 1.059 do CPC: "À tutela provisória requerida contra a Fazenda Pública aplica-se o disposto nos arts. 1º a 4º da Lei n. 8.437, de 30 de junho de 1992, e no art. 7º, § 2º, da Lei n. 12.016, de 7 de agosto de 2009".

230 Enunciado 35 do Fórum Permanente de Processualistas Civis: "As vedações à concessão de tutela provisória contra a Fazenda Pública limitam-se às tutelas de urgência". Em sentido contrário, confira-se: Enunciado 13 do Fórum Nacional do Poder Público ("Aplica-se a sistemática da tutela de evidência ao processo de mandado de segurança, observadas as limitações do art. 1.059 do CPC") e Enunciado 14 do Fórum Nacional do Poder Público ("Não é cabível concessão de tutela provisória de evidência contra a Fazenda Pública nas hipóteses mencionadas no art. 1.059, CPC").

Em 14 de setembro de 2009, o Conselho Federal da Ordem dos Advogados do Brasil – OAB ajuizou a ADI 4.296 em face da Câmara dos Deputados, Senado Federal e Presidente da República cujo objeto foi impugnar uma série de dispositivos da Lei n. 12.016/2009 (publicada no *DOU* de 10.08.2009), dentre eles o art. 7º, § 2º.[231]

O julgamento da ADI 4.296 foi concluído apenas em 09.06.2021 e, dentre outros comandos, declarou, por maioria, a inconstitucionalidade do § 2º do art. 7º da Lei n. 12.016/2009,[232] especificamente com relação às vedações à concessão de liminares sobre determinados temas em mandado de segurança.

Esse julgamento teve um impacto relevante na sistemática da concessão de medidas urgentes contra a Fazenda Pública.

Primeiro, porque admitiu a concessão de liminares em mandado de segurança que tenham por objeto (*i*) a compensação de créditos tributários, (*ii*) a entrega de mercadorias e bens provenientes do exterior, (*iii*) a reclassificação ou equiparação de servidores públicos e (*iv*) a concessão de aumento ou a extensão de vantagens ou pagamento de qualquer natureza. A decisão proferida na ADI 4.296 tem efeito vinculante, implicou a retirada do art. 7º, § 2º, da Lei n. 12.016/2009 do ordenamento jurídico nacional[233] e, consequentemente, tornou sem eficácia a previsão do § 3º do art. 14 da Lei n. 12.016/2009,[234] pois não existe mais vedação à concessão de liminar no mandado de segurança.[235]

---

231 Dispõe o art. 7º, § 2º, da Lei n. 12.016/2009 (Lei do Mandado de Segurança): "Não será concedida medida liminar que tenha por objeto a compensação de créditos tributários, a entrega de mercadorias e bens provenientes do exterior, a reclassificação ou equiparação de servidores públicos e a concessão de aumento ou a extensão de vantagens ou pagamento de qualquer natureza".

232 "4. A cautelaridade do mandado de segurança é ínsita à proteção constitucional ao direito líquido e certo e encontra assento na própria Constituição Federal. Em vista disso, não será possível a edição de lei ou ato normativo que vede a concessão de medida liminar na via mandamental, sob pena de violação à garantia de pleno acesso à jurisdição e à própria defesa do direito líquido e certo protegida pela Constituição. Proibições legais que representam óbices absolutos ao poder geral de cautela. 5. Ação julgada parcialmente procedente, apenas para declarar a inconstitucionalidade dos arts. 7º, § 2º, e 22º, § 2º, da Lei n. 12.016/2009, reconhecendo-se a constitucionalidade dos arts. 1º, § 2º; 7º, III; 23 e 25 dessa mesma lei. (STF, Tribunal Pleno, ADI 4.296, rel. Min. Marco Aurélio, rel. p/ acórdão Min. Alexandre de Moraes, j. 09.06.2021, DJe 08.10.2021).

233 BUENO, ADI 4.296..., p. 166.

234 Dispõe o art. 14, § 3º, da Lei n. 12.016/2009: "A sentença que conceder o mandado de segurança pode ser executada provisoriamente, salvo nos casos em que for vedada a concessão da medida liminar".

235 CUNHA, *A Fazenda...*, p. 312-314.

Segundo, porque o julgamento da ADI 4.296 esvaziou a regra do art. 1º da Lei n. 8.437/92, que vedava a concessão de cautelares nos mesmos casos em que a lei vedasse deferimento de providência equivalente em sede de mandado de segurança. Considerando que atualmente não há mais restrição à concessão de liminares em mandado de segurança, também não há fundamento para vedar a concessão de cautelares contra a Fazenda Pública. Portanto, hoje está autorizada a concessão de quaisquer cautelares contra a Fazenda, desde que preenchidos os respectivos requisitos legais do CPC. A decisão proferida na ADI 4.296 conduziu o STJ a cancelar a Súmula 212, que reproduzia a vedação contida no art. 1º da Lei n. 8.437/92.[236]

Terceiro, o art. 1.059 determinava que incidiria sobre os processos regidos pelo CPC as regras limitativas à concessão de liminares previstas nas Leis n. 8.437/92 e 12.016/2009. A ADI 4.296 declarou inconstitucional o art. 7º, § 2º, da Lei n. 12.016/2009 (que vedava a concessão de liminares em determinadas hipóteses) e, consequentemente, esvaziou a regra do art. 1º da Lei n. 8.437/92 que se remetia às restrições do aludido § 2º do art. 7º.

Com isso, não há dúvida de que hoje está autorizada a concessão de liminar, requerida com fundamento no CPC, que tenha por objeto (*i*) a compensação de créditos tributários, (*ii*) a entrega de mercadorias e bens provenientes do exterior, (*iii*) a reclassificação ou equiparação de servidores públicos e (*iv*) a concessão de aumento ou a extensão de vantagens ou pagamento de qualquer natureza. Para que a medida urgente seja deferida, bastará que sejam preenchidos os requisitos previstos no art. 300.

34.2.5. Síntese acerca do regime de medidas urgentes contra a Fazenda Pública

A análise do regramento destinado a restringir a concessão de liminares em face da Fazenda Pública permite atingir as seguintes conclusões:

a) a concessão de liminar antecipatória contra a Fazenda Pública não será admitida nas hipóteses previstas no art. 1º da Lei n. 9.494/97, considerando que tais restrições foram declaradas constitucionais pelo STF no âmbito da ADC 4. Tem-se conferido interpretação restritiva ao acórdão da ADC 4. Assim, em todas as outras hipóteses, não albergadas pelo art. 1º da Lei n. 9.494/97, se estiverem presentes os requisitos legais do CPC, o juiz deverá antecipar a tutela em face do Poder Público;

b) o julgamento da ADI 4.296 teve o efeito de eliminar as vedações à concessão de liminares em mandado de segurança (art. 7º, § 2º, da Lei n.

236 Dispunha a Súmula 212 do STJ: "A compensação de créditos tributários não pode ser deferida em ação cautelar ou por medida liminar cautelar ou antecipatória".

12.016/2009) e, consequentemente, de determinadas liminares cautelares contra a Fazenda Pública (art. 1º da Lei n. 8.437/92). Nesse ponto, a ADI 4.296 tornou inócua a regra do art. 1.059, que determinava a aplicação de tais restrições ao regime de tutelas provisórias do CPC. Portanto, os óbices contidos naquelas regras não se aplicam aos processos disciplinados pelo CPC.

Art. 301. A tutela de urgência de natureza cautelar pode ser efetivada mediante arresto, sequestro, arrolamento de bens, registro de protesto contra alienação de bem e qualquer outra medida idônea para asseguração do direito.

CPC de 1973 – arts. 798, 813, 822, 855 e 867

35. Atipicidade da tutela cautelar

Além de estipular normas aplicáveis a todos os procedimentos cautelares,[237] o CPC/73 continha um capítulo autônomo para regular especificamente cada um deles, dentre os quais se destacavam o arresto, o sequestro e o arrolamento de bens.

Contudo, mesmo na vigência daquele regramento anterior, reconhecia-se a necessidade de obtenção de outras providências conservativas, não expressamente abrangidas pelas hipóteses típicas. Ou seja, havia uma série de situações concretas que demandavam uma proteção cautelar, mas que não encontravam no CPC/73 um procedimento cautelar específico para lhe amparar.

Passou-se então a admitir a concessão do que se convencionou chamar de "medida cautelar inominada", fundada no *poder geral de cautela* previsto no art. 798 do CPC/73. Com base nessa regra, concedia-se uma tutela cautelar, a despeito de o sistema não oferecer um respectivo procedimento específico. Era o início do reconhecimento da atipicidade da tutela cautelar.

O CPC/2015 seguiu essa tendência de atipicidade da tutela cautelar. Consagrou no art. 301 o poder geral de cautela como uma regra base do regime da tutela de urgência de natureza cautelar, ao mencionar, em caráter exemplificativo,[238] algumas providências cautelares (arresto, sequestro...) "e qualquer outra medida idônea para asseguração do direito" (art. 301).[239]

---

237 "O Código usou aqui de boa técnica, fazendo preceder a disciplina específica de cada um dos procedimentos cautelares, em relação aos quais julgou necessária essa regulamentação própria, daquelas normas que *in genere* são aplicáveis a todos eles." (MOREIRA, José Carlos Barbosa. *Estudos sobre o novo Código de Processo Civil.* Rio de Janeiro: Liber Juris, 1974, p. 232-233).

238 YARSHELL, *Curso...*, v. 1, p. 315; DINAMARCO, *Instituições...*, v. 3, p. 855.

239 Enunciado 31 do Fórum Permanente de Processualistas Civis: "O poder geral de

O poder geral de cautela, tal como consagrado no art. 301, significa uma proteção estatal geral e irrestrita. Destina-se a evitar a ineficácia do provimento jurisdicional final em virtude da demora no atingimento da tutela definitiva.

Atualmente, portanto, o juiz deferirá a tutela cautelar quando estiverem presentes a plausibilidade do direito e houver perigo de dano ou risco ao resultado útil do processo (art. 300, *caput*). No atual contexto normativo, em que não persistiram procedimentos cautelares específicos,[240] pouco importa o nome (rótulo) que se dê à providência cautelar desejada. Basta que se demonstre os indispensáveis *fumus boni iuris* e o *periculum in mora*.[241]

Art. 302. Independentemente da reparação por dano processual, a parte responde pelo prejuízo que a efetivação da tutela de urgência causar à parte adversa, se:

I – a sentença lhe for desfavorável;

II – obtida liminarmente a tutela em caráter antecedente, não fornecer os meios necessários para a citação do requerido no prazo de 5 (cinco) dias;

III – ocorrer a cessação da eficácia da medida em qualquer hipótese legal;

IV – o juiz acolher a alegação de decadência ou prescrição da pretensão do autor.

Parágrafo único. A indenização será liquidada nos autos em que a medida tiver sido concedida, sempre que possível.

CPC de 1973 – art. 811

36. Hipóteses de extinção da medida de urgência

Após a concessão da tutela de urgência, o desfecho previsto para o processo será o desenvolvimento de uma cognição exauriente e posterior prolação de decisão definitiva.

Porém, o legislador identificou quatro hipóteses em que a parte beneficiária da medida urgente deverá ressarcir os prejuízos decorrentes da sua efetivação.

36.1. Sentença de improcedência ou extinção sem resolução de mérito

A primeira hipótese consiste na sentença desfavorável à parte beneficiária da tutela de urgência em razão da improcedência da demanda ou da extinção do processo sem resolução de mérito (art. 302, I).

---

cautela está mantido no CPC".

240 Alguns procedimentos cautelares típicos do CPC/73 foram realocados no CPC/2015, tais como a produção antecipada de prova (art. 381, I), a notificação (art. 726) e a interpelação (art. 727). Sobre o tema, confira-se: NEVES, *Manual...*, p. 381.

241 O art. 700 do CPC italiano assegura o cabimento de uma medida cautelar atípica, de caráter residual (subsidiário), pois aquele sistema é caracterizado pelas medidas cautelares típicas (PISANI, *Lezioni...*, p. 604; RICCI, *Diritto...*, p. 256; MANDRIOLI, *Corso...*, p. 277).

Nesse caso, após o desempenho de cognição exauriente o juiz constata que a parte beneficiária da medida urgente não tinha razão ou que ela não tinha direito a um provimento de mérito.[242] A plausibilidade inicialmente reconhecida cede espaço ao juízo de certeza acerca da ausência do direito alegado pela parte ou à inexistência dos elementos indispensáveis ao enfrentamento do mérito.

Consequentemente, não haverá perigo da demora em favor da parte que não tem razão. A sentença desfavorável à parte (improcedência ou extinção sem resolução de mérito) fará surgir o direito ao ressarcimento e poderá então ser exigida pelo adversário, que teve de suportar os efeitos da tutela urgente deferida contra si.[243-244]

36.2. Inércia do beneficiário da medida urgente

A segunda hipótese de imputação de responsabilidade ao beneficiário da medida urgente ("obtida liminarmente a tutela em caráter antecedente") consiste no não fornecimento de meios necessários à citação do demandado, no prazo de cinco dias (art. 302, II). Essa previsão merece dois esclarecimentos.

De um lado, ela se restringe à tutela antecipada em caráter antecedente,[245] pois a tutela cautelar recebeu tratamento específico no inciso III do art. 302.

Por outro lado, a inércia do beneficiário da liminar antecipatória concedida em caráter antecedente não se limita ao recolhimento das custas de citação ou ao fornecimento de informações acerca do endereço do demandado. Também haverá inércia passível de responsabilização no caso de descumprimento das determinações contidas no art. 303, § 1º, I, que deverão ser adotadas no prazo de quinze dias ou em outro maior que o juiz fixar (aditamento da petição inicial, complementação da argumentação, juntada de documentos novos e confirmação do pedido de tutela final).

---

242 DINAMARCO, *Instituições...*, v. 3, p. 868.

243 CALAMANDREI, *Introducción...*, p. 84.

244 Rodrigo Mazzei e Bruno Pereira Marques reputam que a responsabilidade objetiva de que trata o art. 302 do CPC seria também aplicável para reparar os danos (materiais e morais) decorrentes da efetivação da tutela cautelar de indisponibilidade de bens (ou de outra medida cautelar) em ação de improbidade administrativa julgada improcedente (MAZZEI, Rodrigo; MARQUES, Bruno Pereira. Responsabilidade pelos danos decorrentes da efetivação de tutelas de urgência em caso de "insucesso final" da ação de improbidade administrativa: breve análise a partir do CPC/15. In: COSTA, Eduardo José da; PEREIRA, Mateus Costa; GOUVEIA FILHO, Roberto P. Campos (Coord.). *Tutela provisória*. 2. ed. Salvador: JusPodivm, 2019, p. 174).

245 DINAMARCO, *Instituições...*, v. 3, p. 868.

Tal hipótese não se aplica à tutela da evidência porque essa espécie de tutela provisória não admite a concessão em caráter antecedente, mas apenas de forma incidental.

36.3. Cessação da eficácia da medida

Também se autoriza a apuração de responsabilidade do beneficiário da medida urgente quando houver a cessação da sua eficácia em qualquer das hipóteses legais (art. 302, III).

Evidentemente, a parte somente responderá civilmente quando a cessação da eficácia derivar de um provimento contrário à sua pretensão. A sentença de procedência, que confirme a medida urgente anteriormente concedida, fará cessar a eficácia da tutela provisória, pois será absorvida pela sentença de procedência. À luz do art. 302, III, jamais a parte vencedora poderá ser condenada a ressarcir danos decorrentes da efetivação da tutela provisória obtida anteriormente.

Há uma série de hipóteses em que a tutela de urgência perderá a sua eficácia. É o que ocorrerá, por exemplo, nos seguintes casos: revogação da tutela antecipada (art. 296, *caput*), não dedução do pedido principal no prazo legal pelo autor, não efetivação da liminar em trinta dias e julgamento de improcedência do pedido principal ou extinção do processo sem julgamento de mérito.

36.4. Extinção do processo por prescrição ou decadência

A decisão que acolher a alegação de prescrição ou de decadência implicará uma sentença de extinção do processo com resolução de mérito (art. 487, II). Haverá então uma decisão desfavorável à parte beneficiada pela tutela de urgência, cautelar ou antecipada, o que justificará a apuração da sua responsabilidade pelos prejuízos que a efetivação da ordem causou à parte contrária (art. 302, IV).

37. Responsabilidade objetiva pelos prejuízos causados

Se ocorrer alguma das hipóteses previstas no art. 302, a parte que obteve a medida urgente responderá pelos danos causados ao adversário em virtude da efetivação[246] da medida de urgência (art. 302, *caput*) – tudo isso, sem prejuízo da reparação por dano processual.

---

246 Ao tratar sobre o tema à luz do CPC/73, José Carlos Barbosa Moreira, com o qual se concorda integralmente, indica que é "fora de dúvida que não há cogitar de responsabilidade com base no art. 811 [equivalente ao art. 302 do CPC/2015] sem execução da medida acautelatória" (MOREIRA, José Carlos Barbosa. Responsabilidade do requerente de medida cautelar "ex" art. 808, n.º II, do Código de Processo Civil. In: *Temas de direito processual:* terceira série. São Paulo: Saraiva, 1984, p. 170).

O prejuízo causado ao adversário pela efetivação da medida de urgência pode derivar de constrição patrimonial destinada a assegurar a utilidade da tutela final ou a invasão de sua esfera jurídica decorrente da antecipação dos efeitos práticos da sentença final de procedência.

A efetivação de tais providências poderá acarretar a elevação das despesas processuais incorridas pela parte adversária, bem como consequências incidentes sobre o patrimônio da parte.[247]

Trata-se de hipótese de responsabilidade objetiva.[248] A sua aferição independe da demonstração de culpa ou dolo. Basta comprovar o nexo de causalidade entre alguma das causas de extinção do processo contidas nos incisos do art. 302 e o dano efetivamente causado à parte adversa.

Essa é uma das principais justificativas para se reconhecer a inviabilidade de concessão de uma tutela provisória de ofício. A tutela provisória atribui à parte que dela se beneficia um risco: responsabilidade objetiva pelos prejuízos que ela causar ao adversário, no caso de a medida ser revogada, reformada ou cassada (art. 302). Logo, não seria juridicamente admissível impor esse risco a qualquer das partes quando ela não requereu a tutela provisória e, consequentemente, não desejou assumir o risco a ela inerente.

38. Liquidação do valor da indenização

A apuração do *quantum debeatur* será preferencialmente realizada no âmbito do processo em que houve a injusta invasão da esfera jurídica pelo beneficiário da medida urgente.

Todavia, mediante um juízo de ponderação, o julgador poderá concluir que a apuração da indenização nos mesmos autos é concretamente inviável. É o que se extrai da expressão "sempre que possível", contida na parte final do parágrafo único do art. 302. Nesse caso, será determinado que o *quantum debeatur* seja apurado em autos apartados.

A liquidação poderá ser por arbitramento ou pelo procedimento comum, a depender do caso (art. 509, I e II). Obviamente, se o processo já contiver todos os elementos necessários à apuração do valor da indenização por simples cálculos aritméticos, não será necessária a instauração de um procedimento de

---

247 BEDAQUE, *Tutela Provisória...*, p. 371.

248 DINAMARCO, *Instituições...*, v. 3, p. 867-868; BEDAQUE, *Tutela provisória...*, p. 371. Araken de Assis entende que a responsabilidade é, de fato, objetiva. No entanto, o autor estabelece duas exceções: (i) nas medidas concedidas de ofício (por exemplo, aquela prevista no art. 628, § 2º); e (ii) no caso de concessão de tutela da evidência por abuso do direito de defesa do réu (art. 311, I), nos quais haveria a necessidade de averiguação da culpa (ASSIS, *Processo...*, v. 3, p. 458-459).

liquidação. A parte interessada deverá promover desde logo a execução (art. 509, § 1º).[249]

CAPÍTULO II

DO PROCEDIMENTO DA TUTELA ANTECIPADA REQUERIDA EM CARÁTER ANTECEDENTE

Art. 303. Nos casos em que a urgência for contemporânea à propositura da ação, a petição inicial pode limitar-se ao requerimento da tutela antecipada e à indicação do pedido de tutela final, com a exposição da lide, do direito que se busca realizar e do perigo de dano ou do risco ao resultado útil do processo.

§ 1º Concedida a tutela antecipada a que se refere o *caput* deste artigo:

I – o autor deverá aditar a petição inicial, com a complementação de sua argumentação, a juntada de novos documentos e a confirmação do pedido de tutela final, em 15 (quinze) dias ou em outro prazo maior que o juiz fixar;

II – o réu será citado e intimado para a audiência de conciliação ou de mediação na forma do art. 334;

III – não havendo autocomposição, o prazo para contestação será contado na forma do art. 335.

§ 2º Não realizado o aditamento a que se refere o inciso I do § 1º deste artigo, o processo será extinto sem resolução do mérito.

§ 3º O aditamento a que se refere o inciso I do § 1º deste artigo dar-se-á nos mesmos autos, sem incidência de novas custas processuais.

§ 4º Na petição inicial a que se refere o caput deste artigo, o autor terá de indicar o valor da causa, que deve levar em consideração o pedido de tutela final.

§ 5º O autor indicará na petição inicial, ainda, que pretende valer-se do benefício previsto no caput deste artigo.

§ 6º Caso entenda que não há elementos para a concessão de tutela antecipada, o órgão jurisdicional determinará a emenda da petição inicial em até 5 (cinco) dias, sob pena de ser indeferida e de o processo ser extinto sem resolução de mérito.

CPC de 1973 – sem dispositivo correspondente

39. Cabimento da tutela antecipada em caráter antecedente

A tutela provisória de urgência poderá ser concedida antes ("antecedente") ou durante o curso do processo ("incidental") – art. 294, parágrafo único.

Admite-se que a tutela antecipada seja requerida em caráter antecedente quando a urgência for contemporânea à propositura da ação. Trata-se de uma

249 DINAMARCO, *Instituições...*, v. 3, p. 869.

faculdade concedida em favor do autor, o que é confirmado pelo *caput* do art. 303 ao consignar que a inicial "pode limitar-se ao requerimento da tutela antecipada".

Em tais situações de extrema urgência, autoriza-se que o autor proponha uma petição inicial em que pleiteie exclusivamente a concessão de uma tutela antecipada, apenas indicando quais serão os futuros pedidos de tutela final – que serão efetivamente deduzidos apenas em momento posterior.

Nesse caso, será uma pretensão limitada a tutelar uma situação urgente (*atenuação do ônus de alegação do autor*)[250] e que está condicionada ao preenchimento de certos requisitos.

No entanto, ressalve-se a existência de entendimento no sentido de que somente a tutela de urgência requerida de forma incidental seria compatível com o procedimento dos Juizados Especiais – o que tornaria inadmissível a concessão de uma tutela de urgência requerida em caráter antecedente.[251]

40. Requisitos da petição inicial da tutela antecipada antecedente

A petição inicial da tutela antecipada requerida em caráter antecedente submete-se a requisitos gerais e a requisitos específicos, que deverão estar preenchidos cumulativamente.

40.1. Requisitos gerais da petição inicial da tutela antecipada antecedente

A petição inicial da tutela antecipada requerida em caráter antecedente deverá preencher os requisitos gerais previstos nos arts. 319 e 320.[252]

A inicial deverá indicar o juízo competente para o processamento e julgamento da demanda. Trata-se de identificar, em verdade, qual é o órgão competente para julgar os futuros e eventuais pedidos de tutela final ("juízo competente para conhecer do pedido principal" – art. 299, *caput*), que venham a ser introduzidos no processo após o deferimento da tutela provisória.

No mais das vezes a tutela antecipada antecedente será proposta perante o juiz de primeiro grau (federal, estadual etc.), considerando que os futuros

---

250 YARSHELL, *Curso*..., v.1, p. 323.

251 Dispõe o Enunciado 163 do Fonaje: "Os procedimentos de tutela de urgência requeridos em caráter antecedente, na forma prevista nos arts. 303 a 310 do CPC/2015, são incompatíveis com o Sistema dos Juizados Especiais". No mesmo sentido, confira-se o Enunciado 178 do Fonajef: "A tutela provisória em caráter antecedente não se aplica ao rito dos juizados especiais federais, porque a sistemática de revisão da decisão estabilizada (art. 304 do CPC/2015) é incompatível com os arts. 4º e 6º da Lei n. 10.259/2001".

252 NEGRÃO; GOUVÊA; BONDIOLI e FONSECA, *Código de Processo*..., p. 374.

pedidos de tutela final serão de competência do juízo singular. Contudo, caso ela seja antecedente a uma ação de competência originária de tribunal – por exemplo, ação rescisória – não há dúvida de que a tutela antecipada antecedente será proposta diretamente perante o tribunal e dirigida a seu respectivo presidente.

As partes (autor e réu) deverão ser precisamente identificadas na petição inicial, com a indicação de seus nomes completos, estado civil, existência de união estável, profissão, número de inscrição no CPF ou no CNPJ, endereço eletrônico, domicílio e residência. Tal exigência é fundamental para se aferir a legitimidade das partes e assegurar a adequada citação do réu.

Caso o autor não disponha de todas as informações relativas ao réu, poderá requerer, já na petição inicial, o deferimento de diligências destinadas a obter tais informações (art. 319, § 1º). De todo modo, a falta de alguma dessas informações não conduzirá ao indeferimento da inicial se (*i*) ainda assim o réu puder ser citado (art. 319, § 2º) ou (*ii*) se a obtenção dessas informações for impossível ou se revelar excessivamente oneroso ao autor obtê-las (art. 319, § 3º).

Será também necessário descrever o fato e os fundamentos jurídicos do pedido. Essa exigência relaciona-se com a delimitação da causa de pedir que amparará o pedido de tutela de urgência e os fundamentos jurídicos que amparam tal pretensão urgente.

A inicial deverá conter um pedido com as suas especificações. Esse pedido consiste na tutela antecipada que é pretendida pelo autor. Por exemplo: (*i*) pedido de suspensão dos efeitos de um protesto já lavrado, com a consequente expedição de comunicação ao cartório de protestos; (*ii*) pedido de suspensão da exigibilidade de uma multa administrativa já aplicada, com a comunicação à autoridade administrativa para que deixe de exigir tal pagamento ou libere o respetivo valor que havia sido glosado de pagamento pretérito. Nesse momento, o pedido de tutela final ainda não terá sido definitivamente deduzido (haverá apenas uma singela indicação, como se verá adiante).

Tal como toda petição inicial, a tutela antecipada antecedente conterá um valor da causa. Ele deverá refletir a repercussão econômica do litígio – o que poderá ser aferido pela exigência de que a inicial da tutela antecipada antecedente indique, desde logo, o pedido de tutela final.

A presença do valor da causa será relevante para fins de apuração do valor das custas processuais, será a base para a eventual fixação de multas processuais e poderá, em alguns casos, consistir em critério para condenação em honorários advocatícios de sucumbência. Se o valor atribuído à causa não corresponder ao conteúdo patrimonial em discussão ou ao proveito econômico perseguido pelo autor, o juiz corrigirá, de ofício e por arbitramento, o valor da causa, determinando o recolhimento das custas correspondentes (art. 292,

§ 3º). A decisão sobre o valor da causa deverá ser precedida, obrigatoriamente, de prévio contraditório, tal como determinam os arts. 9º e 10.[253]

A petição inicial conterá também a indicação das provas que amparam a pretensão do autor. A prova deverá ser pré-constituída, de modo que a plausibilidade das alegações fáticas do autor e a situação de urgência sejam aferíveis diretamente por documentos trazidos aos autos com a inicial. Nos estritos limites da tutela antecipada antecedente, não se reputa adequado que a parte pretenda valer-se de dilação probatória para a demonstração da plausibilidade do seu direito ou do perigo de dano.

O autor deverá indicar na petição inicial se ele deseja ou não a realização de audiência de conciliação ou de mediação. Caso a inicial não contenha tal indicação, entende-se não ser o caso de determinar a emenda da petição inicial.[254] Nesse caso, a audiência deverá ser designada.

40.2. Requisitos específicos da petição inicial da tutela antecipada antecedente

Além dos requisitos gerais, exigíveis em qualquer petição inicial, a tutela antecipada requerida em caráter antecedente impõe o preenchimento de requisitos adicionais.

Exige-se apenas a indicação do pedido de tutela final. Ele ainda não será formulado em termos definitivos na petição inicial da demanda urgente. Serão apresentadas apenas linhas gerais da pretensão principal, que poderá ser formulada em momento posterior.

Há ao menos três motivos que revelam a relevância concreta de tal exigência.

A indicação do pedido de tutela final é relevante para a definição da competência para o processamento da demanda. Afinal, será competente para a tutela antecipada antecedente o juízo que seja competente para conhecer do pedido final (art. 299, *caput*).

A demonstração de qual será a pretensão principal relaciona-se com o interesse processual do autor. A necessidade e a utilidade do pedido de tutela

---

253 CRAMER, Ronaldo. Comentários ao art. 292. In: CABRAL, Antonio do Passo; CRAMER, Ronaldo (Coord.). *Comentários ao Novo Código de Processo Civil*. Rio de Janeiro: Forense, 2015, p. 454.

254 TJSP, 25ª Câmara de Direito Privado, Apelação Cível 1007800-56.2023.8.26.0099, rel. Des. Hugo Crepaldi, j. 15.12.2023, *DJe* 29.01.2024. Na doutrina: BONDIOLI, Luis Guilherme Aidar. Comentários ao art. 319. In: ALVIM, Teresa Arruda; DIDIER JR., Fredie; TALAMINI, Eduardo; DANTAS, Bruno (Coord.). *Breves comentários ao novo Código de Processo Civil*. 2. ed. São Paulo: Revista dos Tribunais, 2016, p. 865-866.

urgente serão aferidas à luz de uma futura pretensão. Se o autor não conseguir demonstrar minimamente que possui uma pretensão principal exercitável em face do réu, não terá direito de se valer do procedimento de tutela antecipada em caráter antecedente.

Além disso, a indicação dos contornos do pedido de tutela final na inicial da tutela antecipada antecedente também terá o efeito de justificar o procedimento escolhido pelo autor. Somente será possível se valer da tutela antecipada antecedente na hipótese de o pedido ostentar natureza satisfativa. Tal satisfatividade será aferida à luz do pedido final, considerando que a tutela antecipada consiste em antecipação total ou parcial dos efeitos da sentença final de procedência. Deverá haver uma relação de referibilidade entre a medida urgente pleiteada e a pretensão principal do autor. Somente será possível identificar qual será a futura sentença final de procedência se tivermos em mente qual é a pretensão principal do autor.

Além dos contornos do pedido de tutela final, exige-se também que a petição inicial contenha a exposição da lide, do direito que se busca realizar e da situação de urgência (perigo de dano ou de risco ao resultado útil do processo).

A inicial da tutela antecipada antecedente deverá conter a descrição do conflito que justificou o ingresso da demanda judicial. Trata-se da causa de pedir inerente à ação urgente. Ela deverá ser congruente com o pedido de tutela antecipada, sob pena de inépcia da inicial (art. 330, I, § 1º, III).

Tratando-se de um procedimento específico, justificado pela urgência, deve-se demonstrar na petição inicial os fatos e os fundamentos jurídicos caracterizadores da probabilidade do direito alegado pelo autor (*fumus boni iuris*) e do perigo de dano ou de risco ao resultado útil do processo (*periculum in mora*).

Por fim, o autor deve indicar expressamente na petição inicial que pretende valer-se do procedimento da tutela antecipada requerida em caráter antecedente (art. 303, § 5º). Se não o fizer, o juiz deverá intimar o autor para emendar ou completar a inicial, no prazo de quinze dias, indicando com precisão o que deve ser corrigido ou completado – sob pena de indeferimento da inicial (art. 321, parágrafo único).

Isso é relevante para que assegure o seu direito de formular posteriormente o pedido de tutela final[255] e de obter os benefícios de uma eventual estabilização da tutela antecipada que venha a ser concedida.

---

255 "Na falta dessa expressa ressalva, há o risco de se reputar que já está formulada a pretensão principal, não se admitindo depois que ele emende a petição inicial sem a concordância do réu, se esse já tiver sido citado (art. 329 do CPC/2015)" (WAMBIER e TALAMINI, *Curso*..., v. 2, p. 974).

Todavia, caso o autor não se contente com a mera estabilização da tutela antecipada, ele deverá indicar na petição inicial que deseja que o processo prossiga até a prolação de uma decisão de mérito, caso o réu não recorra da decisão que deferiu a tutela antecipada.[256]

41. Providências posteriores à concessão da medida

O deferimento da tutela antecipada em caráter antecedente desencadeia uma série de providências a serem adotadas no processo (art. 303, § 1º).

41.1. Aditamento da petição inicial

Concedida a tutela antecipada antecedente, o autor deverá aditar a petição inicial. O aditamento permitirá que autor promova relevantes alterações na inicial da tutela antecipada antecedente.

O autor terá o ônus de complementar a sua argumentação, juntar documentos novos e a "confirmação do pedido de tutela final" (art. 303, § 1º, I). Admite-se a complementação da argumentação fática ou jurídica. Afinal, os fatos narrados e os fundamentos jurídicos que integraram a petição inicial da tutela antecipada antecedente relacionam-se precipuamente com a providência urgente lá pretendida. Agora, com a posterior dedução da pretensão principal, surge a necessidade de incluir todos os fundamentos (fáticos e jurídicos), além de anexar novos documentos relativos a tais fatos novos que foram inseridos no processo por meio do aditamento.

A despeito de a literalidade do inciso I do § 1º do art. 303 consignar que o aditamento serviria também para a "confirmação do pedido de tutela final", entende-se que o aditamento permitirá que sejam inseridos pedidos novos, além dos que já haviam sido formulados na inicial da tutela antecipada antecedente.[257] Não se trataria, portanto, de mera "confirmação" daquilo que já houvesse sido anunciado na inicial como sendo a pretensão principal.

O aditamento será realizado nos mesmos autos da tutela antecipada antecedente, por meio de petição interlocutória. Em princípio, não haverá a incidência de novas custas (art. 303, § 3º). Contudo, caso a inserção de pedidos novos represente uma ampliação do benefício econômico anunciado na petição inicial, o valor da causa deverá ser redimensionado e, eventualmente, deverão ser recolhidas custas adicionais.[258]

---

256 DIDIER JR.; BRAGA e OLIVEIRA, *Curso...*, v. 2, p. 774; NEGRÃO; GOUVÊA; BONDIOLI e FONSECA, *Código de Processo...*, p. 374.

257 NEGRÃO; GOUVÊA; BONDIOLI e FONSECA, *Código de Processo...*, p. 374.

258 NEGRÃO; GOUVÊA; BONDIOLI e FONSECA, *Código de Processo...*, p. 374-375.

O aditamento deverá ser promovido no prazo de quinze dias úteis[259] ou em outro prazo maior que o juiz fixar no caso concreto. Considerando que o prazo para a interposição de agravo de instrumento contra a decisão concessiva da tutela provisória também é de quinze dias úteis (art. 1.015, I), recomenda-se que o juiz conceda um prazo superior a quinze dias para o autor aditar a inicial. Assim, o autor, antes de aditar a inicial, saberá se o réu interpôs ou não recurso contra a medida urgente.

Com isso, evitar-se-á que o autor seja compelido a aditar a petição inicial no mesmo prazo que o réu terá para recorrer. A concessão de prazo de quinze dias para o aditamento pelo autor poderia conduzir à apresentação de emenda pelo autor (com pedidos de tutela final) e, na mesma data, a constatação de que o réu não interpôs recurso contra a medida urgente.

Nesse caso, em princípio, o autor não poderia se valer do benefício da estabilização. Afinal, a apresentação de pedidos de tutela final significaria o desejo de obter uma decisão final mediante cognição exauriente. Todavia, a solução a esse impasse parece ser a seguinte: caso o aditamento seja realizado na mesma data em que se constate que o réu não recorreu da concessão da tutela antecipada, haverá sim estabilização da tutela antecipada, com a consequente extinção processo (art. 304, § 1º).[260]

Esse prazo de quinze dias úteis para o aditamento deverá ser contado da intimação da decisão que deferir a tutela antecipada antecedente, na forma do art. 231, e não de sua efetivação (cumprimento da medida).

41.2. Citação e intimação do réu

O réu, simultaneamente, deverá ser citado acerca da demanda proposta contra si, intimado para comparecer à audiência de conciliação ou de mediação e também intimado da decisão que deferiu a tutela de urgência.

Não será concedida a oportunidade de o réu oferecer contestação ao pedido de tutela antecipada antecedente.[261]

Se o réu não recorrer da decisão concessiva da tutela antecipada, haverá a estabilização da medida urgente (art. 304, *caput*). Contudo, se ele interpuser recurso contra tal pronunciamento de urgência, o processo prosseguirá com a citação e intimação do réu para comparecer à audiência de conciliação ou mediação.

---

259 TJSP, 31ª Câmara de Direito Privado, Apelação Cível 1085711-83.2019.8.26.0100, rel. Des. Rosangela Telles, j. 15.03.2022, *DJe* 18.03.2022.

260 ALVIM, Thereza; CARVALHO, Vinícius Bellato Ribeiro de. Requisitos para a estabilização da tutela antecipada. *Revista de Processo,* v. 303, maio, 2020, p. 187-188.

261 WAMBIER e TALAMINI, *Curso...*, v. 2, p. 974.

41.3. Ausência de autocomposição: prazo para contestação

A audiência de conciliação ou mediação apenas não será realizada se a causa não admitir autocomposição ou se todas as partes expressamente manifestarem desinteresse na realização do ato (art. 334, § 4º, I e II, § 5º e § 6º). Caso contrário, a audiência deverá ser designada.

Se for atingida a autocomposição para pôr fim ao litígio (total ou parcialmente), o processo será extinto (total ou parcialmente) com resolução de mérito (art. 487, III, *b*).

Caso as partes não atinjam a autocomposição, o prazo para contestação será contado na forma do art. 335, I. Repare-se que a contestação do réu deverá versar sobre a petição inicial já aditada pelo autor (com eventual nova argumentação, documentos e pedidos), e não apenas em relação à petição inicial da tutela antecipada antecedente.

41.4. Interrupção da prescrição

A propositura da tutela antecipada em caráter antecedente tem o efeito de interromper a prescrição.[262] Afinal, a inicial da tutela antecipada antecedente conterá necessariamente a indicação do pedido de tutela final e a exposição da lide. Isso é suficiente para afastar a inércia do autor em relação à defesa de seus direitos, pois o ajuizamento desta demanda urgente caracterizará ato judicial promovido em defesa do seu direito subjetivo.

A interrupção da prescrição será operada pelo pronunciamento judicial que ordenar a citação, mas retroagirá à data da propositura da ação (art. 240, § 1º, do CPC c/c art. 202, I, do CC). Considera-se proposta a ação quando a petição inicial é protocolada. Contudo, a interrupção da prescrição somente ocorrerá após o aperfeiçoamento da citação válida do réu (art. 312).

Como regra, a citação válida do réu terá o efeito de interromper a prescrição, ainda que a tutela antecipada antecedente seja extinta sem resolução de

262 THEODORO JUNIOR, Humberto, *Prescrição e decadência*. 2. ed. Rio de Janeiro: Forense, 2021, p. 148; RIZZARDO, Arnaldo; FILHO RIZZARDO, Arnaldo; RIZZARDO, Carine Ardissone. *Prescrição e decadência*. 3. ed. Rio de Janeiro: Forense, 2018, p. 54. Na jurisprudência: TJRJ, 23ª Câmara Cível, Agravo de Instrumento 0057788-06.2019.8.19.0000, rel. Des. Sonia de Fatima Dias, j. 12.02.2020, *DJe* 18.02.2020; TJES, 2ª Câmara Cível, Agravo de Instrumento 0014517-75.2019.8.08.0024, rel. Des. José Paulo Calmon Nogueira da Gama, j. 20.08.2019, *DJe* 30.08.2019.

mérito.[263] Nesse caso, o prazo prescricional voltará a correr por inteiro[264], a partir do trânsito em julgado da sentença terminativa.[265]

42. Falta de elementos para a concessão de tutela antecipada

Caso repute que não estão presentes os requisitos para a concessão da tutela antecipada, o juiz determinará a emenda da petição inicial no prazo de cinco dias úteis, sob pena de indeferimento da inicial e de extinção do processo sem resolução de mérito (art. 303, § 6º).

Repare-se que essa decisão que determina a emenda é, na verdade, uma decisão que indefere o pedido de tutela antecipada. Logo, tal pronunciamento é passível de impugnação por meio de agravo instrumento (art. 1.015, I).[266]

A emenda permitirá que o autor inclua em sua petição inicial o pedido de tutela final (com argumentação adicional e documentos novos), de modo que o processo prossiga regularmente mediante o procedimento comum (ou outro que seja inerente à pretensão principal do autor).

A ausência de emenda no prazo de cinco dias implicará o indeferimento da inicial e a extinção do processo sem resolução de mérito. Essa decisão terá natureza de sentença e será impugnável por meio de apelação (art. 1.009, *caput*).

> **Art. 304.** A tutela antecipada, concedida nos termos do art. 303, torna-se estável se da decisão que a conceder não for interposto o respectivo recurso.
>
> **§ 1º** No caso previsto no ***caput***, o processo será extinto.
>
> **§ 2º** Qualquer das partes poderá demandar a outra com o intuito de rever, reformar ou invalidar a tutela antecipada estabilizada nos termos do ***caput***.
>
> **§ 3º** A tutela antecipada conservará seus efeitos enquanto não revista, reformada ou invalidada por decisão de mérito proferida na ação de que trata o § 2º.

---

263 Salvo se o processo for extinto sem resolução de mérito por inércia do autor, hipótese em que se reputa que a citação não interromperá a prescrição (STJ, 4ª Turma, AgInt no AREsp 421.212/RJ, rel. Min. Raul Araújo, j. 30.11.2020, *DJe* 18.12.2020; STJ, 4ª Turma, AgRg no AREsp 7.795.87/RS, rel. Min. Marco Buzzi, j. 03.10.2017, *DJe* 13.10.2017).

264 NEGRÃO, Theotonio; GOUVÊA, José Roberto F.; BONDIOLI, Luis Guilherme A.; FONSECA, João Francisco N. da. *Código Civil e legislação civil em vigor*. 41. ed. São Paulo: Saraiva Jur, 2023, p. 142.

265 TJSP, 19ª Câmara de Direito Privado, Apelação Cível 1014249-44.2021.8.26.0602, rel. Des. Claudia Grieco Tabosa Pessoa, j. 18.08.2022, *DJe* 25.08.2022; TJMG, 10ª Câmara Cível, Apelação Cível 5062845-44.2018.8.13.0024, rel. Des. Cabral da Silva, j. 02.06.2020, *DJe* 10.06.2020; TJPR, 8ª Câmara Cível, Agravo de Instrumento 0037384-15.2019.8.16.0000, rel. Des. Hélio Henrique Lopes Fernandes Lima, j. 26.02.2020.

266 NEGRÃO; GOUVÊA; BONDIOLI e FONSECA, *Código de Processo...*, p. 375.

§ 4º Qualquer das partes poderá requerer o desarquivamento dos autos em que foi concedida a medida, para instruir a petição inicial da ação a que se refere o § 2º, prevento o juízo em que a tutela antecipada foi concedida.

§ 5º O direito de rever, reformar ou invalidar a tutela antecipada, previsto no § 2º deste artigo, extingue-se após 2 (dois) anos, contados da ciência da decisão que extinguiu o processo, nos termos do § 1º.

§ 6º A decisão que concede a tutela não fará coisa julgada, mas a estabilidade dos respectivos efeitos só será afastada por decisão que a revir, reformar ou invalidar, proferida em ação ajuizada por uma das partes, nos termos do § 2º deste artigo.

CPC de 1973 – sem dispositivo correspondente

43. Estabilização da tutela antecipada antecedente

A estabilização da tutela antecipada requerida em caráter antecedente consiste em técnica de monitorização do processo, por meio do qual a ausência de manifestação do demandado conduz à estabilidade de decisão satisfativa proferida com base em cognição sumária e a persistência de seus efeitos por tempo indeterminado.[267]

Apenas a tutela antecipada antecedente é capaz de se estabilizar. Isso significa que não se submeterá ao regime de estabilização a tutela antecipada requerida incidentalmente, a tutela cautelar (antecedente ou incidental) e a tutela de evidência (somente admissível incidentalmente).

44. A ausência de recurso como requisito para a estabilização

O *caput* do art. 304 define a ausência de interposição de recurso como requisito para a estabilização da tutela antecipada requerida em caráter antecedente. Ao menos é essa a literalidade da regra.

Contudo, há duas correntes muito bem definidas a respeito do assunto.

Há os partidários da intepretação literal da expressão "respectivo recurso", os quais reputam que a estabilização pressuporia a não interposição de agravo de instrumento ou de agravo interno, que são os recursos cabíveis para obter a reforma ou invalidação da decisão concessiva da tutela antecipada antecedente em primeiro grau ou no âmbito do tribunal (art. 1.015, I, c/c art. 1.021).

Para eles, a interpretação correta desta regra exigiria atenção ao processo legislativo que a precedeu. Afinal, o art. 287, § 1º, do Projeto de Lei do Senado 160/2010 previa que a estabilização da tutela antecipada antecedente pres-

267 Essa técnica se assemelha à inversão do contencioso prevista no art. 369 do CPC português. Sobre o tema, confira-se: MENDES, João de Castro; SOUSA, Miguel Teixeira de. *Manual de processo civil*, v. 1. Lisboa: AAFDL, 2022, p. 613-621; FREITAS e ALEXANDRE, *Código...*, v. 2, p. 44-48.

supunha a ausência de "impugnação" pelo réu. Tratava-se de expressão com abrangência mais ampla, que abarcava não apenas a insurgência do réu por meio de recurso, mas também por qualquer medida impugnativa ou mesmo por contestação. No trâmite legislativo a expressão "impugnação" foi intencionalmente substituída por "respectivo recurso" – que consistiu na redação que foi aprovada e passou a constar do *caput* do art. 304.[268]

Os argumentos dessa corrente são consistentes e parecem estar em consonância com a vontade do legislador e com a lógica que se concebeu para o sistema. Contudo, esse não é o posicionamento prevalecente na doutrina ou na jurisprudência.

A corrente doutrinária e jurisprudencial majoritárias afasta a estabilização da tutela antecipada quando for interposto recurso, apresentada contestação ou deduzida qualquer medida impugnativa.[269] Os adeptos dessa corrente conferem interpretação ampla à expressão "respectivo recurso" contida no *caput* do art. 304, de modo que o relevante seria a existência de insurgência do réu – ainda que fosse simplesmente uma manifestação contrária à estabilização.

Essa solução parece inadequada sob diversos aspectos.

Primeiro, porque a expressão recurso detém natureza técnica. Consiste em meio impugnativo voluntário previsto em lei, com o objetivo de obter a reforma ou a cassação de um pronunciamento judicial, pelo próprio órgão prolator ou por órgão jurisdicional hierarquicamente superior.

---

268 WAMBIER e TALAMINI, *Curso...*, v. 2, p. 976-977; SILVA, Beclaute Oliveira. Tutela provisória no Código de Processo Civil brasileiro. *Revista Eletrônica de Direito Processual – REDP*, Rio de Janeiro, ano 18, v. 25, n. 1, jan./abr. 2024, p. 55; GOMES, Frederico Augusto. *Estabilização da tutela antecipada*. São Paulo: Thomson Reuters Brasil, 2018, p. 78.

269 STJ, REsp 2.063.822, rel. Min. Maria Isabel Gallotti, *DJe* 16.08.2024 – decisão monocrática; STJ, 3ª Turma, REsp 1.760.966/SP, rel. Min. Marco Aurélio Bellizze, j. 04.12.2018, *DJe* 04.12.2018; e TJSP, 27ª Câmara de Direito Privado, Agravo de Instrumento 2290843-90.2023.8.26.0000, rel. Des. Alfredo Attié, j. 29.02.2024, *DJe* 07.03.2024. Na doutrina: YARSHELL, *Curso...*, v. 1, p. 325-326; MARINONI, Luiz Guilherme. Estabilização de tutela. *Revista de processo*, v. 279, maio, 2018, p. 226; ALVIM, Teresa Arruda; CONCEIÇÃO, Maria Lúcia Lins; RIBEIRO, Leonardo Ferres da Silva; MELLO, Rogerio Licastro Torres de. *Primeiros comentários ao novo Código de Processo Civil (artigo por artigo)*. 2. ed. São Paulo: Revista dos Tribunais, 2016, p. 565; BUENO, *Manual de Direito...*, p. 181; MITIDIERO, *Antecipação...*, p. 146. Ravi Peixoto reputa que, além do agravo de instrumento, a contestação e a reclamação também teriam a aptidão para impedir a estabilização (PEIXOTO, Ravi. Por uma análise dos remédios jurídicos processuais aptos a impedir a estabilização da tutela antecipada antecedente de urgência. In: COSTA, Eduardo José da; PEREIRA, Mateus Costa; GOUVEIA FILHO, Roberto P. Campos (Coord.). *Tutela provisória*. 2. ed. Salvador: JusPodivm, 2019, p. 458).

Todavia, é fundamental que seja interposto agravo de instrumento (contra decisão singular) ou agravo interno (contra decisão de relator), que são as espécies recursais destinadas a reformar ou invalidar a tutela antecipada antecedente. A lei não exige que tais recursos sejam admitidos – muito menos que sejam providos. Fala apenas em "interposto o respectivo recurso". Entende-se, no entanto, que é indispensável que o recurso seja ao menos tempestivo. Se ele for interposto após o término do prazo recursal (intempestivo, portanto), a estabilização já terá ocorrido e o processo deverá ser extinto.[270]

Segundo, porque o trâmite legislativo revela que foi intencional a substituição da expressão "impugnação" constante do Projeto de Lei de Senado 166/2010 pela expressão "respectivo recurso", constante do art. 304, *caput*, do CPC/2015.

Terceiro, caso a dedução de qualquer medida impugnativa fosse suficiente para evitar a estabilização da tutela antecipada antecedente, poderia haver concretas distorções, como, por exemplo, o réu interpor embargos de declaração apenas para esclarecer algum ponto da tutela antecipada concedida, de modo a permitir o seu adequado cumprimento, e isso fosse considerado suficiente para impedir a estabilização da medida.

Quarto, considerar que a apresentação de contestação seria suficiente para impedir a estabilização caracteriza alargamento ilegítimo da hipótese legal, além de subverter o regime de preclusões estabelecido em nosso sistema processual. Afinal, a apresentação de contestação não é suficiente para impedir a preclusão de medida urgente proferida com base em cognição sumária.[271]

Quinto, a admissão de qualquer medida impugnativa abriria a oportunidade para a Fazenda Pública deduzir unicamente o pedido de suspensão de liminar (apenas para suspender a eficácia da medida urgente), o qual não está condicionado à interposição de um recurso (para reformar ou invalidar a medida urgente).

Nada impede que ocorra a estabilização parcial da tutela antecipada antecedente. Para tanto, basta que o réu interponha recurso apenas quanto a uma parte da decisão concessiva da tutela antecipada (art. 1.002). Não se ignora que a interposição de recurso parcial conduza ao risco de a decisão final ser desfavorável ao autor que obteve a estabilização de parte do objeto litigioso. Esse

270 ALVIM e CARVALHO, *Requisitos...*, p. 193.

271 STJ, 1ª Turma, REsp 1.797.365/RS, rel. Min. Sérgio Kukina, rel. p/ acórdão Min. Regina Helena Costa, j. 03.10.2019, *DJe* 22.10.2019; TJSC, 5ª Câmara de Direito Comercial, Apelação Cível 5005474-45.2019.8.24.0004, rel. Des. Jânio Machado, j. 03.02.2022; TJPR, 13ª Câmara Cível, Agravo de Instrumento 0007028-32.2022.8.16.0000, rel. Des. Josely Dittrich Ribas, j. 07.10.2022.

caso caracterizará hipótese de contradição lógica (não jurídica), que é admitida pelo nosso sistema.[272]

45. Extinção do processo no caso de estabilização

A ausência de interposição de recurso contra a decisão concessiva da tutela antecipada antecedente implicará a sua estabilização e extinção do processo.

A despeito do elevado grau de estabilidade que essa decisão ostentará, não há dúvida de que o processo será extinto sem resolução de mérito.

A decisão que concede a tutela antecipada não faz coisa julgada material, porém a estabilidade dos seus efeitos persistirá e só será passível de ser afastada por meio de decisão a ser proferida na específica ação de revisão, reforma ou invalidação (art. 304, § 6º).

46. Despesas processuais e honorários advocatícios

Não há disciplina expressa acerca das despesas processuais e dos honorários advocatícios de sucumbência no caso de estabilização da tutela antecipada antecedente.

Como visto, a estabilização da tutela antecipada antecedente adota modelo procedimental semelhante ao previsto para a ação monitória. Em ambos os casos, confere-se estabilidade aos efeitos de decisão concedida com base em cognição sumária, diante da conduta do réu.

No regramento atinente à ação monitória está previsto que o cumprimento da obrigação pelo réu terá o efeito de reduzir os honorários de sucumbência para 5% do valor da causa (art. 701, *caput*) e o réu será isento do pagamento das custas processuais (art. 701, § 1º).

Por analogia, entende-se que a estabilização da tutela antecipada atribuirá o mesmo benefício em favor do réu: fixação de honorários sucumbenciais no patamar de 5% sobre o valor da causa (metade do mínimo geral previsto no art. 85, § 2º) e a isenção das custas processuais.[273-274]

---

272 SICA, Heitor Vitor Mendonça. Doze problemas e onze soluções quanto à chamada "Estabilização da tutela antecipada". *Revista do Ministério Público do Rio de Janeiro*, n. 55, jan./mar., 2015, p. 95; WAMBIER e TALAMINI, *Curso...*, v. 2, p. 980.

273 Enunciado 18 da Enfam: "Na estabilização da tutela antecipada, o réu ficará isento do pagamento das custas e os honorários deverão ser fixados no percentual de 5% sobre o valor da causa (art. 304, *caput*, c/c o art. 701, *caput*, do CPC/2015)".

274 STJ, 3ª Turma, REsp 1.895.663/PR, rel. Min. Ricardo Villas Bôas Cueva, j. 14.12.2021, *DJe* 16.12.2021; TJPR, 13ª Câmara Cível, Agravo de Instrumento 0007028-32.2022.8.16.0000, rel. Des. Josely Dittrich Ribas, j. 07.10.2022; TJMG, 9ª Câmara Cível, Apelação Cível 5213967-70.2019.8.13.0024, rel. Juiz de Direito

47. Ação de revisão, reforma ou invalidação da tutela antecipada estabilizada

A ausência de recurso conduzirá à estabilização da tutela antecipada antecedente. Tal estabilização não equivale à coisa julgada material. A tutela antecipada foi proferida com base em cognição sumária – o que é incompatível com a imutabilidade da coisa julgada, que pressupõe a potencialidade de desempenho de cognição exauriente. Tanto que o próprio art. 304, § 6º, foi categórico ao consignar que a "decisão que concede a tutela não fará coisa julgada".

Mas isso não significa afirmar que a tutela antecipada irrecorrida não ostentará relevante grau de estabilidade. Ao contrário, haverá elevado grau de estabilidade.[275] Tanto que seus efeitos somente poderão ser afastados por meio do ajuizamento de nova ação judicial, destinada especificamente a rever, reformar ou invalidar a tutela antecipada concedida em caráter antecedente e contra a qual não foi interposto o respectivo recurso.

A ação de revisão, reforma ou invalidação da tutela antecipada estabilizada seguirá o procedimento comum e será proposta perante o mesmo juízo que concedeu a tutela antecipada estabilizada. Quaisquer das partes que figuraram no processo anterior poderão requerer o desarquivamento dos autos em que foi concedida a tutela antecipada estabilizada, de modo a instruir a petição inicial da ação de que trata o art. 304, § 2º.

A ação de revisão deverá ser proposta no prazo decadencial de dois anos, contados da ciência da decisão que extinguiu o processo (art. 304, § 5º), e não do trânsito em julgado da decisão terminativa.[276] A decadência fulminará apenas o direito de impugnar a tutela antecipada estabilizada. Não terá o efeito de suprimir nenhum direito material das partes.[277]

A legitimidade ativa do sujeito que figurou como réu na ação anterior é de mais fácil visualização. Afinal, após a estabilização dos efeitos da tutela

---

Convocado Fausto Bawden de Castro Silva, j. 14.03.2023, *DJe* 16.03.2023; TJDFT, 3ª Turma, Apelação Cível 0703549-70.2021.8.07.0001, rel. Des. Fátima Rafael, j. 16.06.2021. Na doutrina: DIDIER JR.; BRAGA e OLIVEIRA, *Curso*..., v. 2, p. 784-785.

275 "Tem-se, portanto, uma decisão antecipatória que se estabiliza independentemente de confirmação ulterior em decisão que julgue o mérito da causa. Ela se estabiliza, mas não faz coisa julgada. Mesmo após passado o prazo de dois anos para a propositura da demanda destinada a rever, reformar ou invalida da decisão antecipatória não será formada a coisa julgada. A estabilidade se fortalecerá, mas não contará com atributos idênticos à eficácia preclusiva e à função positiva desta (*infra*, n. 140)" (DINAMARCO, Cândido Rangel; LOPES, Bruno Vasconcelos Carrilho. *Teoria geral do novo processo civil*. São Paulo: Malheiros, 2016, p. 29).

276 NEGRÃO; GOUVÊA; BONDIOLI e FONSECA, *Código de Processo*..., p. 376.

277 BUENO, *Manual de Direito*..., p. 183.

antecipada antecedente ajuizada contra si, pode ter surgido um interesse concreto de impugnar aquele ato. Imagine-se a hipótese de o banco réu não ter sido corretamente intimado da decisão que determinou a retirada do nome do autor do cadastro de inadimplentes (Serasa, por exemplo). Nesse caso, o banco teria legitimidade e interesse de promover demanda de conhecimento destinada a invalidar a tutela antecipada em razão de um *error in procedendo* ocorrido no processo que gerou a estabilização.

Mas mesmo o autor que requereu e obteve a tutela antecipada antecedente pode se valer da ação de revisão para impugnar a decisão estabilizada. Basta imaginar um caso em que a providência prática concedida ao requerente da tutela antecipada tenha se revelado concretamente insuficiente. Nada impede que ele, no prazo de dois anos, proponha a ação de revisão com o objetivo de ampliar o espectro de incidência daquela medida urgente.

De todo modo, em nenhuma dessas hipóteses a propositura da ação de revisão implicará a redistribuição do ônus probatório definido na ação urgente anterior.[278] O réu da ação originária, por exemplo, não assumirá o ônus de provar o fato constitutivo que recaía sobre o autor daquela ação anterior. O ônus da prova incidente sobre o autor da ação de revisão consistirá na demonstração de que ele tem o direito (além de legitimidade e interesse) de que a tutela antecipada estabilizada seja modificada.

48. Casos que não admitem a estabilização da tutela antecipada antecedente

Muito embora o art. 304 não contenha expressa limitação à estabilização da tutela antecipada antecedente, há razões de ordem sistemática que conduzem à inaplicabilidade do regime de estabilização em determinados casos.

Adiante serão elencados os principais casos que a doutrina majoritária rejeita (ao menos, coloca em dúvida) a incidência do mecanismo da estabilização da tutela antecipada.

O primeiro consistira na hipótese de o réu da ação que se requereu a tutela antecipada antecedente ter sido citado por edital ou por hora certa (hipóteses de citação ficta), bem como nos casos de réu incapaz sem representante legal (ou em conflito de interesses com o seu representante) ou se tratar de réu preso.[279]

Tais situações exigem que o juiz nomeie um curador especial, que terá o dever funcional de interpor recurso contra a decisão concessiva da tutela antecipada antecedente.

278 LAMY, *Tutela...*, p. 103. Em sentido contrário: GOMES, *Estabilização...*, p. 188.
279 WAMBIER e TALAMINI, *Curso...*, v. 2, p. 977-978.

O segundo caso que seria impassível de estabilização da tutela antecipada antecedente residiria nas causas envolvendo direitos indisponíveis. Afinal, tal técnica de monitorização do processo tem por fundamento a possibilidade de o réu dispor do seu direito de defesa, optando por deixar de impugnar a tutela antecipada concedida em caráter antecedente – disponibilidade essa, que não está presente nas causas envolvendo direito indisponível.[280]

A impossibilidade de estabilização nesta hipótese pode ser confirmada a partir da análise do regramento do julgamento antecipado do mérito – que guarda indisfarçável semelhança com o mecanismo da estabilização da tutela antecipada. Em ambos os casos o procedimento será abreviado a partir da inércia do réu: no julgamento antecipado, em virtude da revelia (art. 355, II); na tutela antecipada antecedente, em razão da ausência de recurso (art. 304, *caput*). O julgamento antecipado somente será admissível se o réu for revel e incidir o efeito principal da revelia (presunção de veracidade das alegações fáticas deduzidas pelo autor na inicial – art. 344).

Logo, se o caso envolver direitos indisponíveis, não haverá presunção de veracidade (art. 345, II) e, consequentemente, o julgamento antecipado não será autorizado. Por identidade de motivos, entende-se que se o caso não admitir a presunção de veracidade decorrente de revelia, também não será admissível a estabilização da tutela antecipada antecedente.[281]

Ainda, reputa-se aplicável o regime de estabilização a determinadas causas envolvendo a Fazenda Pública, especialmente porque o CPC não contém restrição desta ordem.[282] Contudo, a questão merece especial atenção.

Há relevante posição doutrinária que restringe a possibilidade de estabilização da tutela antecipada antecedente concedida contra a Fazenda Pública. Não se trata propriamente de pretender vedar a estabilização pelo simples fato de a Fazenda Pública integrar o polo passivo da demanda. A restrição de que cogita essa parcela da doutrina, portanto, não é de ordem subjetiva. Trata-se de reconhecer que em alguns casos a especialidade do bem jurídico envolvido pode conduzir à inviabilidade da estabilização no caso concreto,[283] eventualmente se a não interposição de recurso impediu o juiz de investigar alegações de fato.[284]

---

280 WAMBIER e TALAMINI, *Curso...*, v. 2, p. 978.

281 SICA, Doze..., p. 96

282 Enunciado 582 do Fórum Permanente de Processualistas Civis: "Cabe estabilização da tutela antecipada antecedente contra a Fazenda Pública". Na jurisprudência: TJMG, 6ª Câmara Cível, Apelação Cível 0045756-87.2016.8.13.0372, rel. Des. Edilson Olímpio Fernandes, j. 28.11.2017. Na doutrina: CUNHA, *A Fazenda...*, p. 328; CÂMARA, *Manual de Direito...*, p. 327.

283 WAMBIER e TALAMINI, *Curso...*, v. 2, p. 979.

284 MARINONI, Estabilização..., p. 232.

Nesse ponto, há também quem sustente, com consistentes argumentos, que a ausência de manifestação por parte da Fazenda Pública – e não apenas a ausência de recurso – seria insuficiente para conduzir à estabilização da tutela antecipada antecedente. A despeito de reconhecer que a tutela provisória gerará efeitos imediatos, há relevante entendimento de que ela apenas se estabilizaria quando fosse confirmada pelo tribunal em sede de remessa necessária.[285]

Pede-se licença para respeitosamente discordar desse posicionamento. A decisão que concede tutela de urgência contra a Fazenda Pública não é passível de remessa necessária – nem mesmo para fins de estabilização. Tal exigência não consta do CPC, tampouco parece ser extraível de uma interpretação sistemática. A remessa necessária somente será indispensável para a formação de coisa julgada material – o que expressamente não incidirá sobre a decisão que defere a tutela antecipada antecedente (art. 304, § 6º).[286]

CAPÍTULO III
DO PROCEDIMENTO DA TUTELA CAUTELAR REQUERIDA EM CARÁTER ANTECEDENTE

Art. 305. A petição inicial da ação que visa à prestação de tutela cautelar em caráter antecedente indicará a lide e seu fundamento, a exposição sumária do direito que se objetiva assegurar e o perigo de dano ou o risco ao resultado útil do processo.

Parágrafo único. Caso entenda que o pedido a que se refere o *caput* tem natureza antecipada, o juiz observará o disposto no art. 303.

CPC de 1973 – arts. 801 e 273

49. Cabimento da tutela cautelar em caráter antecedente

A tutela provisória de urgência poderá ser concedida antes ("antecedente") ou durante o curso do processo ("incidental") – art. 294, parágrafo único.

Admite-se que a tutela cautelar seja requerida em caráter antecedente quando a urgência for contemporânea à propositura da ação. Trata-se de uma faculdade concedida em favor do autor, o que é confirmado pelo *caput* do art. 305.

Em tais situações de extrema urgência, autoriza-se que o autor ajuíze uma ação em que pleiteie exclusivamente a concessão de uma tutela cautelar, apenas

---

285 BUENO, *Manual do Poder...*, p. 161-162.

286 "Não é, porém, passível de remessa necessária a decisão que concede a tutela de urgência contra a Fazenda Pública. A estabilização, para ocorrer, não depende de remessa necessária. Isso porque a estabilização, como se viu, não se confunde com a coisa julgada. A remessa necessária é imprescindível para que se produza a coisa julgada" (CUNHA, *A Fazenda...*, p. 328-329).

indicando "a lide e seu fundamento, a exposição sumária do direito que se objetiva assegurar..." – devendo o pedido principal ser formulado apenas em momento posterior.

Nesse caso, será uma pretensão limitada a tutelar uma situação urgente e que está condicionada ao preenchimento de certos requisitos.

50. Requisitos da petição inicial da tutela cautelar antecedente

A petição inicial da tutela cautelar requerida em caráter antecedente submete-se a requisitos gerais e a requisitos específicos, que deverão estar preenchidos cumulativamente.

50.1. Requisitos gerais da petição inicial da tutela cautelar antecedente

A petição inicial da tutela cautelar requerida em caráter antecedente deverá preencher os requisitos gerais previstos nos arts. 319 e 320.[287]

A inicial deverá indicar o juízo competente para o processamento e julgamento da demanda. Trata-se de identificar, em verdade, qual é o órgão "competente para conhecer do pedido principal" (art. 299, *caput*) – podendo esse ser formulado conjuntamente com o pedido de tutela cautelar ou após a efetivação da tutela cautelar (art. 308, *caput* e § 1º).

No mais das vezes, a tutela cautelar antecedente será proposta perante o juiz de primeiro grau (federal ou estadual), considerando que os futuros pedidos de tutela final serão de competência do juízo singular. Contudo, caso ela seja antecedente a uma ação de competência originária de tribunal – por exemplo, ação rescisória –, a tutela cautelar antecedente será proposta diretamente perante o tribunal e dirigida a seu respectivo presidente.

As partes (autor e réu) deverão ser precisamente identificadas na petição inicial, com a indicação de seus nomes completos, estado civil, existência de união estável, profissão, número de inscrição no CPF ou no CNPJ, endereço eletrônico, domicílio e residência. Tal exigência é fundamental para se aferir a legitimidade das partes e assegurar a adequada citação do réu.

Caso o autor não disponha de todas as informações relativas ao réu, poderá requerer, já na petição inicial, o deferimento de diligências destinadas a obter tais informações (art. 319, § 1º). De todo modo, a falta de alguma dessas informações não conduzirá ao indeferimento da inicial se (*i*) ainda assim o réu puder ser citado (art. 319, § 2º) ou (*ii*) se a obtenção dessas informações for impossível ou se revelar excessivamente oneroso ao autor obtê-las (art. 319, § 3º).

287 NEGRÃO; GOUVÊA; BONDIOLI e FONSECA, *Código de Processo...*, p. 377.

Será também necessário descrever o fato e os fundamentos jurídicos do pedido. Essa exigência relaciona-se com a delimitação da causa de pedir que amparará o pedido de tutela de urgência e os fundamentos jurídicos que amparam tal pretensão urgente.

A inicial deverá conter um pedido com as suas especificações. Esse pedido consiste na tutela cautelar que é pretendida pelo autor. Por exemplo: (*i*) pedido de indisponibilidade de bens; (*ii*) pedido destinado a impedir registro em cadastro de proteção de crédito. Nesse momento, o pedido principal ainda não terá sido necessariamente deduzido (poderá ter havido apenas uma singela indicação, como se verá adiante).

Tal como toda petição inicial, a tutela cautelar antecedente conterá um valor da causa. A exigência é confirmada pela dispensa de que sejam recolhidas novas custas por ocasião da apresentação do pedido principal (art. 308, *caput*). Ora, se não há a exigência de apresentação de *novas* custas, significa que anteriormente o autor já deverá ter recolhido tais valores. Essas custas serão apuradas com base no valor atribuído à causa.

O valor da causa na tutela cautelar antecedente deverá refletir a repercussão econômica do pedido principal – o qual poderá ter sido deduzido desde logo na petição inicial da tutela cautelar antecedente ou após a efetivação da tutela cautelar.

A presença do valor da causa será relevante para fins de apuração do valor a ser recolhido a título de custas processuais, será a base para a eventual fixação de multas processuais e poderá, em alguns casos, consistir em critério para condenação em honorários advocatícios de sucumbência.

Se o valor atribuído à causa não corresponder à pretensão econômica pretendida pelo autor com o pedido principal, o juiz corrigirá, de ofício e por arbitramento o valor da causa, determinando a complementação das custas correspondentes (art. 292, § 3º). A decisão sobre o valor da causa deverá ser precedida, obrigatoriamente, de prévio contraditório, tal como determinam os arts. 9º e 10.[288]

A petição inicial conterá também a indicação das provas que amparam a pretensão do autor. A prova deverá ser pré-constituída, de modo que a plausibilidade das alegações fáticas do autor e a situação de urgência sejam aferíveis diretamente por documentos trazidos aos autos com a inicial. Nos estritos limites da tutela cautelar antecedente, não se reputa adequado que a parte pretenda valer-se de dilação probatória para a demonstração da plausibilidade do seu direito ou do perigo de dano.

288 CRAMER, Comentários..., p. 454.

Na petição inicial da tutela cautelar antecedente, o autor ainda não deverá necessariamente indicar se ele deseja ou não a realização de audiência de conciliação ou de mediação. Afinal, o réu será citado para contestar o pedido cautelar (art. 306). Contudo, tal indicação acerca da audiência deverá necessariamente constar dos autos no momento da apresentação do pedido principal, pois é somente após a introdução da pretensão principal que será designada a referida audiência. Caso o autor não indique (até a apresentação dos pedidos principais) se deseja ou não a audiência, entende-se não ser o caso de intimá-lo para se manifestar a esse respeito. Nesse caso, a audiência deverá ser designada.

50.2. Requisitos específicos da petição inicial da tutela cautelar antecedente

Além dos requisitos gerais, exigíveis em qualquer petição inicial (arts. 319 e 320), a tutela cautelar requerida em caráter antecedente impõe o preenchimento de requisitos adicionais (art. 305, *caput*).

A petição inicial da tutela cautelar antecedente deverá indicar "a lide e seu fundamento". Isso significa que a inicial conterá os contornos gerais da pretensão principal – o que será especialmente relevante para se aferir a legitimidade das partes e o interesse processual do autor.[289]

O autor também terá o ônus de expor sumariamente o direito que pretende assegurar. Trata-se de demonstrar a plausibilidade do direito afirmado (*fumus boni iuris*).

Adicionalmente, a inicial deverá conter a demonstração da ocorrência concreta de perigo de dano ou de risco ao resultado útil do processo. Ambas as hipóteses podem ser reconduzidas à categoria do *periculum in mora*.

Rigorosamente, a reiteração da exigência de exposição do *fumus boni iuris* e do *periculum in mora* no âmbito da tutela cautelar antecedente seria até mesmo desnecessária, considerando que isso já seria extraível da diretriz geral contida no art. 300, *caput*.

50.3. Fungibilidade entre as tutelas cautelar e antecipada: via de mão dupla

Caso a tutela cautelar antecedente formulada pelo autor ostente natureza de tutela antecipada, o juiz determinará que o processo siga as regras da tutela antecipada antecedente (art. 303), com eventual determinação de emenda (art. 321).

É um exemplo de aplicação da fungibilidade em área diversa da disciplina dos recursos, como diretriz geral do sistema e sem a perquirição acerca da eventual existência de erro grosseiro.[290]

---

289 NEGRÃO; GOUVÊA; BONDIOLI e FONSECA, *Código de Processo...*, p. 377.

290 "Ainda que haja erro grosseiro, aplica-se a fungibilidade entre a providência cautelar e a antecipada, pois tal requisito não foi contemplado pela lei, como ocorrido em sede de fungibilidade recursal (impossibilidade de ser reconhecida a fungibili-

No entanto, há na doutrina quem sustente não se tratar de caso de fungibilidade, mas de conversibilidade, sob o fundamento de que não se estaria tomando como correto um procedimento escolhido equivocadamente. Na hipótese do parágrafo único do art. 305, o juiz identificaria o defeito na eleição do procedimento e determinaria a sua conversão de acordo com o procedimento correto.[291]

Muito embora não exista regra equivalente na disciplina da tutela antecipada em caráter antecedente, reputa-se que tal fungibilidade também se aplique a ela, em atenção aos princípios da razoabilidade e da instrumentalidade.[292]

Trata-se do que se convencionou chamar de fungibilidade de mão dupla. Significa dizer, caso o autor requeira uma tutela antecipada antecedente e o juiz repute que o pedido tem natureza cautelar, também deverá ser determinado que a pretensão urgente tramite de acordo com as regras da tutela cautelar antecedente[293-294], admitindo-se eventual emenda (art. 321) para que a inicial seja compatibilizada com tal procedimento.[295-296]

Com isso, conclui-se que é aplicável de forma ampla ao regime das tutelas provisórias o princípio da fungibilidade, devendo o juiz esclarecer as partes sobre o regime processual a ser observado.[297]

---

dade diante de erro grosseiro, sendo necessária, portanto, uma dúvida objetiva)" (TJDFT, 1ª Turma Cível, Agravo de Instrumento 0005210-75.2014.8.07.0000, rel. Des. Simone Lucindo, j. 14.05.2014).

291 DINAMARCO, *Instituições...*, v. 3, p. 874-875.

292 WAMBIER e TALAMINI, *Curso...*, v. 2, p. 955.

293 Enunciado 502 do Fórum Permanente de Processualistas Civis: "Caso o juiz entenda que o pedido de tutela antecipada em caráter antecedente tenha natureza cautelar, observará o disposto no art. 305 e seguintes".

294 ALVIM, *Manual...*, p. 769-770; MARINONI, Luiz Guilherme; ARENHART, Sérgio Cruz. *Comentários ao Código de Processo Civil:* artigos 294 ao 333, v. 4. 3. ed. São Paulo: Thomson Reuters Brasil, 2021, p. 206-207; CAMBI, DOTTI, PINHEIRO, MARTINS e KOZIKOSKI, *Curso...*, p. 298-294; GODINHO, Robson Renault. Comentários ao art. 305. In: CABRAL, Antonio do Passo; CRAMER, Ronaldo (Coord.). *Comentários ao Novo Código de Processo Civil.* Rio de Janeiro: Forense, 2015, p. 483-484; LAMY, *Tutela...*, p. 133-135.

295 "Fica admitida, assim, uma *fungibilidade de mão dupla*, exigindo-se, contudo, que venha acompanhada da *conversão do procedimento* inadequado para aquele que é o adequado por força de lei" (DIDIER JR.; BRAGA e OLIVEIRA, *Curso...*, v. 2, p. 790-791).

296 TJPR, 5ª Câmara Cível Agravo de Instrumento 0082662-97.2023.8.16.0000, rel. Juiz Subs. Em 2º Grau Anderson Ricardo Fogaça, j. 18.03.2024; TJSP, 4ª Câmara de Direito Público, Agravo de Instrumento 3007503-21.2023.8.26.0000, rel. Ana Liarte, j. 08.03.2024, *DJe* 13.03.2024; TJMG, 18ª Câmara Cível, Apelação Cível 5004799-79.2020.8.13.0707, rel. Des. João Cancio, j. 30.08.2022.

297 Enunciado 45 da I Jornada de Direito Processual Civil, promovida pelo Centro de Estudos Judiciários do Conselho da Justiça Federal: "Aplica-se às tutelas provisórias o princípio da fungibilidade, devendo o juiz esclarecer as partes sobre o regime processual a ser observado". Na doutrina: "Ao conceder a tutela, o juiz deve deixar

Contudo, em qualquer caso, jamais o juiz deverá deixar de apreciar o pedido urgente em virtude de eventual inadequação formal. Presentes os requisitos para a concessão do pedido de tutela de urgência (cautelar ou antecipatória), deverá o juiz deferi-la, postergando para um momento seguinte a determinação para que o autor promova os ajustes formais.[298]

Art. 306. O réu será citado para, no prazo de 5 (cinco) dias, contestar o pedido e indicar as provas que pretende produzir.

CPC de 1973 – art. 802

51. Citação e intimação do réu

Com relação à etapa posterior ao exame do requerimento de tutela provisória em caráter antecedente, a disciplina da tutela cautelar é substancialmente distinta do regramento atinente à tutela antecipada.

Após a propositura da tutela antecipada antecedente, o réu não será citado para contestar. Ele será citado para comparecer à audiência de conciliação e mediação (art. 303, § 1º, II) – que, como regra, deverá ser designada. O prazo para contestação somente será deflagrado após o aditamento da inicial pelo autor e na hipótese de não haver autocomposição (art. 303, § 1º, I e III). Nesse caso, o prazo para o réu contestar será contado na forma do art. 335.

Contudo, tendo ou não sido deferida liminarmente a tutela cautelar antecedente, o réu será citado para, no prazo de cinco dias úteis, contestar o pedido e indicar as provas que pretende produzir (art. 306).

Na tutela cautelar antecedente, o prazo de cinco dias úteis para o réu contestar o pedido deverá ser contado da juntada do aviso de recebimento ou do mandado citatório cumprido (art. 231).

Na mesma oportunidade, o réu também deverá ser intimado acerca da tutela provisória eventualmente concedida em favor do autor (art. 250, V).[299]

---

claro que a tutela concedida é uma tutela antecipada, para que o réu saiba que se não se insurgir contra ela ocorrerá a estabilização prevista no art. 304 do CPC [...]. Ao denegar a tutela, é importante o autor saber se a tutela é antecipada, e assim deverá aditar a petição inicial no prazo de 5 dias para converter o pedido de tutela provisória em processo principal (art. 303, § 6º, do CPC) ou se a tutela é cautelar, prosseguirá o processo normalmente" (NEVES, *Manual...*, p. 359).

298 TJPR, 5ª Câmara Cível, Agravo de Instrumento 0082662-97.2023.8.16.0000, rel. Juiz Subst. em 2º Grau Anderson Ricardo Fogaça, j. 18.03.2024; TJSC, 2ª Câmara de Direito Comercial, Agravo de Instrumento 0152301-98.2014.8.24.0000, rel. Des. Newton Varella Júnior, j. 12.03.2019. Na doutrina: WAMBIER e TALAMINI, *Curso...*, v. 2, p. 972 e 975.

299 Dispõe o art. 250, V, do CPC: "O mandado que o oficial de justiça tiver de cumprir conterá: (...) V – a cópia da petição inicial, do despacho ou da decisão que deferir tutela provisória".

Caberá agravo de instrumento (art. 1.015, I) contra a decisão que examinar a tutela provisória (deferindo-a ou não), o qual deverá ser interposto no prazo de quinze dias, contado da juntada aos autos do mandado de intimação devidamente cumprido (art. 231) ou da ciência inequívoca (indene de dúvida) acerca do conteúdo da decisão.[300] O prazo para agravar deverá ser contado a partir da juntada do respectivo mandado de intimação cumprido, e não da juntada do último mandado cumprido. Portanto, no caso de litisconsórcio passivo, os prazos para agravar correrão individualmente para cada réu e terão como termo inicial a juntada do respectivo mandado de intimação cumprido.

52. Amplitude da contestação

Não é indispensável que o pedido principal seja formulado desde logo na inicial da tutela cautelar antecedente. Trata-se de mera faculdade conferida ao autor da ação (art. 308, § 1º).

De todo modo, tenha ou não sido deduzido o pedido principal na petição inicial da tutela cautelar antecedente, a contestação deverá se restringir ao pedido cautelar. Não faria sentido exigir que o réu oferecesse defesa acerca do futuro pedido principal – tenha ele sido formulado ou não com a inicial da tutela cautelar antecedente. Afinal, ainda haverá a oportunidade de aditamento (art. 308, § 2º), no prazo de trinta dias úteis, contado da efetivação da tutela cautelar.

A contestação do réu em relação à demanda cautelar poderá versar sobre, por exemplo, questões de ordem pública (ausência de condições da ação ou de pressupostos processuais), ausência dos requisitos para a concessão da tutela cautelar (*fumus boni iuris* e *periculum in mora*), defeitos na petição inicial (valor da causa, p.ex.) e decadência ou prescrição.

No entanto, reputa-se que a alegação de incompetência relativa deverá ser feita na contestação a ser apresentada em relação ao pedido cautelar, sob pena de prorrogação da competência para o pedido principal.[301] Eventual in-

---

300 TJSP, Agravo de Instrumento 2101613-63.2022.8.26.0000, rel. Des. Márcio Boscaro, j. 16.05.2022, DJe 23.05.2022 – decisão monocrática; TJSP, 35ª Câmara de Direito Privado, AgRg 2177695-48.2016.8.26.0000, rel. Des. Melo Bueno, j. 09.12.2016, DJe 16.12.2016; TJSC, 5ª Câmara de Direito Civil, Apelação Cível 0307099-69.2019.8.24.0023, rel. Des. Luiz Cézar Medeiros, j. 24.11.2020, DJe 24.11.2020; TJBA, 3ª Câmara Cível, Agravo de Instrumento 0019552-77.2016.8.05.0000, rel. Des. Rosita Falcão de Almeida Maia, j. 18.04.2017, DJe 16.05.2017. Admitindo a fluência do prazo a partir da ciência inequívoca da Fazenda Pública: TJMS, 2ª Câmara Cível, Agravo Interno 1404181-25.2018.8.12.0000/50000, rel. Des. Marcos José de Brito Rodrigues, j. 25.07.2018, DJe 27.07.2018.

301 NEGRÃO, GOUVÊA, BONDIOLI e FONSECA, *Código de Processo...*, p. 378.

vocação de convenção de arbitragem deverá ser reservada à contestação a ser apresentada em relação ao pedido principal, considerando a competência do Poder Judiciário para apreciar medidas urgentes pré-arbitrais.[302]

Não se admite a dedução de reconvenção em relação ao pedido cautelar.[303] Contudo, nada impede que o réu proponha reconvenção em relação ao pedido principal, nos termos do art. 343.

53. Interrupção da prescrição

A propositura da tutela cautelar em caráter antecedente tem o efeito de interromper a prescrição.[304] Afinal, a inicial da cautelar conterá necessariamente uma descrição suficiente do litígio e da pretensão do autor em relação ao réu. Isso é suficiente para afastar a inércia do autor em relação à defesa de seus direitos, pois a propositura da tutela cautelar antecedente caracterizará ato judicial promovido em defesa do seu direito subjetivo.[305]

A interrupção da prescrição será operada pelo pronunciamento judicial que ordena a citação, mas retroagirá à data da propositura da ação (art. 240, § 1º, do CPC c/c art. 202, I, do CC). Considera-se proposta a ação quando a petição inicial é protocolada. Contudo, a interrupção da prescrição somente ocorrerá após o aperfeiçoamento da citação válida do réu (art. 312).

Como regra, a citação válida do réu terá o efeito de interromper a prescrição, ainda que a cautelar antecedente seja extinta sem resolução de mérito.[306]

---

302 Sobre a competência do Poder Judiciário para apreciar medidas urgentes pré-arbitrais, confiram-se os comentários ao art. 299.

303 Esse entendimento está consolidado na doutrina (NEGRÃO, GOUVÊA, BONDIOLI e FONSECA, *Código de Processo...*, p. 424; BONDIOLI, Luis Guilherme Aidar. *Reconvenção no processo civil*. São Paulo: Saraiva, 2009, p. 290-292) e na jurisprudência (TJPR, 16ª Câmara Cível, Agravo de Instrumento 0035925-12.2018.8.16.0000, rel. Des. Cezar Bellio, j. 20.02.2019; TRF1, 5ª Turma, Apelação Cível 0014168-05.2011.4.01.3800, rel. Des. Néviton Guedes, j. 25.03.2015, DJe 15.04.2015). Também nesse sentido: "Não cabe reconvenção nos processos executivo e cautelar" (Conclusão nº 13 do VI Encontro Nacional dos Tribunais de Alçada, 1983).

304 THEODORO JÚNIOR, *Prescrição...*, p. 148; RIZZARDO, FILHO RIZZARDO e RIZZARDO, *Prescrição...*, p. 54. Na jurisprudência: TJPR, 3ª Câmara Cível, Apelação Cível 0000180-50.2021.8.16.0166, rel. Juiz de Direito Subs. em 2º Grau Rodrigo Otávio Rodrigues Gomes do Amaral, j. 06.06.2022; TJRJ, 23ª Câmara Cível, Agravo de Instrumento 0057788-06.2019.8.19.0000, rel. Des. Sonia de Fatima Dias, j. 12.02.2020, DJe 18.02.2020.

305 STJ, 3ª Turma, AgInt no AREsp 1.346.522/SP, rel. Min. Marco Aurélio Bellizze, j. 19.10.2020, *DJe* 26.10.2020.

306 Salvo se o processo for extinto sem resolução de mérito por inércia do autor, hipótese em que se reputa que a citação não interromperá a prescrição (STJ, 4ª Turma,

Nesse caso, o prazo prescricional voltará a correr por inteiro,[307] a partir do trânsito em julgado da sentença terminativa.[308]

54. Indicação das provas que o réu pretende produzir

O réu será citado não apenas para contestar o pedido cautelar, mas também para indicar as provas que pretende produzir (art. 306, parte final).

As provas que serão indicadas pelo réu deverão se restringir à sua defesa acerca da pretensão cautelar. Rigorosamente, o autor muito provavelmente ainda não terá deduzido o seu pedido principal. Todavia, a inicial da tutela cautelar antecedente deverá conter demonstração sumária da pretensão do autor. Isso será suficiente para que o réu compreenda de forma adequada os contornos do litígio e indique desde logo as provas que reputa necessárias à demonstração da improcedência do pedido cautelar.

Serão admissíveis todos os meios de prova – sejam eles típicos ou atípicos.[309] Tais provas poderão revelar, por exemplo, a ausência dos requisitos para a concessão da tutela cautelar (*fumus boni iuris* e *periculum in mora*), a ausência de uma condição da ação ou mesmo a ocorrência de prescrição ou de decadência.

Todos esses temas, caso provados pelo réu, terão o efeito de não apenas impedir a concessão da tutela cautelar, mas até mesmo de determinar a extinção do processo.

Art. 307. Não sendo contestado o pedido, os fatos alegados pelo autor presumir-se-ão aceitos pelo réu como ocorridos, caso em que o juiz decidirá dentro de 5 (cinco) dias.

Parágrafo único. Contestado o pedido no prazo legal, observar-se-á o procedimento comum.

CPC de 1973 – art. 803

AgInt no AREsp 421.212/RJ, rel. Min. Raul Araújo, j. 30.11.2020, *DJe* 18.12.2020; STJ, 4ª Turma, AgRg no AREsp 7.795.87/RS, rel. Min. Marco Buzzi, j. 03.10.2017, *DJe* 13.10.2017). No sistema francês, no entanto, caso o requerimento de tutela provisória (*référé*) seja indeferido, a parte perderá o benefício da interrupção da prescrição que havia sido obtido com a citação (CADIET e JEULAND, *Droit*..., p. 515).

307 NEGRÃO; GOUVÊA; BONDIOLI e FONSECA, *Código Civil*..., p. 142.

308 STJ, 1ª Turma, AgRg no AREsp 533.460/PB, rel. Min. Napoleão Nunes Maia Filho, j. 23.04.2019, *DJe* 08.05.2019.

309 Sobre o tema, confiram-se: AMARAL, Paulo Osternack. *Manual de provas cíveis*. 2. ed. Londrina: Thoth, 2024, p. 49-52; AMARAL, Paulo Osternack. *Provas:* atipicidade, liberdade e instrumentalidade. 3. ed. São Paulo: Thomson Reuters Brasil, 2021, *passim*.

55. Revelia

O réu será citado para, no prazo de cinco dias úteis, contestar e indicar provas referentes ao pedido cautelar formulado em caráter antecedente (art. 306).

Contudo, se o réu for citado e não apresentar contestação, ocorrerá revelia, hipótese em que os fatos alegados pelo autor na demanda cautelar presumir-se-ão aceitos pelo réu como verdadeiros (art. 307, *caput*).

Também ocorrerá revelia, por exemplo, nos casos em que o réu (*i*) apresentar contestação intempestiva,[310] (*ii*) apresentar defesa por advogado sem procuração nos autos e sem posterior regularização no prazo concedido[311] (art. 76, § 1º, II e III, e art. 104), (*iii*) apresentar outra modalidade de defesa, que não a contestação, (*iv*) comparecer em juízo desacompanhado de advogado[312] e (*v*) apresentar contestação genérica, por não impugnar especificamente os fatos alegados na inicial do autor.[313]

Em tais hipóteses, haverá presunção relativa de veracidade dos fatos alegados pelo autor. Não significa que o autor se sagrará necessariamente vitorioso na demanda cautelar. No contexto probatório estabelecidos nos autos, o juiz poderá determinar dilação probatória ou, até mesmo, julgar improcedente a demanda cautelar.

De todo modo, nos casos de revelia com presunção de veracidade, autoriza-se que o juiz decida desde logo o pedido cautelar, no prazo de cinco dias.

O regramento previsto no art. 307, atinente à tutela cautelar antecedente, consiste em parcial reprodução da diretriz geral acerca da revelia, contida nos arts. 344 e seguintes.

---

310 TJPR, 15ª Câmara Cível, Apelação Cível 0006895-21.2021.8.16.0001, rel. Des. Hayton Lee Swain Filho, j. 24.02.2024; TJSP, 24ª Câmara de Direito Privado, Apelação Cível 1002540-95.2023.8.26.0002, rel. Des. Jonize Sacchi de Oliveira, j. 18.06.2024, *DJe* 20.06.2024; TJRJ, 18ª Câmara de Direito Privado, Apelação Cível 0015916-66.2019.8.19.0208, rel. Des. Paulo Wunder de Alencar, j. 16.04.2024.

311 TJSP, 14ª Câmara de Direito Privado, Agravo de Instrumento 2051308-75.2022.8.26.0000, rel. Des. Lavinio Donizetti Paschoalão, j. 20.07.2022, *DJe* 22.07.2022; TJPR, 18ª Câmara Cível, Apelação Cível 0014780-24.2015.8.16.0025, rel. Juíza de Direito Subst. em 2º Grau Ana Paula Kaled Accioly Rodrigues da Costa, j. 14.06.2021. Arruda Alvim esclarece que "é considerado revel aquele que não apresentou contestação, ainda que, eventualmente, tenha comparecido, pessoalmente ou por intermédio de advogado legalmente habilitado. O só fato de existir nos autos procuração a advogado, outorgada pelo réu, não descaracteriza a revelia" (ALVIM, *Manual...*, p. 886).

312 CAMBI; DOTTI; PINHEIRO; MARTINS e KOZIKOSKI, *Curso...*, p. 511.

313 TJSP, 19ª Câmara de Direito Privado, Apelação Cível 1005795-53.2021.8.26.0189, rel. Des. Nuncio Theophilo Neto, j. 18.07.2023, *DJe* 20.07.2023.

Reputam-se aplicáveis ao regime da tutela cautelar antecedente os casos em que, muito embora tenha ocorrido revelia, a lei definiu não incidir a presunção de veracidade sobre as alegações fáticas deduzidas na petição inicial (art. 345).

Exclui-se a presunção de veracidade decorrente da revelia quando (*i*) houver pluralidade de réus e algum deles contestar, (*ii*) o litígio versar sobre direitos indisponíveis, (*iii*) a petição inicial não estiver acompanhada de instrumento que a lei considere indispensável à prova do ato e (*iv*) as alegações fáticas do autor forem inverossímeis ou incompatíveis com a prova dos autos.

Por analogia ao previsto na regra geral do art. 349, a ausência de contestação ao pedido cautelar não impede que o réu intervenha posteriormente no processo e formule requerimento de produção de provas para contrapor as alegações do autor. O requerimento de provas pelo réu revel, evidentemente, só será possível caso a sua integração ao processo ocorra em momento processual que permita a prática dos atos necessários à respectiva produção.

A revelia ocorrida em relação ao pedido cautelar não gerará presunção de veracidade em relação à pretensão principal – ainda que se tratem dos mesmos fatos. A contestação oferecida em relação à pretensão cautelar não terá o efeito de impedir a ocorrência de eventual revelia acerca do pedido principal.[314]

56. Prazo de cinco dias para o juiz decidir

A ausência de contestação ao pedido formulado na tutela cautelar antecedente implica a presunção de veracidade dos fatos alegados pelo autor na petição inicial.

A presunção de veracidade sobre os fatos alegados pelo autor desencadeia a oportunidade para que o juiz profira sentença sobre o pedido cautelar, no prazo de cinco dias.

Essa regra merece algumas considerações.

O juiz somente decidirá o pedido se reputar que ele está em condições de ser apreciado desde logo. A presunção de veracidade sobre os fatos alegados na inicial é relativa. Logo, não impede que o juiz determine a produção de provas acerca do pedido cautelar. Tal conduta se justifica diante da incidência dos poderes instrutórios do juiz (art. 370), que lhe permite determinar a produção de provas de ofício quando não estiver suficientemente convencido acerca da matéria de fato alegada no processo. Nesse caso, o juiz poderá determinar a produção de provas, ainda que tenha ocorrido a presunção de veracidade decorrente da revelia.

---

314 ASSIS, *Processo...*, v. 3, p. 563-564.

Caso permaneça incerteza acerca das alegações do autor – mesmo diante da ocorrência de revelia – o juiz poderá designar uma audiência de justificação prévia, destinada a obter do autor maiores informações acerca de suas alegações. A audiência contribuirá para o juiz formar a sua convicção sobre a matéria de fato de forma mais robusta – o que lhe permitirá julgar com mais segurança.

Tais considerações permitem concluir que a ocorrência de revelia não autorizará um automático deferimento da tutela cautelar antecedente requerida pelo autor.[315] A mera ausência de contestação não impede que o juiz avance na análise dos fatos alegados pelo autor, de modo a investigar (de forma sumária) se os fatos alegados detêm um mínimo de plausibilidade. Pode ocorrer, portanto, de o pedido cautelar ser indeferido, por ausência de plausibilidade, mesmo diante da ocorrência de revelia.

Rigorosamente, a parte final do art. 307 consagra hipótese especial de julgamento antecipado parcial do mérito.[316] Tal como nos casos do art. 356, haverá uma decisão que não extinguirá integralmente o processo, mas apenas parte dele. Somente será cabível a imediata prolação da decisão sobre o pedido cautelar quando estiverem presentes, cumulativamente, os seguintes requisitos: ocorrência de revelia, presunção de veracidade e inexistência de requerimento de provas pelo revel. Caso contrário, reputa-se que não será admissível o julgamento antecipado de que trata o art. 307 e o processo seguirá o procedimento comum, observadas as exigências do art. 308.

O prazo de cinco dias para o juiz decidir o pedido cautelar caracteriza exemplo de prazo impróprio. A sua inobservância não gerará preclusão para o juiz, que permanecerá com o seu poder para decidir a questão mesmo que ultrapassado o prazo de cinco dias previsto no art. 307, *caput*. Quando muito, o descumprimento do prazo de cinco dias para prolatar a decisão poderá implicar consequências disciplinares ao juiz (art. 235).[317]

57. Recurso contra a decisão do pedido cautelar no caso de revelia

A ausência de contestação, com a consequente presunção de veracidade das alegações fáticas deduzidas pelo autor, autorizará a prolação de decisão acerca do pedido cautelar.

---

315 TJSC, 1ª Câmara Direito Comercial, Apelação Cível 0300834-88.2017.8.24.0001, rel. Des. José Maurício Lisboa, j. 15.09.2022; TJSP, 29ª Câmara de Direito Privado, Apelação Cível 1000780-83.2018.8.26.0553, rel. Des. Jayme de Oliveira, j. 29.10.2020, *DJe* 09.11.2020.

316 DIDIER JR., BRAGA e OLIVEIRA, *Curso...*, v. 2, p. 789.

317 OLIVEIRA, Guilherme Peres. Comentários ao art. 235. In: CABRAL, Antonio do Passo; CRAMER, Ronaldo (Coord.). *Comentários ao Novo Código de Processo Civil*. Rio de Janeiro: Forense, 2015, p. 376.

A decisão acerca do pedido cautelar terá natureza de decisão interlocutória (art. 203, § 2º),[318] pois não implicará nenhuma das hipóteses dos arts. 485 ou 487, tampouco implicará a extinção da fase cognitiva do procedimento comum ou da execução (art. 203, § 1º).

Afinal, o processo prosseguirá, por exemplo, com o aditamento da petição inicial pelo autor e a designação da audiência de mediação ou conciliação.

A decisão interlocutória acerca do pedido cautelar será impugnável por embargos de declaração (art. 1.022), por agravo de instrumento se a tutela cautelar antecedente tramitar em primeiro grau (art. 1.015) ou por agravo interno se a cautelar antecedente tramitar em tribunal (art. 1.021).

58. Efeito decorrente da apresentação de contestação

A apresentação da contestação no prazo legal não autorizará a prolação de imediata decisão acerca do pedido cautelar (art. 307, *caput*). Nesse caso, o processo deverá prosseguir de acordo com o procedimento comum (art. 307, parágrafo único), considerando-se as exigências do art. 308.

Portanto, após a apresentação da contestação acerca do pedido cautelar, o processo seguirá o procedimento comum, com a apresentação do pedido principal (art. 308, § 3º) e a intimação das partes para comparecer à audiência de conciliação ou mediação (art. 334). Caso não seja obtida autocomposição, será deflagrado o prazo para a apresentação de contestação à pretensão principal (que já terá sido deduzida – art. 308), que será contado na forma do art. 335.

A partir de então, o processo seguirá exclusivamente o procedimento comum, com o eventual oferecimento de réplica, decisão saneadora, eventual instrução e prolação de sentença.

> **Art. 308.** Efetivada a tutela cautelar, o pedido principal terá de ser formulado pelo autor no prazo de 30 (trinta) dias, caso em que será apresentado nos mesmos autos em que deduzido o pedido de tutela cautelar, não dependendo do adiantamento de novas custas processuais.
>
> **§ 1º** O pedido principal pode ser formulado conjuntamente com o pedido de tutela cautelar.
>
> **§ 2º** A causa de pedir poderá ser aditada no momento de formulação do pedido principal.
>
> **§ 3º** Apresentado o pedido principal, as partes serão intimadas para a audiência de conciliação ou de mediação, na forma do art. 334, por seus advogados ou pessoalmente, sem necessidade de nova citação do réu.

---

318 TJMG, 18ª Câmara Cível, Agravo de Instrumento 4466239-15.2020.8.13.0000, rel. Des. Sérgio André da Fonseca Xavier, j. 02.02.2021.

§ 4º Não havendo autocomposição, o prazo para contestação será contado na forma do art. 335.

CPC de 1973 – art. 806

59. Efetivação da tutela cautelar antecedente

Considera-se efetivada a tutela cautelar quando ela é cumprida. Nem sempre o cumprimento da decisão se aperfeiçoará com a cientificação da parte contrária.

Por exemplo, caso a cautelar tenha sido concedida para suspender a execução de um contrato firmado pelas partes, a efetivação da cautelar ocorrerá quando a parte contrária for cientificada da determinação judicial.

Contudo, se a cautelar foi deferida para suspender a eficácia de uma inscrição em órgão de proteção de crédito, a efetivação da liminar não se aperfeiçoará com a citação e intimação do réu acerca da medida urgente. A cautelar será considerada efetivada quando o órgão de proteção de crédito efetivamente retirar o nome do autor de seus cadastros.[319]

Portanto, é irrelevante para fins de efetivação da cautelar o momento em que o réu for citado, a data em que ele tomar ciência espontânea do processo ou da cautelar que foi concedida.

O dado fundamental para a definição do termo inicial do prazo de trinta dias úteis para o aditamento da inicial e a inclusão dos pedidos principais é a data em que a liminar for efetivada, isto é, o momento em que ela for "realizada no mundo real".[320]

Mas nem sempre o momento da efetivação da decisão concessiva da cautelar será de fácil detecção. Imagine-se que uma decisão cautelar implique a realização de vários atos constritivos. É o que ocorreria se a ordem cautelar determinasse, por exemplo, o sequestro de uma determinada quantidade de gado, que se encontra em estados distintos do local em que tramita o processo. O seu cumprimento exigiria a expedição de uma carta precatória para cada uma dessas localidades.

Nesse caso, há decisão do Superior Tribunal de Justiça consignando que o prazo de trinta dias seria deflagrado apenas a partir do último ato constritivo, por reputar que o art. 308 conteria previsão especial, que não admitiria interpretação restritiva. Caso contrário, haveria apenas o cumprimento parcial

---

319 ASSIS, *Processo...*, v. 3, p. 573-574; CAMBI; DOTTI; PINHEIRO; MARTINS e KOZIKOSKI, *Curso...*, p. 338-339.

320 ASSIS, *Processo...*, v. 3, p. 571.

da tutela de urgência, o que seria insuficiente para desencadear a fluência do prazo de trinta dias.[321]

Todavia, essa não parece ser a melhor solução para essa situação.

Ainda que a decisão cautelar seja parcialmente efetivada, a parte já terá em seu favor uma proteção cautelar. No exemplo cogitado, imagine-se que, pelos mais variados motivos, a última carta precatória para o sequestro do gado não tenha sido cumprida (alteração de endereço, por exemplo). Nesse caso, seria despropositado imaginar que o autor teria em seu favor uma proteção cautelar que se perpetuaria no tempo, sem que o demandado tivesse a oportunidade de aprofundar a discussão acerca do direito material alegado[322] – o que somente será possível por meio da dedução do pedido principal.

Portanto, devendo-se a efetivação ser realizada em etapas, a fluência do prazo de trinta dias correrá da primeira constrição, não da última.[323]

Caso a efetivação da medida cautelar envolva a constrição patrimonial perante vários réus, o prazo de trinta dias de que trata o art. 308 fluirá da data da primeira constrição do patrimônio de qualquer dos réus.[324]

Portanto, o cumprimento parcial da tutela de urgência terá o efeito caracterizar a efetivação da tutela cautelar exigida pelo art. 308 e será apta a deflagrar o prazo de trinta dias úteis para a realização do aditamento da inicial e da formulação do pedido principal.

60. Formulação do pedido principal no prazo de trinta dias úteis

Nada impede que o pedido principal seja deduzido conjuntamente com a inicial da tutela cautelar requerida em caráter antecedente. Trata-se de faculdade conferida ao autor da demanda cautelar (art. 308, § 1º).

A regra geral, no entanto, será a formulação apenas do pedido de tutela cautelar antecedente e a inclusão do pedido principal posteriormente, no momento do aditamento da petição inicial.

---

321 STJ, 3ª Turma, REsp 1.954.457/GO, rel. Min. Moura Ribeiro, j. 09.11.2021, *DJe* 11.11.2021. Na doutrina: DONIZETTI, *Curso...*, p. 458.

322 NEVES, *Manual...*, p. 386.

323 ASSIS, *Processo...*, v. 3, p. 573; DOTTI, Rogéria Fagundes. Comentários aos arts. 305 a 310. In: CUNHA, José Sebastião Fagundes; CAMBI, Eduardo Augusto Salomão; BOCHENEK, Antônio Cesar (Coord.). *Código de Processo Civil comentado.* 2. ed. Curitiba: Juruá, 2022, p. 563; MEDINA, José Miguel Garcia. *Novo Código de Processo Civil comentado.* 4. ed. São Paulo: Revista dos Tribunais, 2016, p. 522-523.

324 TRF4, Agravo de Instrumento 5013016-15.2022.4.04.0000, rel. Des. Luís Alberto d'Azevedo Aurvalle, j. 31.03.2022 – decisão monocrática. Araken de Assis esclarece que, nesse caso, o prazo fluiria da *ciência do autor* acerca da primeira constrição na esfera patrimonial de qualquer dos réus (ASSIS, *Processo...*, v. 3, p. 574).

O prazo para a formulação do pedido principal é de trinta dias úteis, contados da data da efetivação da cautelar, isto é, da data em que a decisão cautelar foi cumprida.

A despeito de ter havido uma aparente incerteza no âmbito do Superior Tribunal de Justiça,[325] consolidou-se na jurisprudência o entendimento de que deverá ser contado em dias úteis o prazo de trinta dias para a formulação do pedido principal pelo autor e a promoção do respectivo aditamento da causa de pedir da petição inicial.[326]

De todo modo, não faria sentido que tal prazo fosse contado em dias corridos. O art. 219 determina que os prazos processuais deverão ser contados em dias úteis. O prazo de trinta dias tem natureza de prazo processual. Ele define o prazo para que a parte pratique um ato processual internamente ao processo. A natureza processual deste prazo de trinta dias é confirmada por duas determinações contidas no *caput* do art. 308: (*i*) o pedido principal será apresentado nos mesmos autos em que foi deduzido o pedido de tutela cautelar (dentro do mesmo processo, portanto); e (*ii*) não haverá a exigência de novas custas, pois elas já foram recolhidas no início do processo.

Com isso, confirma-se que o prazo de trinta dias para o autor formular o pedido principal e aditar a causa de pedir da inicial tem natureza processual e deverá ser contado em dias úteis, excluindo-se o dia do começo e incluindo-se o do vencimento (art. 224). Isso permite concluir que tal prazo processual de trinta dias úteis de que trata o art. 308 será suspenso nas férias e nos recessos forenses.[327]

O pedido principal deverá ser apresentado nos "mesmos autos" – mesmo processo – em que foi requerida a tutela cautelar antecedente. Deverá ser deduzido por simples petição. Não será admissível que tal pedido principal seja veiculado por meio de um processo judicial autônomo. O legislador deixou muito claro que a sua opção foi a formulação do pedido principal no bojo do processo já em curso, que inicialmente foi concebido para obter uma tutela cautelar antecedente.

Disso decorre que não serão exigidas novas custas processuais, na medida em que tais valores já terão sido recolhidos no início do processo, por ocasião da propositura da demanda cautelar antecedente.

---

325 No sentido da contagem do prazo de trinta dias em dias úteis: STJ, 3ª Turma, REsp 2.066.868/SP, rel. Min. Nancy Andrighi, j. 20.06.2023, *DJe* 26.06.2023. Contando o prazo em dias corridos: STJ, 1ª Turma, AgInt no REsp 1.982.986/MG, rel. Min. Benedito Gonçalves, j. 20.06.2022, *DJe* 22.06.2022.

326 STJ, Corte Especial, EREsp 2.066.868/SP, rel. Min. Sebastião Reis Júnior, j. 03.04.2024, *DJe* 09.04.2024; STJ, 3ª Turma, AgInt no AREsp 246.722/PR, rel. Min. Nancy Andrighi, j. 11.03.2024, *DJe* 14.03.2024.

327 THEODORO JÚNIOR, *Curso...*, v. 1, p. 633.

Eis o motivo pelo qual o valor da causa na tutela cautelar antecedente deverá refletir a repercussão econômica do pedido principal – o qual, como visto, poderá ter sido deduzido desde logo na petição inicial da tutela cautelar antecedente ou após a efetivação da tutela cautelar.

O pedido principal não ficará restrito à pretensão sumária que foi indicada na petição inicial da cautelar antecedente. É perfeitamente possível que sejam deduzidos pedidos inéditos no momento do aditamento. Também se admite que seja aditado o pedido principal que fora formulado conjuntamente com a demanda cautelar. No entanto, para que a cautelar preserve a sua eficácia, é fundamental que o autor formule o pedido principal a ela vinculado (art. 309, I). Tal confirma o caráter de *referibilidade* da tutela cautelar a uma pretensão principal.[328]

Se a inclusão de pedidos inéditos no momento do aditamento implicar elevação da pretensão econômica total pretendida pelo autor, o juiz corrigirá o valor da causa, de ofício e por arbitramento, determinando a complementação das custas correspondentes (art. 292, § 3º).

61. Aditamento da causa de pedir

Além da apresentação do pedido principal, no mesmo prazo de trinta dias úteis, o autor poderá aditar a causa de pedir que constou da petição inicial da cautelar antecedente.

Lembre-se que, naquele momento inicial, somente era exigível do autor uma exposição sumária da "lide e seu fundamento", que revelasse os contornos gerais da pretensão principal.

A inserção de pedidos inéditos ou o melhor detalhamento de um pedido formulado conjuntamente com a demanda cautelar podem justificar o aditamento da causa de pedir constante da petição inicial da cautelar antecedente.

É o caso, por exemplo, do autor que requereu uma cautelar antecedente destinada a arrestar bens do demandado, diante de um alegado direito de crédito. Efetivada a tutela cautelar, o autor adita a petição inicial para incluir um pedido de condenação do réu a lhe pagar quantia equivalente àquela anteriormente arrestada e também inclui um pedido inédito de condenação do réu ao pagamento de indenização por dano moral decorrente de constrangimento sofrido no mercado pela ausência de numerário para arcar com determinados compromissos financeiros.

Nesse caso, em que o pedido de indenização por dano moral não havia sido anunciado na petição inicial nem a respectiva causa de pedir, não há dú-

328 YARSHELL, *Curso...*, v. 1, p. 309.

vida de que o autor também deverá aditar a causa de pedir para que tal pedido inédito tenha amparo em uma causa de pedir especificamente relacionada a ele.

Muito embora a lei silencie sobre o tema, admite-se que o autor junte documentos no momento do aditamento, especialmente (mas não exclusivamente) aqueles que se relacionem aos pedidos principais e aos aditamentos que porventura tenham sido promovidos na causa de pedir. O réu, por sua vez, poderá juntar também documentos em sua contestação acerca do pedido principal. Aplica-se aqui, por analogia, as regras constantes dos arts. 320, 434 e 435.

62. Intimação das partes para a audiência de conciliação ou de mediação

Após a formulação do pedido principal, as partes serão intimadas para comparecer à audiência de conciliação ou mediação, na forma do art. 334. A parte poderá ser intimada pessoalmente ou por meio de seu advogado.

Não haverá nova citação (art. 308, § 3º). Afinal, o réu já terá sido citado para contestar o pedido cautelar (art. 306). Efetivamente ele já terá recebido a oportunidade de participar do processo ou mesmo ter comparecido espontaneamente (art. 239, *caput* e § 1º).

Entende-se que não é indispensável a presença da parte na audiência de conciliação ou mediação, bastando o comparecimento do advogado munido de procuração contendo poderes especiais para negociar e transigir ou mesmo de um representante com tais poderes especiais (art. 334, § 10). Isso será suficiente para caracterizar o comparecimento à audiência e impedir a eventual aplicação de multa pelo não comparecimento à audiência (art. 334, § 8º).[329]

Considerando ser admissível a apresentação conjunta do pedido cautelar e do principal, a doutrina suscita dúvida sobre qual conduta o juiz deveria adotar após o deferimento da cautelar: citação do réu para contestar (na forma do art. 306) ou intimação para participar da audiência de conciliação ou de mediação (na forma do art. 334 c/c art. 308, § 3º)? A solução mais adequada "seria a de promover a citação, permitir a contestação para o pedido cautelar

---

329 STJ, 4ª Turma, AgInt no RMS 56.422/MS, rel. Min. Raul Araújo, j. 08.06.2021, *DJe* 16.06.2021; STJ, 3ª Turma, REsp 1.824.214/DF, rel. Min. Ricardo Villas Bôas Cueva, j. 10.09.2019, *DJe* 13.09.2019; TJMG, 11ª Câmara Cível, Apelação Cível 5002834-64.2021.8.13.0567, rel. Des. Marcos Lincoln, j. 05.10.2022; TJPR, 14ª Câmara Cível, Apelação Cível 0012879-23.2019.8.16.0173, rel. Des. Francisco Eduardo Gonzaga de Oliveira, j. 14.08.2023; TJPR, 5ª Câmara Cível, Apelação Cível 0000101-32.2018.8.16.0116, rel. Des. Nilson Mizuta, j. 11.02.2020; TJPR, 17ª Câmara Cível, Apelação Cível 0002663-75.2011.8.16.0175, rel. Juíza Subs. em 2º Grau Sandra Bauermann, j. 09.05.2019; TJSP, 24ª Câmara de Direito Privado, Agravo de Instrumento 2162648-63.2018.8.26.0000, rel. Des. Denise Andréa Martins Retamero, j. 13.12.2018, *DJe* 18.12.2018.

sem prejuízo da designação da audiência, ressalvada a possiblidade de contestação do pedido principal depois dessa sessão, se for o caso".[330]

63. Prazo para contestar o pedido principal

Como regra, deverá ser designada a audiência de conciliação ou mediação. A audiência apenas não ocorrerá se todas as partes dispensarem expressamente a sua designação ou quando não se admitir a autocomposição (art. 334, § 4º, I e II). Caso contrário, a audiência será realizada.

Se a audiência for dispensada pelas partes, o prazo para contestar o pedido principal será contado individualmente e terá como termo inicial o respectivo pedido de cancelamento da audiência. Se o juiz reputar desde logo que o direito discutido no processo não admite autocomposição, a audiência não será designada e o prazo para contestação será contado na forma do art. 335.

No entanto, se a audiência for realizada e qualquer das partes não comparecer ou, comparecendo, não atingirem a autocomposição com o efeito de extinguir integralmente o processo, o prazo de quinze dias úteis para a apresentação da contestação será contada da data da audiência.

A contestação se destinará a impugnar amplamente a demanda principal, o que abrangerá todas as questões processuais (art. 337) e substanciais (art. 341). Em especial, a contestação ao pedido principal consistirá no momento adequado para alegar a existência de convenção de arbitragem, assim como servirá para impugnar as pretensões principais, as causas de pedir e todos os documentos anexados pelo autor.

O não oferecimento de contestação ao pedido principal caracterizará revelia e implicará a presunção de veracidade dos fatos alegados pelo autor (exceto nos casos em que isso não é admitido – art. 345) e poderá autorizar o julgamento antecipado do mérito (art. 355, II).

Na hipótese do inciso II do art. 355, o julgamento antecipado somente será cabível quando estiverem presentes, cumulativamente, os seguintes requisitos: ocorrência de revelia, presunção de veracidade e inexistência de requerimento de provas pelo revel (art. 349). Caso contrário, não será admissível o julgamento antecipado e sobrevirá decisão de saneamento e organização do processo, com a definição das provas a serem produzidas e eventual designação da audiência de instrução e julgamento.

Art. 309. Cessa a eficácia da tutela concedida em caráter antecedente, se:

I – o autor não deduzir o pedido principal no prazo legal;

330 Essa é a solução proposta por Flávio Yarshell (YARSHELL, *Curso*..., v. 1, p. 327), com a qual se concorda integralmente.

II – não for efetivada dentro de 30 (trinta) dias;

III – o juiz julgar improcedente o pedido principal formulado pelo autor ou extinguir o processo sem resolução de mérito.

Parágrafo único. Se por qualquer motivo cessar a eficácia da tutela cautelar, é vedado à parte renovar o pedido, salvo sob novo fundamento.

CPC de 1973 – art. 808

64. Hipóteses em que a tutela cautelar antecedente perderá a sua eficácia

O art. 309 enumera três casos em que a tutela cautelar concedida em caráter antecedente perderá a sua eficácia: (*i*) o autor não formular o pedido principal; (*ii*) a cautelar não ser efetivada em até trinta dias; (*iii*) sentença de improcedência do pedido principal ou extinção do processo sem resolução de mérito.[331]

Em quaisquer dessas hipóteses, a decisão que reconhecer a perda da eficácia da tutela cautelar concedida em caráter antecedente deverá ser precedida da concessão de oportunidade para as partes exercerem o contraditório acerca do tema.[332]

A tutela cautelar antecedente também perderá a sua eficácia nos casos em que ela for revogada ou modificada (art. 296).

Contudo, lembre-se que a tutela provisória também poderá ter a sua eficácia suspensa até o trânsito em julgado da decisão final de mérito quando o presidente do tribunal acolher pedido de *suspensão de liminar*.[333] O Poder Público pode ser valer do pedido de suspensão para obter a suspensão de eficácia das decisões provisórias ou de mérito que lhes sejam contrárias. Para tanto, bastará que demonstre os requisitos previstos nas leis que compõem o "sistema de suspensão". Nesse caso, se o presidente do tribunal não definir um período para vigorar a suspensão da decisão contrária ao Poder Público, a ju-

---

331 As hipóteses de cessação da eficácia da tutela cautelar previstas art. 309 do CPC/2015 guardam indisfarçável relação com os casos contidos no art. 669-novies do CPC italiano.

332 O art. 373, 3, do CPC português concebe a seguinte solução para a questão: "A extinção do procedimento ou o levantamento da providência são determinados pelo juiz, com prévia audiência do requerente, logo que se mostre demonstrada nos autos a ocorrência do facto extintivo".

333 Sobre o tema, confiram-se os comentários ao art. 296. Para um estudo amplo a respeito do chamado "sistema de suspensão", ver por todos: AMARAL, Paulo Osternack. O pedido de suspensão de liminares e de sentenças contrárias ao Poder Público. *Revista de Direito Administrativo Contemporâneo – ReDAC*, v. 4, mar., 2014, p. 99-129.

risprudência reputa que a decisão – medida urgente ou decisão de mérito – ficará suspensa até o trânsito em julgado da decisão final de mérito.[334]

65. Ausência de formulação do pedido principal

A tutela cautelar perderá a sua eficácia caso o autor não formule o respectivo pedido principal no prazo de trinta dias úteis (art. 309, I). Tal hipótese se aperfeiçoará no caso de o pedido principal ser apresentado de modo intempestivo ou quando a parte autora efetivamente não deduzir tal pedido.

Essa conclusão deve ser tomada com ressalvas.

De um lado, repare-se que não será a apresentação de qualquer pedido principal que terá o efeito de assegurar a persistência da eficácia da tutela cautelar antecedente anteriormente deferida. O que se reputa indispensável é que ao menos um dos pedidos principais tenha vinculação clara e precisa com a cautelar deferida de forma antecedente.[335]

Por outro lado, não será em todo e qualquer caso de tutela cautelar antecedente que tal prazo deverá ser considerado. Ele só se aplica às hipóteses de cautelares antecedentes que imponham medidas restritivas de direitos (com efeitos duradouros sobre a esfera jurídica do demandado, como, por exemplo, em um caso de arresto) e nas situações em que o pedido principal seja impassível de ser deduzido dentro do prazo de trinta dias.

Por exemplo, não se exige a apresentação de um pedido principal no caso de uma ação de produção antecipada de provas proposta com fundamento na hipótese de urgência (tipicamente cautelar – art. 381, I).[336] Também não se exige o cumprimento do prazo de trinta dias para a apresentação do pedido principal em ações de família.[337]

De todo modo, como regra, a ausência de formulação do pedido principal no prazo de trinta dias úteis implicará a perda da eficácia da tutela cautelar concedida em caráter antecedente.

---

334 STJ, Corte Especial, Rcl 46.127/AM, rel. Min. Maria Thereza de Assis Moura, j. 06.03.2024, *DJe* 20.03.2024; STJ, 2ª Turma, AgInt no REsp 1.673.891/BA, rel. Min. Og Fernandes, j. 27.10.2020, *DJe* 17.11.2020.

335 NEGRÃO; GOUVÊA; BONDIOLI e FONSECA, *Código de Processo...*, p. 380.

336 TJSP, 17ª Câmara de Direito Privado, Apelação Cível 1001557-15.2017.8.26.0097, rel. Des. Irineu Fava, j. 25.02.2019, *DJe* 27.02.2019. Na doutrina: WAMBIER e TALAMINI, *Curso...*, v. 2, p. 973.

337 TJPR, 12ª Câmara Cível, Apelação Cível 0012875-07.2021.8.16.0014, rel. Des. Luis Cesar de Paula Espindola, j. 24.10.2022.

66. Cessação da eficácia da medida urgente pré-arbitral

Enquanto não instituída a arbitragem, admite-se que a parte requeira perante o Poder Judiciário a concessão de uma medida urgente (cautelar ou antecipatória), nos termos do art. 22-A, *caput*, da Lei n. 9.307/96 (Lei de Arbitragem).[338]

A persistência da eficácia da medida urgente pré-arbitral está condicionada ao requerimento da instituição da arbitragem pela parte interessada, no prazo de trinta dias, contado da data da efetivação da respectiva decisão (art. 22-A, parágrafo único, da Lei n. 9.307/96).

Especificamente nesse caso de medida urgente pré-arbitral, o prazo de trinta dias para o protocolo do requerimento deverá ser contado em dias corridos.

Há uma série de motivos que justificam essa conclusão.

A regra contida no *caput* do art. 22-A da Lei n. 9.307/96 reproduz, de maneira indisfarçável, a disciplina existente no art. 806 do CPC/73. Aquele regramento anterior determinava que, no caso da propositura de uma ação cautelar preparatória, a respectiva ação principal deveria ser ajuizada no prazo de trinta dias, contado da efetivação da medida cautelar, sob pena de perda da eficácia da medida cautelar. Na vigência do CPC/73, vigorava a regra de contagem de prazos em dias corridos (art. 178 do CPC/73).

A regra do art. 22-A foi inserida na Lei de Arbitragem por meio da Lei n. 13.129, publicada em 27 de maio de 2015, e entrou em vigor sessenta dias após a sua publicação. A Lei n. 13.105/2015, que instituiu o CPC/2015, foi publicada em 17 de março de 2015 e entrou em vigor um ano após a sua publicação.

Portanto, caso se pretenda realizar um paralelismo com a disciplina do CPC sobre a contagem de prazos, não há dúvida de que tal paralelismo deve ser feito tomando-se como parâmetro o CPC/73, que determinava a contagem em dias corridos para a propositura da ação principal.

Ainda, lembre-se que a contagem dos prazos em dias úteis prevista no CPC/2015 se aplica somente aos prazos processuais (art. 219), isto é, aos prazos definidos para a realização de atos no âmbito do processo – o que exclui a contagem do prazo em dias úteis para a propositura de novas ações.

O prazo de quinze dias para a apresentação do pedido de tutela final na tutela antecipada antecedente e o prazo de trinta dias para a dedução do pedido principal na tutela cautelar antecedente destinam-se a regular um ato a ser

338 O tema foi detalhadamente tratado nos comentários ao art. 299.

praticado internamente ao processo já em curso (arts. 303, § 1º, I, e 308, *caput*). Logo, não há dúvida de que se trata de prazos processuais e que, portanto, deverão ser contados em dias úteis.

Já o prazo de trinta dias para a propositura da demanda arbitral (requerimento de instituição da arbitragem) não se refere a um prazo a ser praticado no âmbito de um processo em curso. Ao contrário, regula o prazo para a propositura de uma ação. Com isso, nem em tese deve ser contado em dias úteis. O prazo de trinta dias para a propositura da arbitragem será contado em dias corridos.

O art. 22-A da Lei de Arbitragem definiu que o termo inicial da contagem do prazo de trinta dias corridos será a data da *efetivação* da medida urgente. A data da efetivação da decisão urgente deve ser compreendida como a data em que foi promovido o cumprimento da decisão, e não a data em que a parte contrária teve ciência da concessão da medida.

67. Não efetivação no prazo de trinta dias

A parte que obteve uma tutela cautelar concedida em caráter antecedente tem o ônus de adotar, no prazo de trinta dias, todas as providências necessárias à efetivação (cumprimento) da medida (art. 309, II).

É o caso, por exemplo, em que é concedido liminarmente o pedido de arresto formulado na inicial, mas o autor deixa de recolher as custas para o cumprimento da decisão por oficial de justiça. Ou, ainda, quando é determinada uma medida urgente de busca e apreensão de um bem, mas a parte interessada deixa de que indicar o endereço em que o bem se encontra.

Nesses casos em que a inércia da parte interessada implicou o não cumprimento da tutela cautelar antecedente no prazo de trinta dias, determina-se a perda da eficácia da medida.[339]

Todavia, a perda de eficácia da cautelar não terá o efeito de extinguir o processo sem resolução de mérito. O processo prosseguirá normalmente, com a dedução do pedido principal, oferecimento de contestação, enfim, seguirá o procedimento comum.

68. Improcedência do pedido principal ou extinção sem resolução de mérito

A improcedência da demanda principal ou a extinção do processo sem resolução de mérito conduz à perda da eficácia da tutela urgente concedida em caráter antecedente.

---

339 Enunciado 46 da I Jornada do CJF: "A cessação da eficácia da tutela cautelar, antecedente ou incidental, pela não efetivação no prazo de 30 dias, só ocorre se caracterizada omissão do requerente".

Há regra expressa determinando apenas a cessação da eficácia da tutela cautelar concedida em caráter antecedente (art. 309, III). Todavia, deve-se aplicar a mesma solução no caso da cautelar incidental, bem como nas hipóteses de tutela antecipada incidental ou antecedente.[340] Afinal, em todos esses casos, a tutela provisória (de urgência e de evidência) somente conservará a sua eficácia enquanto existir um processo pendente (art. 296, *caput*).

Mas ainda que não existissem tais regras, há razões de ordem sistemática que conduziriam à supressão da eficácia da tutela provisória diante da rejeição da pretensão do autor.

A tutela de urgência, cautelar ou antecipada, são concedidas com base em cognição sumária. Isso significa que o direito invocado pelo requerente da medida urgente será aferido na perspectiva da plausibilidade, da aparência.

Contudo, essa realidade se alterará quando houver a prolação de uma sentença de improcedência ou de extinção sem resolução de mérito.

A sentença de improcedência será proferida mediante o desenvolvimento de cognição exauriente, que conferirá elevado grau de certeza acerca da pretensão deduzida pelo autor. Isso é suficiente para se concluir que a decisão de mérito, reconhecendo que o autor não tem o direito que afirmou na petição inicial, absorverá a tutela provisória, que foi anteriormente concedida com base apenas na aparência de que existia um direito em favor do autor.

O mesmo raciocínio deve ser adotado na hipótese da sentença que extinguir o processo, com resolução de mérito, por prescrição ou por decadência (art. 487, II), assim como no caso de extinção do processo sem resolução de mérito (por litispendência, por exemplo – art. 485, V). Em qualquer dessas situações também haverá um pronunciamento judicial final, em sentido contrário à manutenção da eficácia da tutela provisória anteriormente concedida.

É de boa técnica que a sentença se manifeste expressamente sobre a tutela provisória anteriormente concedida – seja para revogá-la seja para confirmá-la.

Isso será especialmente relevante para se atribuir eficácia imediata à sentença com relação ao capítulo referente à tutela provisória. Afinal, como regra, a apelação terá efeito suspensivo (art. 1.012, *caput*). Uma hipótese excepcional de eficácia imediata da sentença é justamente quando ela concede, confirma ou revoga a tutela provisória. Portanto, é muito relevante que a sentença veicule tal determinação de forma explícita nos casos de confirmação ou de revogação da tutela provisória.

Mas, ainda que a sentença não veicule a revogação de forma expressa, reputa-se que a sentença de improcedência ou a sentença terminativa revoga-

340 BEDAQUE, *Tutela provisória...*, p. 339-340.

ram a tutela provisória anteriormente concedida.[341] Isso ocorrerá porque a sentença proferida após o desenvolvimento de cognição exauriente (ainda que tenha conduzido a uma sentença terminativa, não de mérito) se sobrepõe à tutela provisória anteriormente decidida. Portanto, a tutela provisória deixa de existir após a prolação da sentença.

No entanto, nos casos de manutenção (confirmação) da tutela provisória ou de concessão da medida na sentença, não há dúvida de que tal pronunciamento deverá constar de forma expressa e fundamentada.

A sentença de procedência, por exemplo, não conduz à confirmação automática da tutela provisória anteriormente concedida. É perfeitamente possível que a sentença de procedência reconheça com grau de certeza a alegação do autor (cognição exauriente), que anteriormente havia sido admitida como plausível em sede de tutela provisória (cognição sumária). Entretanto, a despeito da certeza sobre o direito alegado pelo autor, eventualmente o juiz não vislumbre mais a existência concreta de risco de dano, que havia amparado a medida urgente. Por isso, caso o juiz deseje manter ou conceder uma tutela provisória na sentença, deverá fazê-lo expressamente, de forma fundamentada e, no caso da concessão da medida na sentença, deverá fazê-lo em atendimento a um pedido da parte – jamais de ofício.

Se a parte desejar a obtenção de uma tutela provisória posteriormente à prolação da sentença, deverá formular novo pedido de tutela provisória (pedido de efeito suspensivo ou a concessão de uma providência ativa), diretamente no tribunal (art. 1.012, §§ 3º e 4º), para que o relator defira nova tutela provisória.[342] Isso será necessário justamente porque a sentença terá conduzido à perda da eficácia da tutela de urgência – salvo os casos em que a medida for expressamente concedida ou confirmada na sentença.

69. Impossibilidade de renovação do pedido cautelar

Será vedado à parte renovar o pedido de concessão da tutela cautelar, independentemente de qual tenha sido o motivo que ensejou a perda da eficácia da medida (art. 309, parágrafo único).

341 TJRJ, 6ª Câmara de Direito Privado, Agravo de Instrumento 0067725-69.2021.8.19.0000, rel. Des. Valéria Dacheux Nascimento, j. 09.06.2022; TJSP, 5ª Câmara de Direito Público, Agravo de Instrumento 2187738-39.2019.8.26.0000, rel. Des. Heloísa Mimessi, j. 11.09.2019, *DJe* 13.09.2019; TJDFT, 6ª Turma Cível, Agravo de Instrumento 0718057-29.2018.8.07.0000, rel. Des. José Divino, j. 13.02.2019; *DJe* 26.02.2019.

342 Sobre a disciplina referente aos pedidos de tutela provisória no âmbito dos tribunais, confiram-se os comentários ao art. 299.

Se a parte discordar da decisão interlocutória que retirou a eficácia da tutela cautelar anteriormente concedida, deverá interpor o recurso cabível, no prazo legal (art. 1.015, I; art. 1.021). Caso contrário, incidirá preclusão sobre tal pronunciamento.

Nessa hipótese, somente será admissível a dedução de um novo pedido cautelar amparado em um novo fundamento. O novo fundamento não precisará necessariamente ser um fato superveniente à prolação da tutela provisória anteriormente concedida. Pode ser um fato anterior e já existente ao tempo da concessão daquela medida, mas que não foi considerado para a concessão da tutela cautelar.

O fundamental, portanto, é que o fato que amparará o novo pedido de tutela cautelar seja distinto daquele que foi anteriormente considerado para a concessão da medida que perdeu a sua eficácia.

Art. 310. O indeferimento da tutela cautelar não obsta a que a parte formule o pedido principal, nem influi no julgamento desse, salvo se o motivo do indeferimento for o reconhecimento de decadência ou de prescrição.

CPC de 1973 – art. 810

70. Distinção entre pedido cautelar e pedido principal

O indeferimento do pedido de tutela cautelar não impede que a parte formule o seu pedido principal (art. 310). Como regra, a rejeição da pretensão cautelar não terá o efeito de influir no julgamento do pedido principal.

Trata-se da confirmação de que a tutela cautelar e o pedido principal têm funções distintas. A cautelar concede à parte uma pretensão à segurança. Destina-se a assegurar a eficácia da pretensão principal do autor. É o caso, por exemplo, do arresto cautelar, que se destina a assegurar a futura satisfação do crédito afirmado e perseguido pelo autor por meio de seu pedido principal.

Se a tutela cautelar for indeferida – por ausência de risco de dano, por exemplo – ainda assim o pedido principal poderá ser formulado pelo autor. Afinal, a despeito da não haver urgência apta a justificar a concessão da tutela cautelar, é perfeitamente possível que o autor detenha o direito que ampara a sua pretensão principal.

71. Ocorrência de prescrição ou de decadência

Haverá casos, no entanto, em que o juiz indeferirá a tutela cautelar por reputar que a futura pretensão principal não poderá ser exigida em virtude da ocorrência de prescrição ou diante do reconhecimento de que o direito potestativo a ser invocado pelo autor já decaiu (art. 310, parte final).

Tal aferição acerca da futura pretensão principal será possível diante da exigência de que a petição inicial da tutela cautelar requerida em caráter antecedente contenha exposição sumária do litígio, do direito que se pretende assegurar e da situação caracterizadora da urgência (art. 305, *caput*).

Logo, no momento da apreciação do pedido cautelar o juiz já terá elementos suficientes para detectar a ausência de plausibilidade do direito afirmado pelo autor, diante da superveniência da prescrição ou da decadência incidentes sobre o futuro pedido principal.

Nesse caso, admite-se que o acolhimento dessas matérias tenha o efeito não apenas de conduzir ao indeferimento do pedido cautelar, mas também enseje desde logo a rejeição do pedido principal. Tal será uma hipótese em que a decisão do pedido cautelar influenciará diretamente no julgamento do pedido principal.

Portanto, o indeferimento da tutela cautelar antecedente sob o fundamento de prescrição ou de decadência implicará também a rejeição do pedido principal. Esse pronunciamento terá natureza de sentença (arts. 203, § 1º, 332, § 1º, 487, II) e será impugnável por meio de apelação (art. 1.009, *caput*).

No entanto, a rejeição da alegação de decadência ou prescrição no procedimento cautelar não impedirá que o tema seja reexaminado no âmbito da demanda principal.[343]

Após a formulação do pedido principal e a apresentação da contestação, o processo seguirá o procedimento comum, com aprofundamento da cognição, eventual dilação probatória etc. O espectro de investigação, portanto, será substancialmente ampliado e permitirá que todas as matérias de defesa acerca do pedido principal – inclusive a prescrição e a decadência – sejam analisadas de forma aprofundada.

TÍTULO III
DA TUTELA DA EVIDÊNCIA

Art. 311. A tutela da evidência será concedida, independentemente da demonstração de perigo de dano ou de risco ao resultado útil do processo, quando:

I – ficar caracterizado o abuso do direito de defesa ou o manifesto propósito protelatório da parte;

II – as alegações de fato puderem ser comprovadas apenas documentalmente e houver tese firmada em julgamento de casos repetitivos ou em súmula vinculante;

---

343 NEGRÃO; GOUVÊA; BONDIOLI e FONSECA, *Código de Processo...*, p. 382 e 383.

III – se tratar de pedido reipersecutório fundado em prova documental adequada do contrato de depósito, caso em que será decretada a ordem de entrega do objeto custodiado, sob cominação de multa;

IV – a petição inicial for instruída com prova documental suficiente dos fatos constitutivos do direito do autor, a que o réu não oponha prova capaz de gerar dúvida razoável.

Parágrafo único. Nas hipóteses dos incisos II e III, o juiz poderá decidir liminarmente.

CPC de 1973 – arts. 273 e 901

72. Tutela da evidência: considerações iniciais

A tutela da evidência é uma espécie de tutela provisória, cujo deferimento dispensa a demonstração do requisito da urgência. Nessa hipótese, o requerente da medida não precisará demonstrar que a situação concreta envolve perigo de dano ou de risco ao resultado útil do processo. A concessão da tutela da evidência exigirá a demonstração da probabilidade do direito invocado pelo autor, isto é, do *fumus boni iuris*.

Trata-se, portanto, de técnica de sumarização do procedimento, que se justifica pelo elevado grau de plausibilidade do direito invocado pelo autor – e não porque o caso concreto traduz situação de urgência. O objetivo da tutela da evidência é prestigiar o direito altamente provável.

O CPC/2015 disciplinou de forma expressa o cabimento da tutela de evidência, deixando claro que ela será concedida "independentemente da demonstração de perigo de dano ou de risco ao resultado útil do processo", nas hipóteses descritas nos quatro incisos do art. 311. A tutela da evidência somente será admitida incidentalmente, isto é, ela não será cabível de forma antecedente.

A despeito de ser louvável a tentativa do legislador de conceber um regramento geral para a tutela de evidência, não há dúvida de que foram mantidas no CPC/2015 outras hipóteses de tutela da evidência já existentes ao tempo do CPC/73.

É o exemplo da liminar possessória, que será deferida mediante a demonstração na petição dos seguintes requisitos: (*i*) posse, (*ii*) turbação ou esbulho praticado pelo réu, (*iii*) data da turbação ou do esbulho e (*iv*) a continuação da posse no caso da manutenção ou de sua perda no caso de reintegração (art. 561, I a IV).

Também caracteriza caso de tutela da evidência a liminar em embargos de terceiro, em que o juiz deferirá a medida se reconhecer suficientemente provada a posse ou o domínio sobre o bem (arts. 677, *caput*, e 678).

A concessão do mandado monitório, por sua vez, também consiste em exemplo de tutela da evidência prevista de maneira esparsa no CPC/2015. O *caput* do art. 701 consigna que: "Sendo evidente o direito do autor, o juiz deferirá a expedição de mandado de pagamento, de entrega de coisa ou para execução de obrigação de fazer ou de não fazer...".

Mas não era somente no CPC/73 – e agora no CPC/2015 – que continha regras que autorizavam a concessão de uma tutela de evidência. Era o que ocorria na vigência da redação original do art. 7º da Lei n. 8.429/92 (Lei de Improbidade Administrativa – LIA), que disciplinava a indisponibilidade de bens no âmbito da ação de improbidade administrativa. A jurisprudência formada a propósito do aludido art. 7º autorizava a ordem de bloqueio de bens apenas com a demonstração do *fumus boni iuris*, dispensando-se a urgência. Logo, para os partidários desse entendimento, formado ao tempo da redação original da LIA, o bloqueio de bens na ação de improbidade poderia ser concedido sob a forma de uma tutela de evidência.

No entanto, a realidade normativa hoje é outra. O antigo art. 7º foi revogado pela Lei n. 14.230/2021 e atualmente há proibição à concessão de tutela de evidência no âmbito da ação de improbidade administrativa.[344]

Todavia, independentemente da hipótese legal de tutela da evidência, havia um feixe comum que ligava todas elas: a necessidade de demonstração da plausibilidade do direito invocado pelo autor.

73. Abuso do direito de defesa ou o manifesto propósito protelatório da parte

O inciso II do art. 273 do CPC/73 previa a possibilidade de antecipação de tutela quando o juiz se convencesse da verossimilhança das alegações do autor, o que poderia ser caracterizado pelo "abuso de direito de defesa ou o manifesto propósito protelatório do réu".

Tratava-se de caso identificado pelo legislador como de antecipação de tutela (tutela de urgência), muito embora em tal hipótese não fosse exigida a demonstração do risco de dano. Era uma situação que, para ser concretizada, dependia da demonstração da plausibilidade das alegações do autor, somada a uma avaliação judicial acerca da conduta do demandado.

O CPC/2015 parece ter alterado tal panorama. Agora, o "abuso de direito de defesa ou o manifesto propósito protelatório do réu" são requisitos para a concessão da tutela de evidência (art. 311, I). Afinal, não fazia sentido

---

344 Sobre o tema, confira-se: AMARAL, Paulo Osternack; WATANABE, Doshin. *Manual do processo de improbidade administrativa*. Londrina: Thoth, 2023, p. 39-40.

deferir uma tutela de urgência (tutela antecipada) sob um fundamento que não traduzia uma situação urgente (não se exigia risco de dano).

Todavia, há um aparente defeito grave na concepção de tal hipótese contida no atual inciso I do art. 311. Uma interpretação literal e apressada poderia induzir à conclusão de que a tutela de evidência, com fundamento no inciso I do art. 311, seria passível de ser concedida apenas mediante a demonstração da conduta do demandado ("abuso de direito de defesa ou o manifesto propósito protelatório do réu"). Nem o *caput* nem o inciso I do art. 311 exigem expressamente a demonstração da plausibilidade do direito invocado pelo autor para o deferimento de tal tutela de evidência.

Mas seria despropositado reputar que o julgador pudesse conceder uma tutela provisória em favor do autor exclusivamente diante de conduta temerária do réu, como simples sanção processual, sem investigar a existência de probabilidade do direito alegado pelo autor.[345]

Há autores que explicam essa hipótese da seguinte forma: para se qualificar uma conduta como abusiva ou protelatória, é necessário que exista um juízo de plausibilidade intensa acerca de que o autor tem razão. Afinal, não seria possível considerar abusiva ou protelatória uma defesa formulada, senão a partir da aferição de que a parte contrária tem mais chances de vitória do que a parte demandada.[346]

Existe posição doutrinária que aparentemente colide com a anteriormente exposta. Alguns sustentam que o simples comportamento abusivo de uma parte não equivale automaticamente à verificação da plausibilidade do direito invocado pela outra. Com essa ressalva, defendem a necessidade de verificação concreta da plausibilidade, requisito inerente a toda e qualquer tutela provisória, diante da impossibilidade de se interpretar o art. 311 de forma dissociada dos demais dispositivos que compõem o Livro V do CPC/2015.[347]

Ainda, corroborando a necessidade de demonstração da probabilidade para fins de concessão da tutela da evidência prevista no inciso I do art. 311, vale a advertência de que tal hipótese não se destina a punir o réu (o que po-

---

345 NEVES, *Manual...*, p. 389; MEDINA, *Novo...*, p. 528-529; CAMBI; DOTTI; PINHEIRO; MARTINS e KOZIKOSKI, *Curso...*, p. 345; BUENO, *Manual de Direito...*, p. 186. Em sentido contrário: DINAMARCO e LOPES, *Teoria...*, p. 29.

346 WAMBIER e TALAMINI, *Curso...*, v. 2, p. 983-984.

347 YARSHELL, Flávio Luiz; ABDO, Helena. As questões não tão evidentes sobre a tutela de evidência. In: BUENO, Cassio Scarpinella; MEDEIROS NETO, Elias Marques de; OLIVEIRA NETO, Olavo de; OLIVEIRA, Patrícia Elias Cozzolino de; LUCON; Paulo Henrique dos Santos (Coord.). *Tutela provisória no CPC:* dos 20 anos de vigência do art. 273 do CPC/1973 ao CPC/2015. 2. ed. São Paulo: Saraiva, 2018, p. 473-476. Na mesma linha: NEVES, *Manual...*, p. 390.

deria conduzir à dispensa do requisito da plausibilidade), mas a distribuir melhor o ônus do tempo no processo.[348]

Com isso, entende-se indispensável a demonstração da probabilidade do direito do autor para a concessão da tutela de evidência por abuso de direito de defesa ou manifesto propósito protelatório do réu (art. 311, I). Seria juridicamente inadmissível que uma alegação inverossímil do autor autorizasse a concessão de uma tutela de evidência, pelo simples fato de o demandado ter se comportado de maneira inadequada.[349]

As expressões *abuso de direito de defesa* e *manifesto propósito protelatório do réu*, previstas no inciso I do art. 311, caracterizam hipóteses distintas para o deferimento da tutela da evidência.[350]

73.1. Abuso de direito de defesa

O *abuso de direito de defesa* deve ser interpretado de forma ampla.[351]

De um lado, abrange a conduta abusiva do réu no âmbito de sua contestação, tal como a dedução de defesas processuais e de mérito manifestamente infundadas, a arguição ardilosa de falsidade documental ou, ainda, a juntada de enorme quantidade de documentos irrelevantes à contestação.

Por outro lado, também se considera abrangido como *abuso de direito de defesa*, para fins de concessão de tutela da evidência, a prática de outros atos processuais (que não a contestação), no curso do procedimento, cujo objetivo seja identicamente criar embaraços ao processo. É o que ocorre, por exemplo, nos casos de interposição de recursos com intuito manifestamente protelatório, dedução de incidentes descabidos ou mesmo de arguição infundada de impedimento ou de suspeição (com a suspensão do processo – art. 313, II).

O oferecimento de contestação intempestiva não implica o reconhecimento de abuso de direito de defesa.[352]

---

348 DOTTI, Rogéria Fagundes. *Tutela de evidência:* probabilidade, defesa frágil e o dever de antecipar o tempo. São Paulo: Thomson Reuters, 2020, p. 250-252.

349 Enunciado 47 da I Jornada de Direito Processual Civil, promovida pelo Centro de Estudos Judiciários do Conselho da Justiça Federal: "A probabilidade do direito constitui requisito para concessão da tutela da evidência fundada em abuso do direito de defesa ou em manifesto propósito protelatório da parte contrária".

350 DIDIER JR.; BRAGA e OLIVEIRA, *Curso...*, v. 2, p. 795-797; ALVIM, *Tutela provisória...*, p. 321-322. Em sentido contrário, confira-se: YARSHELL e ABDO, As questões..., p. 473; MARINONI e ARENHART, *Comentários...*, v. 4, p. 268.

351 DIDIER JR.; BRAGA e OLIVEIRA, *Curso...*, v. 2, p. 795-797; NEVES. *Manual...*, p. 390.

352 TJSC, 1ª Câmara de Direito Cível, Agravo de Instrumento 5031408-12.2022.8.24.0000, rel. Des. Flavio Andre Paz de Brum, j. 06.07.2023.

Assim, caracterizará abuso do direito de defesa toda conduta praticada pelo réu, no âmbito do processo, que implique a assunção de uma posição defensiva que extrapole o regular exercício da garantia constitucional à ampla defesa (art. 5º, LV).

A maioria das condutas qualificadas como de má-fé poderão concretamente caracterizar hipótese de abuso do direito de defesa para fins de concessão de tutela da evidência (art. 311, I).[353] Da mesma forma, algumas das condutas que caracterizarão abuso de direito de defesa do réu para a concessão da tutela da evidência, não necessariamente se qualificarão como litigância de má-fé.[354] Ou seja, não haverá uma correlação necessária entre as hipóteses de litigância de má-fé e o abuso do direito de defesa exigido para a tutela da evidência.[355]

Rigorosamente, o oferecimento de defesa abusiva autorizaria o julgamento antecipado do mérito (art. 355, I) – o que é muito mais interessante para a parte requerente do que a obtenção de uma tutela provisória. Uma defesa vazia, no mais das vezes, não dará ensejo a um pedido sério de produção de provas pelo demandado. As provas requeridas por quem deduziu uma defesa despropositada deverão ser indeferidas e o caso então será de julgamento antecipado parcial do mérito.

A principal serventia para uma tutela da evidência será a sua concessão na sentença, naqueles casos em que a apelação tem efeito suspensivo (art. 1.012, *caput*). A concessão da tutela de evidência na sentença permitirá a eficácia imediata da sentença nessa parte, com a consequente execução provisória desse capítulo (art. 1.012, § 1º, V). Mas advirta-se que a tutela da evidência a ser concedida na sentença dependerá de prévio pedido da parte. O juiz jamais poderá conceder uma tutela provisória de ofício.

73.2. Manifesto propósito protelatório da parte

O *manifesto propósito protelatório da parte*, por sua vez, consistirá em toda conduta da parte, praticada fora do processo, que tenha efetivamente retardado o regular andamento processual. A mera invocação de conduta extrapro-

---

353 BODART, Bruno Vinicius da Rós. *Tutela de evidência: teoria da cognição, análise econômica do direito processual e comentários ao novo CPC*. 2. ed. São Paulo: Revista dos Tribunais, p. 112-118; NEVES, *Manual...*, p. 390.

354 Sobre a temática da litigância de má-fé, ver por todos: SILVA, Paula Costa e. *A litigância de má-fé*. Coimbra: Coimbra Editora, 2008, *passim*.

355 MARINONI, Luiz Guilherme. *Tutela Antecipatória e Julgamento Antecipado: Parte Incontroversa da Demanda*. 5. ed. São Paulo: Revista dos Tribunais, 2002, p. 26; MEDINA, *Novo...*, p. 528-529.

cessual despropositada, que não tenha efetivamente protelado a entrega da prestação jurisdicional, não autorizará a concessão de tutela da evidência.[356]

Não há dúvida de que tal hipótese de tutela da evidência somente poderá ser concedida após o oferecimento de defesa pelo demandado.[357] É o caso, por exemplo, do sujeito que oculta provas que seriam úteis à formação da convicção judicial ou que simula situações que determinam a suspensão do processo.[358]

No entanto, nada impede que o ato praticado com manifesto propósito protelatório tenha sido praticado antes mesmo da apresentação de resposta pelo réu, tal como ocorreria se ficasse demonstrado que o réu, ao tomar conhecimento da existência da ação movida contra si, ocultou-se com o intuito de frustrar a citação.[359]

Tal como na hipótese de abuso do direito de defesa, a prática de ato com o manifesto caráter protelatório poderá implicar a condenação do demandado por litigância de má-fé (art. 80) e ato atentatório à dignidade da justiça (art. 77).

74. Prova documental, tese firmada em casos repetitivos e súmula vinculante

Admite-se também a concessão de tutela da evidência quando o requerente da medida conseguir comprovar as suas alegações fáticas por meio de documentos e haver tese firmada em julgamento de casos repetitivos ou em súmula vinculante (art. 311, II). Deve-se, portanto, demonstrar a presença de dois requisitos: prova pré-constituída dos fatos alegados e a plausibilidade caracterizada pela existência de precedente obrigatório.

A comprovação das alegações fáticas deduzidas pelo requerente poderá ser feita mediante prova documental ou prova documentada (uma perícia trazida de outro processo como prova emprestada, por exemplo).[360]

---

356 BEDAQUE, *Tutela provisória...*, p. 463.

357 THEODORO JÚNIOR, *Curso...*, v. 1, p. 669; NEVES, *Manual...*, p. 391.

358 Esses exemplos de condutas extraprocessuais, caracterizadoras de manifesto propósito protelatório do réu, são trazidos por Eduardo Arruda Alvim (ALVIM, *Tutela provisória...*, p. 321-322).

359 Esse é o exemplo trazido por José Miguel Garcia Medina (*Novo...*, p. 529). Na mesma linha: ALVIM, *Tutela provisória...*, p. 321-322. Contudo, há quem sustente que os atos protelatórios podem derivar de comportamentos anteriores à formação do processo: DIDIER JR.; BRAGA e OLIVEIRA, *Curso...*, v. 2, p. 797.

360 DIDIER JR.; BRAGA e OLIVEIRA, *Curso...*, v. 2, p. 799-800; YARSHELL e ABDO, As questões..., p. 477-478. Sobre a distinção entre prova documental e prova documentada, ver por todos: MARINONI e ARENHART, *Comentários...*, v. 4, p. 241-242.

Haverá casos, no entanto, que apesar de a parte não dispor de comprovação documental ou documentada, os fatos por ela alegados estarão dispensados de serem provados (art. 374). É o que ocorrerá, por exemplo, com os fatos notórios, confessados pela parte contrária ou admitidos como incontroversos. Também nessas hipóteses estará preenchido o requisito fático para a concessão da tutela de evidência.[361]

A exigência de que a plausibilidade do direito do autor esteja amparada em tese firmada em julgamento de casos repetitivos (recursos extraordinário ou especial repetitivos e incidente de resolução de demandas repetitivas – art. 928) ou em súmula vinculante (art. 103-A da CF) merece interpretação sistemática.

Há outras hipóteses de decisões vinculantes que, muito embora não estejam expressamente referidas no inciso II do art. 311, identicamente justificarão a concessão de uma tutela da evidência.

É o caso dos acórdãos em incidente de assunção de competência (art. 927, III)[362] e das decisões do Supremo Tribunal Federal em controle concentrado de constitucionalidade (art. 927, I), que produzirão pronunciamentos com força vinculante equivalente aos acórdãos de recursos repetitivos e das súmulas vinculantes (art. 927, II e III). Do mesmo modo, a tese firmada em repercussão geral terá aptidão para preencher o requisito da plausibilidade como pressuposto da concessão de uma tutela da evidência.[363-364]

Uma interpretação sistemática apontará para a admissão dessas outras hipóteses de precedentes obrigatórios como demonstrativos da plausibilidade para fins de concessão da tutela da evidência.[365]

Em qualquer caso, não será necessário aguardar o trânsito em julgado do acórdão vinculante.[366] A tutela da evidência – tal como as demais tutelas provisórias – é concedida com base em probabilidade da existência do direito. Caso o precedente venha a ser posteriormente modificado, a plausibilidade que

361 DIDIER JR.; BRAGA e OLIVEIRA, *Curso...*, v. 2, p. 799-800.

362 Enunciado 135 da II Jornada de Direito Processual Civil, promovida pelo Centro de Estudos Judiciários do Conselho da Justiça Federal: "É admissível a concessão de tutela da evidência fundada em tese firmada em incidente de assunção de competência".

363 Enunciado 48 da I Jornada de Direito Processual Civil, promovida pelo Centro de Estudos Judiciários do Conselho da Justiça Federal: "É admissível a tutela provisória da evidência, prevista no art. 311, II, do CPC, também em casos de tese firmada em repercussão geral ou em súmulas dos tribunais superiores".

364 DIDIER JR.; BRAGA e OLIVEIRA, *Curso...*, v. 2, p. 799-800; CAMBI; DOTTI; PINHEIRO; MARTINS e KOZIKOSKI, *Curso...*, p. 347-348.

365 LAMY, *Tutela...*, p. 19-20.

366 Enunciado 31 da ENFAM: "A concessão da tutela de evidência prevista no art. 311, II, do CPC/2015 independe do trânsito em julgado da decisão paradigma".

amparou a concessão da medida não existirá mais. Logo, as tutelas da evidência concedidas sob esse fundamento deverão ser revistas.[367]

Além disso, deve-se admitir a concessão de tutela da evidência em que a probabilidade do direito esteja calcada em entendimento definido em súmula persuasiva de tribunal superior.[368] Afinal, não seria sistematicamente sustentável que uma demanda pudesse ser julgada improcedente liminarmente (cognição exauriente) com fundamento em súmula persuasiva do Supremo Tribunal Federal ou do Superior Tribunal de Justiça (art. 332, I), mas não fosse admitida a concessão de uma simples tutela provisória de evidência (cognição sumária) com base no mesmo enunciado sumular.

Nos casos de direito local, a questão será definida, em última instância, no tribunal de justiça. A discussão jamais será submetida aos tribunais superiores, por vedação constitucional.[369] Isso é o que justifica a improcedência liminar do pedido com fundamento em enunciado de súmula de tribunal de justiça sobre direito local (art. 332, IV).

Se a lei autoriza a prolação de um pronunciamento liminar de mérito com fundamento em tal súmula de tribunal de justiça (cognição exauriente), não seria sistematicamente adequado não admitir que a mesma súmula de tribunal de justiça autorizasse a concessão de uma tutela da evidência (de natureza provisória, porque aferida por cognição sumária).

Assim, por identidade de motivos, conclui-se que a tutela da evidência também poderá ser concedida, na hipótese do inciso II do art. 311, com base em súmula de tribunal de justiça sobre direito local.[370]

75. Pedido reipersecutório

O art. 901 do CPC/73 disciplinava um procedimento especial relativo à ação de depósito, cujo objeto consistia em exigir a restituição da coisa depositada. O deferimento do pedido pressupunha a existência de prova documental (*prova literal*, prevista no art. 902 do CPC/73) do depósito. Tratava-se, portanto, de hipótese de tutela de evidência, instrumentalizada por um procedimento especial.

---

367 ALVIM, *Tutela provisória*..., p. 326-327.

368 Enunciado 48 da I Jornada de Direito Processual Civil, promovida pelo Centro de Estudos Judiciários do Conselho da Justiça Federal: "É admissível a tutela provisória da evidência, prevista no art. 311, II, do CPC, também em casos de tese firmada em repercussão geral ou em súmulas dos tribunais superiores".

369 Sobre o tema, confira-se: AMARAL, Paulo Osternack. Recurso especial e direito local. In: ASSIS, Araken (Coord.). *Teses jurídicas dos tribunais superiores*: Direito Processual Civil – I. São Paulo: Revista dos Tribunais, 2017, p. 1.031-1.043.

370 NEVES, *Manual*..., p. 391; WAMBIER e TALAMINI, *Curso*..., v. 2, p. 984.

O CPC/2015 revogou a ação de depósito como um procedimento especial. Optou por disciplina-la como hipótese de tutela da evidência.

Atualmente, o inciso III do art. 311 admite a concessão de uma tutela provisória de evidência no caso de pedido reipersecutório fundado em prova documental adequada do contrato de depósito. Isso será suficiente para a emissão de ordem de entrega do bem custodiado, sob pena de multa. Essa hipótese de tutela da evidência não se funda no comportamento do réu, tampouco se cogita de defesa inconsistente.

A tutela provisória de evidência, de que trata o inciso III do art. 311, somente será admissível para que se restitua o bem objeto de depósito voluntário (convencional), isto é, aquele derivado da vontade das partes (arts. 627 a 646 do Código Civil).[371]

A *prova documental adequada* exigida para a concessão da tutela de evidência (art. 311, III) significa que o contrato de depósito não precisa ser instrumentalizado por escrito. Basta que a existência do contrato possa ser comprovada documentalmente.[372]

A doutrina amplamente majoritária reputa indispensável a prova documental e a prova da mora para no âmbito da tutela de evidência fundada em pedido reipersecutório. Contudo, a doutrina exige a presença da mora, por diferentes motivos.

Muito embora a lei silencie quanto à exigência de prova do inadimplemento (não entrega do bem dado em depósito), há quem repute que tal situação deverá ser demonstrada na petição inicial. Não se trataria propriamente de uma exigência necessária à plausibilidade do direito do autor. Antes disso: o inadimplemento do demandado seria necessário para a caracterização do interesse de agir do demandante. Afinal, só se justificaria exigir judicialmente a restituição de um bem dado em depósito se eu provar que existe uma resistência por parte do demandado. O inadimplemento, portan-

---

371 DIDIER JR.; BRAGA e OLIVEIRA, *Curso...*, v. 2, p. 803. ALVIM, *Tutela provisória...*, p. 328; CAMBI; DOTTI; PINHEIRO; MARTINS e KOZIKOSKI, *Curso...*, p. 348-349. Rogéria Dotti reputa que a hipótese do inciso III do art. 311 abrangeria tanto o depósito necessário quanto o depósito voluntário (DOTTI, *Tutela...*, p. 268-269). Sobre as espécies de depósito, ver por todos: VENOSA, *Direito Civil:* contratos..., p. 479-490.

372 ASSIS, *Processo...*, v. 3, p. 481; NEVES, *Manual...*, p. 392. Em sentido contrário: "A prova do depósito voluntário (CC. Art. 646) e do depósito necessário (CC. Art. 647, I) deve ser escrita, ao passo que a prova do depósito em caso de calamidade (CC. Art. 647, II) é feita por qualquer meio legal (CC. Art. 648)" (DOTTI, *Tutela...*, p. 268-269).

to, serviria para revelar a necessidade e a utilidade da tutela jurisdicional pretendida pelo demandante.[373]

Outra parte da doutrina entende ser indispensável a prova da mora – não para demonstrar o interesse de agir – mas como forma de preencher o requisito da plausibilidade do direito invocado pelo requerente da tutela de evidência na hipótese do inciso III do art. 311. Considera então indispensável a demonstração da recusa injustificada de entrega do bem móvel pelo depositário.[374]

A concessão da tutela de evidência fundada em pedido reipersecutório (art. 311, III), portanto, pressuporá a demonstração da existência do contrato de depósito e da mora consistente na ausência de entrega do bem dado em depósito.[375]

Há quem sustente que seria suficiente para descaracterizar a evidência (elevado grau de plausibilidade) se o demandado alegasse falsidade do documento que ampara o fato constitutivo.[376] Pede-se licença para respeitosamente discordar desse posicionamento.

De um lado, porque em determinados casos a tutela da evidência é passível de ser concedida liminarmente (arts. 9º, parágrafo único, II, e 311, parágrafo único). Então, em princípio, não será sequer necessário aguardar a postura do demandado para que seja concedida a tutela da evidência prevista nos incisos II e III do art. 311. Nesse contexto, com base na premissa doutrinária ora examinada, a imputação de falsidade seria invocada na resposta, o que poderia conduzir à revogação da tutela da evidência porventura deferida liminarmente.

Por outro lado, caso a tutela de evidência não seja concedida liminarmente, não parece crível que a singela imputação de falsidade do documento que ampara a pretensão reipersecutória seja suficiente para eliminar a plausibilidade da alegação do autor. A solução que nos parece mais adequada será reputar como adequado até que atinja o desfecho da arguição da falsidade documental – seja pelo desentranhamento do documento dos autos (art. 432, parágrafo único), seja pela prolação de decisão acerca da arguição (art. 433).[377]

---

373 DINAMARCO, *Instituições...*, v. 3, p. 885.

374 ALVIM, *Tutela provisória...*, p. 328-329. Cassio Scarpinella Bueno reputa que "a depender do caso concreto, pode ser que também deva ser necessário comprovar a mora do devedor com relação ao adimplemento contratual com vistas à concessão da tutela provisória" (BUENO, *Curso sistematizado...*, v. 1, p. 726).

375 Enunciado 29 da ENFAM: "Para a concessão da tutela de evidência prevista no art. 311, III, do CPC/2015, o pedido reipersecutório deve ser fundado em prova documental do contrato de depósito e também da mora".

376 MARINONI e ARENHART, *Comentários...*, v. 4, p. 270-271.

377 Para um exame detalhado acerca da disciplina da arguição de falsidade documental, confira-se: AMARAL, *Manual das provas...*, p. 143-148.

A despeito da literalidade da parte final do inciso III do art. 311 ("sob cominação de multa"), entende-se que a multa (astreinte) é apenas uma das opções disponíveis para pressionar a parte a restituir o objeto custodiado. A hipótese deve ser lida em consonância com o art. 297, o qual autoriza que o juiz determine as medidas que considerar adequadas para a efetivação da tutela provisória (de urgência e de evidência), inclusive se valendo, no que couber, do regime do cumprimento provisório da sentença (art. 297, parágrafo único).

Assim, se é certo que será admissível a emissão de ordem de restituição do bem, sob pena de multa (art. 311, III), também não poderá haver dúvida quanto à possibilidade, por exemplo, da expedição de ordem para restituição do bem, sob pena de busca e apreensão ou emprego de força policial (arts. 520, § 5º, 536, §1º).[378]

76. Prova documental robusta na petição inicial e defesa frágil

Autoriza-se a concessão de tutela da evidência quando a petição inicial estiver instruída com prova documental que demonstre a plausibilidade das alegações do autor e o réu não tenha sido capaz de produzir prova capaz de gerar dúvida razoável sobre a veracidade dos fatos alegados na inicial (art. 311, IV).

A evidência, nesse caso, será formada mediante um juízo de ponderação acerca dos elementos probatórios trazidos aos autos por ambas as partes.

De um lado, haverá a aferição da robustez dos documentos apresentados pelo autor na petição inicial, isto é, se são suficientes para demonstrar os fatos alegados pelo autor.

De outro lado, serão avaliados os documentos apresentados pelo réu em sua defesa, especificamente se tais elementos são aptos a infirmar a credibilidade da prova documental produzida pelo autor.[379]

Se os elementos trazidos pelo réu forem suficientes para gerar dúvida razoável acerca da consistência dos fatos alegados pelo autor, a tutela da evidência deverá ser indeferida. Nesse caso, o autor não terá produzido prova documental robusta o suficiente, em comparação com os documentos apresentados pelo réu em sua defesa.[380-381]

---

378 CAMBI; DOTTI; PINHEIRO; MARTINS e KOZIKOSKI, *Curso...*, p. 348-349; YARSHELL e ABDO, As questões..., p. 479.

379 BEDAQUE, *Tutela provisória...*, p. 465; DOTTI, *Tutela...*, p. 278.

380 ASSIS, *Processo...*, v. 3, p. 482; DOTTI, *Tutela...*, p. 277-279.

381 "A particularidade que está presente na tutela de evidência é a de que a suficiência probatória alcançada pela hipótese do requerente deve ser consideravelmente melhor

O não oferecimento de defesa minimamente consistente pelo réu – seja pela ausência de documentos que infirmem os do autor seja pela apresentação de defesa inconsistente – caracterizará o elevado grau de plausibilidade autorizador da concessão de tutela da evidência.

Não há dúvida de que essa decisão será tomada com base em cognição sumária. Todavia, muito provavelmente o caso se enquadrará na hipótese de julgamento antecipado do mérito (art. 355, I). A defesa do réu não conseguiu sequer incutir dúvida razoável impeditiva da tutela provisória de evidência requerida pelo autor. A fragilidade da contestação do réu, possivelmente, não terá invocado matéria de defesa séria o suficiente para desencadear uma dilação probatória. Diante da desnecessidade de produção de outras provas além das documentais já produzidas pelas partes na fase postulatória, o juiz estará autorizado a julgar antecipadamente a causa.[382]

77. Admissibilidade da concessão liminar da tutela de evidência

Admite-se a concessão de tutela da evidência em duas hipóteses (art. 311, parágrafo único): (*i*) prova documental dos fatos alegados e tese firmada em julgamento de casos repetitivos ou em súmula vinculante (art. 311, II); (*ii*) pedido reipersecutório fundado em prova documental adequada do contrato de depósito (art. 311, III).

A concessão liminar de tutela da evidência não é imune a críticas.

Há quem repute não ser recomendável a decisão *inaudita altera parte* acerca do pedido de tutela da evidência. Se a situação exprime urgência, a ponto de justificar uma decisão sem a oitiva da parte contrária, seria então o caso de uma tutela de urgência (cautelar ou antecipada). Se não há urgência, o mais prudente seria o juiz aguardar a resposta do réu para então deliberar sobre o

do que a do requerido. Em outros termos, o autor deve ter elementos probatórios para que sua hipótese seja tida como provável e, ao mesmo tempo, sua hipótese fática deve ser consideravelmente provável e, ao mesmo tempo, sua hipótese fática deve ser consideravelmente melhor do que a do réu, tendo em vista que sua defesa deve ser infundada para a concessão da tutela de evidência" (PEIXOTO, Ravi. *Standards probatórios no direito processual brasileiro*. 2. ed. São Paulo: JusPodivm, 2024, p. 328).

382 BEDAQUE, *Tutela provisória...*, p. 465. Há ainda entendimento doutrinário reputando que "nas hipóteses de direito evidente na forma do art. 311, IV, do CPC, o efeito suspensivo da apelação é controlável *ope judicis*, com a possibilidade de o juiz julgar antecipadamente procedente o pedido e, além disso, conceder a tutela da evidência na sentença, possibilitando desde logo o cumprimento provisório da sentença" (GAJARDONI; DELLORE; ROQUE e OLIVEIRA JR., *Comentários...*, p. 465).

pedido de tutela da evidência.[383] Há ainda posição mais contundente, que reputa não haver racionalidade no parágrafo único do art. 311.[384]

Contudo, o entendimento prevalecente para a doutrina não vislumbra nenhuma incongruência na autorização legal para a concessão liminar da tutela da evidência.

As hipóteses dos incisos II e III do art. 311 não traduzem casos de tutela da evidência decorrente do comportamento do réu. Trata-se de situações em que o legislador admitiu a concessão liminar da tutela da evidência diante da existência de prova documental reveladora de elevado grau de plausibilidade do direito invocado pelo autor.[385]

Tais hipóteses dos incisos II e III do art. 311 preexistem à formação do processo. Logo, será lícito ao juiz conceder liminarmente o pedido de tutela da evidência formulado pelo autor, sem que se possa invocar como óbice a caracterização de decisão-surpresa – o que é reforçado pela regra do art. 9º, parágrafo único, II.[386-387]

Com relação à concessão liminar na hipótese de pedido reipersecutório, por exemplo, a medida será fundada apenas em *fumus boni iuris*, assim caracterizado pela natureza do contrato existente entre as partes e pela prova documental produzida pelo requerente.[388]

Repare-se que a concessão liminar de tutela da evidência não é algo inédito em nosso sistema, conforme se infere da disciplina dos embargos de terceiro (art. 678), da proteção possessória (art. 562) e da ação de despejo (art. 59, § 1º, da Lei n. 8.245/91) – todas situações passíveis de serem concedidas *inaudita altera parte* e sem a demonstração de urgência (*periculum in mora*).

---

383 NEGRÃO; GOUVÊA; BONDIOLI e FONSECA, *Código de Processo...*, p. 383. Na mesma linha, Eduardo Arruda Alvim reputa que o "mais prudente seria aguardar a citação do réu e a apresentação da sua defesa, concedendo-se a ordem de devolução da coisa após tal momento, quando se poderá ter melhores elementos para aferir se há ou não ilicitude na desobediência do depositário em relação à determinação de restituição feita pelo depositante" (ALVIM, *Tutela provisória...*, p. 329).

384 MARINONI e ARENHART, *Comentários...*, v. 4, p. 272-274.

385 BEDAQUE, *Tutela provisória...*, p. 465.

386 ASSIS, *Processo...*, v. 3, p. 484.

387 Dispõe o art. 9º, parágrafo único, II, do CPC: "Art. 9º. Não se proferirá decisão contra uma das partes sem que ela seja previamente ouvida. Parágrafo único. O disposto no *caput* não se aplica: I – à tutela provisória de urgência; II – às hipóteses de tutela da evidência previstas no art. 311, incisos II e III". Sobre a desatenção do legislador acerca das hipóteses de contraditório diferido previstas no art. 9º do CPC, por não mencionar a tutela provisória da evidência liminar na ação possessória e nos embargos de terceiro, confira-se: NEVES, *Manual...*, p. 393.

388 THEODORO JÚNIOR, *Curso...*, v. 1, p. 675.

Portanto, não há nenhuma impropriedade ou inconstitucionalidade na regra do parágrafo único do art. 311, que autoriza a concessão liminar de tutela da evidência quando houver prova documental que demonstre elevado grau de probabilidade do direito do autor.[389]

LIVRO VI

DA FORMAÇÃO, DA SUSPENSÃO E DA EXTINÇÃO DO PROCESSO

TÍTULO I

DA FORMAÇÃO DO PROCESSO

Art. 312. Considera-se proposta a ação quando a petição inicial for protocolada, todavia, a propositura da ação só produz quanto ao réu os efeitos mencionados no art. 240 depois que for validamente citado.

CPC de 1973 – art. 263

78. Inércia da jurisdição e impulso oficial

A jurisdição é inerte. Essa é a regra geral. O processo inicia-se por iniciativa da parte (art. 2º do CPC). Tal exigência permite extrair duas principais consequências.

De um lado, consiste em fator de preservação da imparcialidade do julgador: ele só atuará quando for provocado pela parte e o processo só se desenvolverá validamente perante o juiz natural (art. 5º, XXXVII e LIII, da CF), que deterá garantias institucionais e pessoais destinadas justamente a preservar a sua imparcialidade (art. 95 da CF).

Por outro lado, a iniciativa da parte estabelecerá os limites para a atuação judicial. O julgador não poderá julgar pretensão diversa daquela pretendida pelo autor. Tampouco poderá apreciar apenas parcela do objeto do processo, deixando de examinar uma parte. Também não será admissível que conceda ao autor mais do que ele postulou em sua demanda. Trata-se de reconhecer a incidência do princípio da congruência (adstrição ou correlação), previsto nos arts. 141[390] e 492[391].

389 Esse é posicionamento de José Roberto dos Santos Bedaque, com o qual se concorda integralmente (BEDAQUE, *Tutela provisória...*, p. 466). Na mesma linha: GODINHO, Comentários..., p. 487.

390 Dispõe o art. 141 do CPC: "O juiz decidirá o mérito nos limites propostos pelas partes, sendo-lhe vedado conhecer de questões não suscitadas a cujo respeito a lei exige iniciativa da parte".

391 Dispõe o art. 492 do CPC: "É vedado ao juiz proferir decisão de natureza diversa da pedida, bem como condenar a parte em quantidade superior ou em objeto diverso do que lhe foi demandado".

Não se ignora a possibilidade de que o pedido formulado não esteja perfeitamente delineado ao final da petição da parte. Ele pode estar disperso no requerimento da parte. Nesse caso, deve-se aplicar a diretriz que determina a interpretação do pedido de acordo com o conjunto da postulação, observando-se a boa-fé (art. 322, § 2º).

Constituem exceções à inércia da jurisdição, com a possibilidade de que o julgador atue de ofício: (i) pedido de instauração do Incidente de Resolução de Demandas Repetitivas – IRDR (art. 977, I); (ii) suscitação de conflito de competência (arts. 951 e 953, I); e (iv) cumprimento de sentença de obrigação de fazer, não fazer e entregar de coisa (arts. 536 e 538).

Uma vez iniciado o processo, ele se desenvolverá por impulso oficial. Isso significa que, como regra, caberá ao juiz impulsionar o processo para as etapas seguintes do procedimento, até o atingimento da sua etapa final, que é a prolação da decisão.

Todavia, há determinados casos em que o julgador não poderá impulsionar o processo de ofício, de que são exemplos a extinção do processo sem resolução de mérito (a) em razão de as partes, de modo negligente, manterem o processo parado por mais de um ano (art. 485, II) e (b) o autor abandonar a causa por mais de trinta dias (art. 485, III).

79. Propositura da ação e formação do processo

O processo se inicia por iniciativa da parte (art. 2º), com a propositura da ação. Considera-se proposta a ação quando a petição inicial é protocolada, isto é, com o seu registro ou a sua distribuição (art. 59).

O processo já estará formado antes mesmo da realização da citação do réu. Tanto é assim, que em determinados casos admite-se a prolação de decisões antes mesmo da ordem de citação, como por exemplo a determinação de emenda da inicial (art. 321), a concessão liminar de uma tutela provisória (arts. 300, § 2º, 311, parágrafo único) ou mesmo o julgamento de improcedência liminar (art. 332).

80. Interrupção da prescrição, impedimento da decadência e o efeito retroativo da ordem de citação

A prescrição pressupõe direito a uma prestação ("direito subjetivo"). Não satisfeita a prestação oportunamente, surge a possibilidade de o titular do direito exigi-la. A pretensão (exigibilidade material do direito) tem de ser devidamente exercida em um determinado prazo, sob pena de ser fulminada pela prescrição: decorrido o prazo prescricional, torna-se inexigível a prestação devida (conforme os arts. 189 e 197 e seguintes do CC/2002).[392]

Portanto, sujeitam-se a prescrição os direitos prestacionais, os quais possibilitam ações condenatórias.[393]

O prazo prescricional será interrompido pelo despacho que ordenar a citação, ainda que determinado por juízo incompetente, e retroagirá à data da propositura da ação (CPC, art. 240, § 1º c/c art. 59; CC, art. 202, I). Tal efeito retroativo aplica-se também à decadência e aos demais prazos extintivos previstos em lei (art. 240, §4º).

Porém, não basta que o autor proponha a ação e aguarde comodamente que o juiz determine a citação do réu. Exige-se que o autor promova, no prazo de dez dias, todas as condutas necessárias à efetiva realização da citação, tal como a indicação do endereço correto do réu e o pagamento das respectivas custas. Se o autor não adotar as providências necessárias à citação no aludido prazo, não poderá se valer do efeito interruptivo da prescrição.

Evidentemente que tal consequência desfavorável somente será aplicável ao autor quando a ausência de citação decorrer de conduta a ele imputável. O autor jamais poderá ser prejudicado pela demora atribuível exclusivamente ao Poder Judiciário (art. 240, §3º).[394]

Caso a petição inicial não preencha os requisitos previstos no art. 319, deve-se considerar a data do protocolo da emenda para fins de retroação da citação, pois terá sido apenas após esse momento que a petição inicial passou a reunir todos os pressupostos de admissibilidade.[395]

---

392 WLADECK, Felipe Scripes. *Impugnação da sentença arbitral*. Salvador: JusPodivm, 2014, p. 294.

393 AMORIM FILHO, Agnelo. Critério científico para distinguir a prescrição da decadência e para identificar as ações imprescritíveis. *Revista dos Tribunais*, v. 744, p. 725-750, out. 1997; VENOSA, Sílvio de Salvo. *Direito civil*: parte geral. 23. ed. Barueri (SP): Atlas, 2023, p. 517.

394 Súmula 106 do STJ: "Proposta a ação no prazo fixado para o seu exercício, a demora na citação, por motivos inerentes ao mecanismo da Justiça, não justifica o acolhimento da arguição de prescrição ou decadência". Confiram-se, ainda, os seguintes julgados: TJSC, 4ª Câmara de Direito Público, Apelação Cível 0011241-06.2006.8.24.0005, rel. Des. Sônia Maria Schmitz, j. 12.12.2019; TJPR, 7ª Câmara Cível, Agravo de Instrumento 0041001-75.2022.8.16.0000, rel. Des. Dartagnan Serpa Sá, j. 31.03.2023.

395 STJ, 4ª Turma, AgInt no AREsp 2.235.620/PR, rel. Min. Raul Araújo, j. 08.05.2023, DJe 17.05.2023.

Ainda, a produção dos efeitos referidos no art. 240 pressupõe que a citação tenha sido feita em face de parte legítima, sob pena de não se poder falar em interrupção da prescrição.[396]

Contudo, no caso de desmembramento do litisconsórcio multitudinário (art. 113, §§ 1º e 2º), os efeitos mencionados no art. 240 serão considerados produzidos desde o protocolo originário da petição inicial.[397]

81. Efeitos da citação válida

A citação válida, ainda que determinada por juízo incompetente, é condição para que o réu se submeta aos efeitos decorrentes da propositura da ação (art. 312, parte final, e art. 240): induzir litispendência, tornar litigiosa a coisa e constituir o devedor em mora, ressalvado, quanto à mora, o disposto nos arts. 396 e 398 do Código Civil.

Somente a citação *válida* terá aptidão para deflagrar os efeitos previstos no art. 240. Caso a citação seja posteriormente invalidada, desaparecerão os efeitos dela decorrentes.[398]

O comparecimento espontâneo do réu produz os mesmos efeitos da citação válida (art. 239, § 1º).[399] Logo, também será apto a desencadear a produção dos efeitos previstos no art. 240.

81.1. Litispendência

A citação válida induz litispendência (art. 240). Todavia, há duas acepções para o termo *litispendência.*

Litispendência pode ser compreendida como a situação jurídica criada a partir da propositura da ação. Significa que uma causa está pendente e que se manterá assim durante toda a tramitação do processo – ainda que o processo venha a ser suspenso (art. 313). O estado de litispendência perdurará até que o processo seja extinto.

---

396 STJ, 2ª Turma, AgInt no REsp 1.990.473/CE, rel. Min. Mauro Campbell Marques, j. 15.08.2022, DJe 19.08.2022.

397 STJ, 3ª Turma, REsp 1.868.419/MG, rel. Min. Nancy Andrighi, j. 22.09.2020, DJe 28.09.2020. Confiram-se os Enunciados 10 ("Em caso de desmembramento do litisconsórcio multitudinário, a interrupção da prescrição retroagirá à data de propositura da demanda original") e 117 do Fórum Permanente de Processualistas Civis ("Em caso de desmembramento do litisconsórcio multitudinário ativo, os efeitos mencionados no art. 240 são considerados produzidos desde o protocolo originário da petição inicial").

398 TJSP, 19ª Câmara de Direito Privado, Apelação Cível 1002411-12.2016.8.26.0366, rel. Des. João Camillo de Almeida Prado Costa, j. 12.01.2023, DJe 02.02.2023.

399 NEGRÃO, GOUVÊA, BONDIOLI e FONSECA, *Código de Processo...*, p. 315.

O termo litispendência também pode significar a relação de identidade entre duas demandas proposta em juízo, isto é, duas causas em trâmite, ao mesmo tempo, que contenham as mesmas partes, as mesmas causas de pedir e os mesmos pedidos (art. 337, §§ 1º, 2º e 3º). É o que se convencionou chamar de tríplice identidade. O sistema rejeita a possibilidade de que duas demandas idênticas tramitem perante o Poder Judiciário.

Nesse caso, caberá ao réu alegar a ocorrência de litispendência em preliminar de contestação (art. 337, VI), cujo acolhimento implicará a extinção do processo sem resolução de mérito (art. 485, V). Ainda que o réu não alegue tal matéria em contestação, nada impede que o juiz conheça de ofício acerca da ocorrência de litispendência, a qualquer tempo ou grau de jurisdição, desde que o faça antes do trânsito em julgado (art. 485, § 3º) e estabeleça o prévio contraditório (art. 10).

O art. 312 adotou a primeira acepção de litispendência, compreendida como a existência de uma causa pendente, que passa a existir com a propositura da ação e se encerra com a extinção do processo. A litispendência surge para o autor a partir do protocolo da petição inicial e para o réu somente após a sua citação válida. A segunda acepção do termo litispendência (tríplice identidade entre duas causas em trâmite) é uma consequência do reconhecimento de que a causa está pendente – o que desencadeará a extinção do segundo processo, mantendo-se o curso do que foi ajuizado por primeiro.

81.2. Coisa litigiosa

A citação válida torna a coisa litigiosa, isto é, atribui um caráter litigioso ao bem disputado. O reconhecimento de que a coisa se tornou litigiosa possui dois principais efeitos.

De um lado, atribui às partes, a seus procuradores e a todos aqueles que de qualquer forma participem do processo o dever de não promover inovação no estado de coisa litigiosa (art. 77, VI), sob pena de caracterização de ato atentatório à dignidade da justiça (art. 77, § 2º).

Por outro lado, tornar a coisa litigiosa não retira do titular do bem o direito de alienar ou de transferi-lo a terceiro. Não haverá invalidade em tal conduta. A transferência patrimonial será válida, porém ineficaz perante as partes daquele processo (arts. 109, 790, V, 792, 808).

81.3. Constituição do devedor em mora

A citação válida também terá o efeito de constituir o devedor em mora, excetuado os casos em que, pela lei, o devedor já esteja em mora.

O próprio art. 240 menciona especificamente duas hipóteses em que o demandado estará em mora antes mesmo da realização da citação (arts. 397 e

398 do Código Civil): obrigação positiva e líquida, cujo inadimplemento, no seu termo, constituirá de pleno direito em mora o devedor (art. 397 do Código Civil); nas obrigações provenientes de ato ilícito, o devedor estará em mora desde a data da prática do ato (art. 398 do Código Civil).

TÍTULO II
DA SUSPENSÃO DO PROCESSO

Art. 313. Suspende-se o processo:

I – pela morte ou pela perda da capacidade processual de qualquer das partes, de seu representante legal ou de seu procurador;

II – pela convenção das partes;

III – pela arguição de impedimento ou de suspeição;

IV – pela admissão de incidente de resolução de demandas repetitivas;

V – quando a sentença de mérito:

a) depender do julgamento de outra causa ou da declaração de existência ou de inexistência de relação jurídica que constitua o objeto principal de outro processo pendente;

b) tiver de ser proferida somente após a verificação de determinado fato ou a produção de certa prova, requisitada a outro juízo;

VI – por motivo de força maior;

VII – quando se discutir em juízo questão decorrente de acidentes e fatos da navegação de competência do Tribunal Marítimo;

VIII – nos demais casos que este Código regula.

IX – pelo parto ou pela concessão de adoção, quando a advogada responsável pelo processo constituir a única patrona da causa;

X – quando o advogado responsável pelo processo constituir o único patrono da causa e tornar-se pai.

§ 1º Na hipótese do inciso I, o juiz suspenderá o processo, nos termos do art. 689.

§ 2º Não ajuizada ação de habilitação, ao tomar conhecimento da morte, o juiz determinará a suspensão do processo e observará o seguinte:

I – falecido o réu, ordenará a intimação do autor para que promova a citação do respectivo espólio, de quem for o sucessor ou, se for o caso, dos herdeiros, no prazo que designar, de no mínimo 2 (dois) e no máximo 6 (seis) meses;

II – falecido o autor e sendo transmissível o direito em litígio, determinará a intimação de seu espólio, de quem for o sucessor ou, se for o caso, dos herdeiros, pelos meios de divulgação que reputar mais adequados, para que manifestem interesse na sucessão processual e promovam a respectiva habilitação no prazo designado, sob pena de extinção do processo sem resolução de mérito.

§ 3º No caso de morte do procurador de qualquer das partes, ainda que iniciada a audiência de instrução e julgamento, o juiz determinará que a parte constitua novo mandatário, no prazo de 15 (quinze) dias, ao final do qual extinguirá o processo sem resolução de mérito, se o autor não nomear novo mandatário, ou ordenará o prosseguimento do processo à revelia do réu, se falecido o procurador deste.

§ 4º O prazo de suspensão do processo nunca poderá exceder 1 (um) ano nas hipóteses do inciso V e 6 (seis) meses naquela prevista no inciso II.

§ 5º O juiz determinará o prosseguimento do processo assim que esgotados os prazos previstos no § 4º.

§ 6º No caso do inciso IX, o período de suspensão será de 30 (trinta) dias, contado a partir da data do parto ou da concessão da adoção, mediante apresentação de certidão de nascimento ou documento similar que comprove a realização do parto, ou de termo judicial que tenha concedido a adoção, desde que haja notificação ao cliente.

§ 7º No caso do inciso X, o período de suspensão será de 8 (oito) dias, contado a partir da data do parto ou da concessão da adoção, mediante apresentação de certidão de nascimento ou documento similar que comprove a realização do parto, ou de termo judicial que tenha concedido a adoção, desde que haja notificação ao cliente.

CPC de 1973 – art. 265

82. Suspensão do processo

A jurisdição é inerte. Essa é a regra geral. O processo inicia-se por iniciativa da parte. Uma vez iniciado o processo, ele se desenvolverá por impulso oficial (art. 2º do CPC). Isso significa que, como regra, caberá ao juiz impulsionar o processo para as etapas seguintes do procedimento, até o atingimento da sua etapa final, que é a prolação da decisão.

No entanto, haverá casos em que a marcha processual será paralisada, com a vedação à prática de atos processuais. São os casos de suspensão do processo.

Como se verá adiante, as hipóteses legais de suspensão do processo poderão derivar de convenção das partes ou de determinadas circunstâncias que impõem a paralisação do procedimento por certo prazo ou até que determinada questão derivada seja solucionada.[400]

Em todas essas hipóteses, permanecerá viva a relação processual embora em estado latente.[401]

400 WAMBIER e TALAMINI, *Curso...*, v. 1, p. 532; CÂMARA, *Manual de Direito...*, p. 345.

401 DINAMARCO, *Instituições...*, v. 3, p. 170.

83. Suspensão do processo por morte da parte

A morte da parte caracteriza hipótese de suspensão do processo (art. 313, I). A decisão do juiz a esse respeito terá efeito meramente declaratório, de modo que os efeitos da suspensão retroagirão à data do evento então reconhecido.[402]

A regra que determina a suspensão do processo em virtude do falecimento da parte tem por finalidade assegurar a isonomia, a ampla defesa e o contraditório (art. 5º, *caput*, LV, da CF e art. 7º do CPC). Afinal, não seria juridicamente admissível que o processo continuasse a sua marcha considerando que um de seus polos está desfalcado. Disso decorre que, em princípio, o inadvertido prosseguimento do processo, a despeito do falecimento de alguma das partes, poderá implicar nulidade ou ineficácia processual, se houver comprovação de prejuízo.

No plano do direito material, a transmissão dos interesses da pessoa falecida para seus herdeiros ocorrerá de imediato (art. 1.784 do Código Civil).

No plano processual as coisas se passam de maneira distinta. Diante da morte de qualquer das partes e sendo transmissível o direito objeto da ação, ocorrerá a sucessão processual, com o início do respectivo procedimento de habilitação (arts. 110, 313, §§ 1º e 2º e 689). A habilitação será necessária para trazer ao processo os sucessores da parte falecida, de modo a permitir que ele volte a tramitar com os polos adequadamente constituídos.

A habilitação constitui uma ação autônoma, que é processada nos autos do processo principal, na instância em que ele estiver (art. 689).[403] Será uma hipótese de suspensão própria, na medida em que o processo principal ficará integralmente suspenso enquanto não for recomposto o polo processual com a inserção dos sucessores. Recebida a petição de habilitação, o juiz determinará a citação dos requeridos para se manifestarem em cinco dias (art. 690).

Surgem então duas possibilidades: se não houver impugnação, o juiz decidirá imediatamente o pedido de habilitação; mas caso exista resistência e surja a necessidade de dilação probatória, o juiz determinará que a petição seja autuada em apartado, onde será desenvolvida a eventual atividade probatória. Com o trânsito em julgado da decisão de habilitação, a respectiva cópia será juntada ao processo principal, que voltará a tramitar regularmente.

---

402 CUNHA, Leonardo Carneiro da. *Código de processo civil comentado*. Rio de Janeiro: Forense, 2023, p. 535; WAMBIER e TALAMINI, *Curso...*, v. 1, p. 534.

403 "Dessa circunstância decorre a conclusão de que, verificada a morte ou a perda de capacidade processual da parte, de seu representante ou de seu advogado, é sempre o caso de suspensão do processo, independentemente do momento que a causa encontre" (MARINONI e ARENHART, *Comentários...*, v. 4, p. 304).

Caso a ação de habilitação não seja ajuizada, tampouco exista controvérsia acerca da sucessão, o juiz atuará de ofício.[404] Tomando conhecimento da morte do réu, o magistrado determinará a suspensão do processo e ordenará a intimação do autor para que ele promova a citação do espólio, dos sucessores ou dos herdeiros do réu falecido, no prazo que designar, mas que será de no mínimo dois e no máximo seis meses (art. 313, § 2º, I).

Em qualquer das hipóteses de falecimento – do autor ou do réu – o descumprimento da determinação judicial no prazo implicará a prolação de sentença sem resolução de mérito[405], e não a extinção do processo.

Se o processo estiver em grau recursal e não for regularizada a sucessão processual do recorrente no prazo previsto, o recurso será julgado prejudicado por falta superveniente de interesse (perda de objeto).[406]

Da mesma forma, se a ação de habilitação não for ajuizada e inexistir controvérsia acerca da sucessão do autor, o juiz também atuará de ofício. Ao ter ciência do falecimento do autor e sendo transmissível o direito objeto da ação, o magistrado determinará a intimação de seu espólio, de seus sucessores ou de seus herdeiros, pelos meios de divulgação que reputar mais adequados (intimação real, se conhecidos e localizado o endereço; intimação por edital, se desconhecidos ou de paradeiro incerto),[407] para que manifestem interesse na sucessão e promovam a respectiva habilitação no prazo designado, sob pena de extinção do processo sem resolução de mérito (art. 313, § 2º, II).

Mas se o caso concreto envolver, por exemplo, pretensão de fornecimento de medicamento ou custeio de tratamento médico, o falecimento da parte autora não desencadeará a sucessão processual. Reputa-se que o direito à saúde tem natureza personalíssima e intransmissível, de modo que o falecimento do autor deste tipo de ação implicará a prolação de sentença sem resolução de mérito (art. 485, IX).[408]

---

404 ALVIM, *Manual...*, p. 904.

405 José Roberto dos Santos Bedaque, com acerto, pondera que se o autor não providenciar a habilitação no prazo fixado não haverá "extinção do processo sem resolução de mérito", mas apenas a prolação de uma "sentença sem resolução do mérito". Afinal, o "réu poderá dar início à fase do cumprimento de sentença, visando ao recebimento de eventuais despesas e honorários advocatícios" (BEDAQUE, José Roberto dos Santos. Comentários ao art. 313. In: CABRAL, Antonio do Passo; CRAMER, Ronaldo. (coords.) *Comentários ao novo código de processo civil.* Rio de Janeiro: Forense, 2015, p. 494). Em sentido semelhante: ASSIS, *Processo...*, v. 3, p. 758.

406 STJ, 4ª Turma, AgInt no REsp 1.961.356/SP, rel. Min. João Otávio de Noronha, j. 21.08.2023, DJe 23.08.2023.

407 ASSIS, *Processo...*, v. 3, p. 758.

408 "4. Esta Corte já decidiu que, nas ações relativas a fornecimento de medicação ou custeio de tratamento médico hospitalar, o óbito da parte autora no curso do pro-

O atestado de óbito consistirá em documento hábil à comprovação do falecimento da parte e obtenção da consequente suspensão do processo. O reconhecimento judicial do óbito terá efeito declaratório e retroagirá à data do falecimento.

Em princípio, não caberá agravo de instrumento contra a decisão que determinar a suspensão do processo, pois tal hipótese não consta do rol do art. 1.015. Tal pronunciamento não ficará estabilizado pela preclusão e será passível de impugnação em preliminar de apelação ou de contrarrazões (art. 1.009, §1º).

Todavia, a Corte Especial do STJ, ao julgar o Tema Repetitivo 988, reputou que o rol do art. 1.015 ostenta uma taxatividade mitigada, de modo que será admissível a interposição de agravo de instrumento quando verificada a urgência decorrente da inutilidade do julgamento da questão no futuro recurso de apelação.[409]

Costuma-se afirmar que haveria nulidade relativa incidente sobre os atos processuais praticados posteriormente à morte da parte, de modo que somente seriam invalidados se houvesse prova de efetivo prejuízo aos sucessores.[410]

Todavia parece mais adequado afirmar que os atos processuais (inclusive os decisórios) posteriores ao evento morte serão ineficazes em relação aos sucessores da parte falecida.[411] Como elas não participaram em contraditório da prática de tais atos, não seria admissível que os seus efeitos pudessem ser opostos a quem ainda não integrava o processo.

Independentemente da posição adotada, o fundamental será preservar a esfera jurídica dos sucessores que ainda não integraram o processo. Por exemplo, haverá prejuízo caso se demonstre que o falecimento da parte constituiu fato impeditivo do pagamento de certa diligência processual.[412] Com isso, os atos praticados após a morte da parte, mas que sejam favoráveis aos sucessores, deverão ser preservados.[413]

---

cesso enseja a sua extinção sem resolução de mérito, diante da natureza intransmissível e personalíssima do direito à saúde" (STJ, Corte Especial, EAREsp 1.595.021/SP, rel. Min. Nancy Andrighi, j. 15.02.2023, DJe 25.04.2023).

409 STJ, Corte Especial, REsp 1.704.520/MT, rel. Min. Nancy Andrighi, DJe 19.12.2018.

410 STJ, 4ª Turma, Edcl no AgInt no AREsp 1.439.615/SC, rel. Min. Raul Araújo, j. 12.09.2022, DJe 27.09.2022; STJ, 4ª Turma, AgInt no REsp 1.986.188/MG, rel. Min. Marco Buzzi, j. 30.05.2022, DJe 02.06.2022. Na doutrina: ALVIM, *Manual...*, p. 905.

411 DINAMARCO, *Instituições...*, v. 3, p. 176; WAMBIER e TALAMINI, *Curso...*, v. 1, p. 535.

412 Exemplo trazido por Luiz Guilherme Marinoni e Sérgio Cruz Arenhart (MARINONI e ARENHART, *Comentários...*, v. 4, p. 305).

413 WAMBIER e TALAMINI, *Curso...*, v. 1, p. 535.

84. Falecimento do advogado

O falecimento do advogado constituído no processo recebe tratamento distinto do previsto para o falecimento da parte. No caso de morte do procurador[414] de qualquer das partes, ainda que iniciada a audiência de instrução e julgamento, o juiz suspenderá o processo e determinará a intimação pessoal da parte[415] para que constitua novo mandatário, no prazo de quinze dias (art. 313, § 3º).

A interpretação da aludida regra conduz a ponderações fundamentais.

Somente haverá a suspensão do processo no caso de o advogado falecido ser o único mandatário constituído no processo.[416] Nesse caso, a parte careceria de um sujeito com capacidade postulatória para atuar em seu favor no processo (art. 133 da CF[417]; art. 103, *caput*, do CPC[418]). Havendo procuração outorgada a uma sociedade de advogados, nos termos do art. 105, § 3º, em princípio o processo não se suspenderá pela morte de um dos patronos.[419] Se existir mais de um advogado constituído pela mesma parte, o falecimento de um deles não autorizará a suspensão do processo.

Caso o advogado falecido patrocinasse a causa em favor do autor, a não constituição de novo mandatário no prazo de quinze dias implicará a prolação de sentença de extinção do processo sem resolução de mérito.[420]

Se o réu descumprir a determinação de constituir novo advogado no prazo legal, em substituição do mandatário falecido, o juiz determinará que o processo volte a tramitar, porém à revelia do réu. A "revelia" de que a trata o

---

414 O "procurador" a que se refere o art. 313, I, do CPC, "é, evidentemente, o advogado da parte ou, mais amplamente, aquele que tem a autorização legal para exercer a capacidade postulatória em nome da parte" (MARINONI e ARENHART, *Comentários...*, v. 4, p. 299).

415 FUX, Luiz. *Curso de Direito Processual*. 6. ed. Rio de Janeiro: Forense, 2023, p. 358.

416 CÂMARA, *Manual de Direito...*, p. 345. Na jurisprudência: STJ, AREsp 2.144.633, rel. Min. Raul Araújo, j. 19.08.2022, DJe 22.08.2022, - decisão monocrática; TRF4, 3ª Turma, Apelação Cível 5001584-71.2015.4.04.7104, rel. des. Vânia Hack de Almeida, j. 07.03.2023; TRF4, 1ª Seção, Ação Rescisória 0003502-70.2015.4.04.0000, rel. Des. Roger Raupp Rios, j. 26.01.2017; TJRS, 21ª Câmara Cível, Apelação Cível 5002057-52.2016.8.21.0011, rel. Des. Armínio José Abreu Lima da Rosa, j. 12.07.2023, DJe 19.07.2023.

417 Dispõe o art. 133 da CF: "O advogado é indispensável à administração da justiça, sendo inviolável por seus atos e manifestações no exercício da profissão, nos limites da lei".

418 Dispõe o art. 103 do CPC: "A parte será representada em juízo por advogado regularmente inscrito na Ordem dos Advogados do Brasil".

419 DINAMARCO, *Instituições...*, v. 3, p. 184; MARINONI e ARENHART, *Comentários...*, v. 4, p. 299.

420 BEDAQUE, Comentários..., p. 494.

§ 3º do art. 313 significa que o réu sem procurador constituído (porque o falecimento extingue o mandato – art. 682, II, do Código Civil) não será intimado especificamente dos atos processuais (art. 346, *caput*).[421]

Constituído o novo advogado no prazo legal, o processo voltará a tramitar regularmente.

A adequada interpretação do art. 313, I, § 3º, conduz à conclusão de que ele disciplina a hipótese de suspensão do processo em virtude do falecimento do advogado privado, que atue com exclusividade na causa.

Quando a defesa técnica da parte for realizada por advocacia pública, pela defensoria pública ou pelo Ministério Público, o falecimento do profissional que atue na causa, em princípio, não conduzirá à suspensão do processo. Naturalmente a instituição que o profissional falecido integrava indicará outro sujeito para atuar no processo. Logo, não parece haver motivo para a suspensão do processo nesses casos.[422]

Em última análise, portanto, a aludida regra se destina a assegurar a manutenção da capacidade postulatória no processo, isto é, garantir o direito das partes à defesa técnica. A não suspensão do processo somente caracterizará invalidade se houver a demonstração de que a parte foi prejudicada pela ausência morte de seu defensor e que tal alegação foi feita de boa-fé. Presentes esses dois elementos, o processo deverá ser invalidado a partir do momento em que ele deveria iniciar o estado de suspensão.[423]

85. Falecimento do representante legal

O processo será suspenso pelo falecimento do representante legal da parte (art. 313, I), isto é, pela morte da pessoa que estava encarregada da assistência do relativamente incapaz (art. 4º do Código Civil) ou da representação do absolutamente incapaz (art. 3º do Código Civil). A assistência ou a representação do incapaz podem ser exercidas pelos genitores que estejam no pleno exercício do poder familiar (art. 1.634, VII, do Código Civil), pelos tutores (art. 1.728 do Código Civil) ou pelos curadores (art. 1.767 do Código Civil; arts. 71, 72, 245, § 4º).

---

421 BUENO, *Manual de Direito...*, p. 199; FUX, *Curso...*, p. 358.

422 WAMBIER e TALAMINI, *Curso...*, v. 1, p. 536; MARINONI e ARENHART, *Comentários...*, v. 4, p. 299. Esse também é o entendimento da Cassio Scarpinella Bueno, como regra geral. Mas o autor não descarta a possibilidade de que, no caso concreto, exista alguma peculiaridade que possa ser alegada no sentido de justificar a suspensão do processo pelo falecimento do promotor, do defensor público ou do advogado público (BUENO, *Manual de Direito...*, p. 199).

423 MARINONI e ARENHART, *Comentários...*, v. 4, p. 300.

Os incapazes não possuem capacidade para estar em juízo por si próprios. Portanto, no caso da morte do representante legal único da parte, o processo deverá ser suspenso.

Disso decorre que se a representação legal do incapaz era exercida por mais de um sujeito (ambos os pais: art. 1.634, *caput*, do Código Civil; curatela compartilhada: art. 1.775-A do Código Civil), o falecimento de um deles não justificará a suspensão do processo. O representante sobrevivente continuará a auxiliar o incapaz no processo. Afinal, o objetivo da suspensão é evitar que o processo prossiga em uma situação irregular, em prejuízo do incapaz que estará desamparado.[424]

Não faria sentido intimar o incapaz para que constituísse novo representante legal no processo. Nesse caso, reputa-se adequada a seguinte solução: suspenso o trâmite do processo, caso o advogado que até então atuava na causa não apresentar outro representante legal em um prazo razoável, o juiz nomeará um curador especial, integrante da defensoria pública (art. 72 *caput* e parágrafo único), como forma de suprir a incapacidade do sujeito e prosseguir regulamente com o processo.[425]

Tal hipótese efetivamente não se refere à morte do representante legal da pessoa jurídica[426], cuja substituição em razão do falecimento será solucionada pela lei ou pelo contrato social.

86. Regime jurídico inerente ao falecimento dos sujeitos

A morte de qualquer das partes, de seus representantes legais ou de seus procuradores conduz à suspensão do processo até a sua regularização. No período em que o processo estiver suspenso, não correrá eventual prazo prescricional.[427]

Os atos praticados após o falecimento de qualquer das partes, de seus representantes legais ou de seus procuradores serão inválidos, porém somente deverão ser desfeitos caso seja demonstrado efetivo prejuízo.[428]

---

424 MARINONI e ARENHART, *Comentários...*, v. 4, p. 498.

425 DINAMARCO, *Instituições...*, v. 3, p. 185; FUX, *Curso...*, p. 358.

426 MARINONI e ARENHART, *Comentários...*, v. 4, p. 298.

427 STJ, 3ª Turma, AgInt no REsp 2.085.991/SP, rel. Min. Ricardo Villas Bôas Cueva, j. 29.04.2024, DJe 02.05.2024; STJ, 1ª Turma, AgInt no REsp 2.102.691/RJ, rel. Min. Gurgel de Faria, j. 26.02.2024, DJe 06.03.2024.

428 STJ, 4ª Turma, AgInt nos Edcl no AREsp 2.387.683/RS, rel. Min. Marco Buzzi, j. 20.05.2024, DJe 22.05.2024; STJ, 4ª Turma, AgInt no REsp 2.095.453/SP, rel. Min. Maria Isabel Gallotti, j. 01.07.2024, DJe 03.07.2024; STJ, 4ª Turma, AgInt no REsp 1.070.538/RS, rel. Min. Raul Araújo, j. 04.03.2024, DJe 11.03.2024.

Especificamente com relação à morte de qualquer das partes, reputa-se que os atos processuais (inclusive os decisórios) posteriores ao evento morte serão ineficazes em relação aos sucessores da parte falecida, salvo se lhes forem favoráveis, caso em que tais atos deverão ser preservados.

Além disso, a suspensão do processo implica a suspensão dos prazos processuais (art. 221). Essa regra se aplica a todas as hipóteses de suspensão, e não apenas aos casos de suspensão por morte. Cessado o motivo da suspensão, com a retomada da marcha processual, a contagem do prazo que fora suspenso será retomada por tempo igual ao que faltava para sua complementação.

87. Extinção da pessoa jurídica: nuances

Não há consenso acerca da possibilidade de suspensão do processo no caso de extinção da pessoa jurídica que figure como parte no processo.

De um lado, há quem sustente, com consistentes fundamentos, que a extinção da personalidade jurídica não implicaria a suspensão do processo. Tal posicionamento se ampara na ideia de que a extinção da pessoa jurídica não conduz ao desaparecimento da possibilidade de tutela dos interesses ainda pendentes de solução pela via judicial. Esses interesses seriam representados pelo liquidante.[429] Nesse caso, a sucessão processual seria um ônus do responsável pela pessoa jurídica que foi extinta.

A suspensão do processo pela extinção da pessoa jurídica seria subsidiária, limitada e pontual,[430] dependendo de regra expressa, a exemplo do que dispõe o art. 18 da Lei n. 6.024/1974.[431]

Por outro lado, o entendimento que parece mais adequado é aquele que confere interpretação ampla à hipótese de *morte da parte*, contida no inciso I do art. 313. Para os partidários desse posicionamento, a extinção da pessoa jurídica equivaleria à morte da parte e ensejaria a suspensão do processo pelo tempo necessário ao aperfeiçoamento da sucessão.[432]

Por identidade de motivos, também seriam casos de suspensão do processo (*i*) a pessoa jurídica que entra em fase de liquidação, antes de sua dissolução,

429 CÂMARA, *Manual de Direito...*, p. 345.

430 TALAMINI, Eduardo. *Direito Processual Concretizado*. Belo Horizonte: Fórum, 2010, p. 148.

431 WAMBIER e TALAMINI, *Curso...*, v. 1, p. 536.

432 STJ, AREsp 1.910.316, rel. Min. Luis Felipe Salomão, j. 21.01.2022, DJe. 22.02.2022 – decisão monocrática; TJSP, 4ª Câmara de Direito Privado, 2176988-36.2023.8.26.0000, rel. Des. Marcia Dalla Déa Barone, j. 26.10.2023, DJe 27.10.2023; TJMG, 7ª Câmara Cível, Agravo de Instrumento 0820472-88.2019.8.13.0000, rel. Des. Alice Birchal, j. 26.11.2019, DJe 02.12.2019. Na doutrina: ASSIS, *Processo...*, v. 3, p. 759-760; ALVIM, *Manual...*, p. 904; FUX, *Curso...*, p. 358.

hipótese em que passa a ser representada pelo liquidante e não pela pessoa indicada no estatuto[433] e (*ii*) a extinção dos entes despersonalizados que tem capacidade de ser parte (art. 75, V, VI, VII, IX e XI). Em todos esses casos, a irregularidade da situação determina a suspensão do processo.[434]

88. Perda da capacidade processual da parte, do advogado ou do representante

Reputa-se indispensável a suspensão do processo quando a parte, o advogado ou o representante legal (assistente ou representante) perder a capacidade de atuar no processo (art. 313, I). Afinal, a incapacidade superveniente caracteriza ausência de pressuposto processual de validade da relação processual.

88.1. Incapacidade superveniente da parte

A superveniente incapacidade da parte de estar em juízo poderá ocorrer quando lhe sobrevier uma eventual incapacidade física ou mental de conduzir sua própria vida e seus bens.[435] Tal hipótese de incapacidade ensejará a nomeação de um curador como forma de suprimento da incapacidade da parte (art. 1.767 do Código Civil).

A suspensão do processo por incapacidade superveniente não será automática. Ela deverá ser determinada pelo juiz após o conhecimento do fato, mas os efeitos da decisão retroagirão ao momento da perda da capacidade.

Para fins de suspensão do processo, não é necessário que a incapacidade seja aferida em processo de interdição. Basta que o juiz da causa se convença da incapacidade.[436]

Aferida pelo juiz a incapacidade da parte, o processo será suspenso para que lhe seja designado um curador. Caso o curador não se habilite no processo ou esteja em conflito de interesses com o incapaz, o juiz nomeará curador especial, cujo encargo será exercido pela Defensoria Pública (art. 72, I e parágrafo único).

---

433 "a extinção da pessoa jurídica se dá com a conclusão da sua liquidação (art. 51 do CC), de modo que até esse momento é existente a sociedade e presente a capacidade de ser parte. Todavia, como nesse período há a modificação da administração original da sociedade, com sua substituição por um liquidante ou administrador, é evidente que, para o Código de Processo Civil, a paralisação da relação processual se dá desde o início desse procedimento, de modo que possam habilitar-se esses novos administradores ou os próximos titulares do direito envolvido no processo" (MARINONI e ARENHART, *Comentários...*, v. 4, p. 297).

434 ASSIS, *Processo...*, v. 3, p. 760; DINAMARCO, *Instituições...*, v. 3, p. 182-183.

435 DINAMARCO, *Instituições...*, v. 3, p. 186.

436 DINAMARCO, *Instituições...*, v. 3, p. 187.

Para o caso de incapacidade superveniente, ensejadora da suspensão do processo, deve-se considerar também a possibilidade de que o suprimento da capacidade seja promovido por meio do procedimento de tomada de decisão apoiada, previsto no art. 1.783-A do Código Civil (na redação que lhe foi conferida pela Lei n. 13.146/2015).[437]

A tomada de decisão apoiada consiste no processo pelo qual a pessoa com deficiência elege pelo menos duas pessoas idôneas, "com as quais mantenha vínculos e que gozem de sua confiança, para prestar-lhe apoio na tomada de decisão sobre atos da vida civil, fornecendo-lhes os elementos e informações necessários para que possa exercer sua capacidade" (art. 1.783-A do Código Civil).

Se o caso concreto admitir o emprego desta técnica, no período em que o processo estiver suspenso, a parte deverá requerer ao juiz que lhe conceda prazo para que apresente o termo de que trata o § 1º do art. 1.783-A, que conterá os limites do apoio e os compromissos dos apoiadores, a vigência do acordo e o respeito à vontade e aos direitos da pessoa que será apoiada.

O juiz, assistido por equipe multidisciplinar, ouvirá o Ministério Público, o requerente e as pessoas que lhe prestarão apoio. Em seguida, proferirá a sua decisão acerca da admissão ou não do suprimento da capacidade da parte por meio da tomada de decisão apoiada.

A admissão da tomada de decisão apoiada terá o efeito de suprir a incapacidade da parte, permitindo que o processo prossiga validamente.

88.2. Incapacidade superveniente do advogado

No curso do processo, o advogado pode vir a perder a sua capacidade civil ou a sua capacidade postulatória.

A superveniência de incapacidade civil do advogado pode ocorrer nos casos previstos na lei civil (arts. 4º, II e III, e 1.767, I e III, do Código Civil), isto é, quando sobrevier eventual incapacidade física, mental ou intelectual.

Mas o advogado também poderá perder a sua capacidade postulatória no curso do processo, quando ele vier a ser profissionalmente inabilitado para atuar como advogado pela Ordem dos Advogados do Brasil.[438] Isso ocorrerá

---

437 Essa possibilidade é expressamente concebida por Luiz Guilherme Marinoni e Sérgio Cruz Arenhart (MARINONI e ARENHART, *Comentários...*, v. 4, p. 303), com a qual se concorda integralmente.

438 "Perdendo ele o poder de atuar em juízo – seja porque se tornou impedido de advogar, seja porque exerce atividade incompatível com a advocacia, seja ainda porque está suspenso ou, enfim, porque sofra outra restrição ao exercício da advocacia – também incidirá a causa de suspensão aqui estudada" (MARINONI e ARENHART, *Comentários...*, v. 4, p. 299)

nos casos de aplicação das sanções disciplinares de suspensão (art. 35, II, da Lei n. 8.906/94) ou de exclusão (art. 35, III, da Lei n. 8.906/94). A aplicação de tais penalidades impedirá que advogado exerça o mandato (arts. 37 e 42, da Lei n. 8.906/94).

Em qualquer desses casos, desde que o advogado atue isoladamente na causa,[439] o processo deverá ser suspenso para que um novo defensor seja habilitado no processo, de modo a preservar o direito de seu constituinte.

O procedimento para a substituição do advogado por incapacidade superveniente seguirá, por analogia, o procedimento previsto o caso de morte do procurador (art. 313, § 3º). O juiz concederá o prazo de quinze dias para que seja promovida tal regularização. Se a providência for dirigida ao autor, a não constituição de novo advogado em quinze dias implicará a extinção do processo. Caso a providência esteja a cargo do réu, a sua inobservância no prazo de quinze dias determinará que o processo prossiga à sua revelia.

88.3. Incapacidade superveniente do representante legal

A perda da capacidade do representante legal da parte também é causa de suspensão do processo (art. 313, I). Tal como no caso da morte do representante legal, a suspensão pela sua incapacidade superveniente destina-se a preservar a defesa da parte que seja uma pessoa natural.

A incapacidade superveniente do representante legal da parte ocorrerá nos casos previstos na lei civil (arts. 4º, II e III, e 1.767, I e III, do Código Civil).

O suprimento da incapacidade superveniente está disciplinado no art. 76, que se destina a corrigir a "irregularidade da representação da parte". Constatada a perda da capacidade, o juiz suspenderá o processo e anotará prazo para que o vício seja sanado.

Se a providência for dirigida ao autor, o seu descumprimento implicará a extinção do processo sem resolução de mérito (arts. 76, § 1º, I, 485, IV). Caso a providência esteja a cargo do réu, a sua inobservância determinará que o processo prossiga à sua revelia (art. 76, § 1º, II).

Mas se a determinação for endereçada ao terceiro, a consequência do descumprimento dependerá do polo que ele ocupar no processo: se estiver no polo ativo, ele será excluído do processo; se estiver no polo passivo, o processo prosseguirá à sua revelia (art. 76, § 1º, III).

Em sede recursal, o descumprimento da providência a cargo do recorrente implicará o não conhecimento do recurso e o descumprimento da de-

---

439 V. item 3, acima, em que foi examinada a hipótese de suspensão do processo no caso da morte do único advogado constituído no processo.

terminação dirigida ao recorrido determinará o desentranhamento das contrarrazões (art. 76, § 2º, I e II).

Por fim, advirta-se que a suspensão do processo de que trata o art. 313, I não se aplica aos casos de perda da capacidade do representante legal da pessoa jurídica – cuja substituição do representante decorrerá de previsão legal, contratual ou estatutária.

89. Suspensão por convenção das partes

O processo poderá ser suspenso por convenção das partes (art. 313, II). Trata-se de exemplo de negócio processual típico, que já encontrava previsão no CPC/1973 (art. 265, II).[440]

É irrelevante o motivo que levou as partes a requerer a suspensão do processo. O fundamental é que o pedido tenha sido formulado por todas as partes envolvidas no processo (inclusive dos terceiros, que após a intervenção, assumiram a condição de partes).[441] Assim, será dispensável o consentimento do assistente simples (art. 121), do *amicus curiae* (art. 138) e do Ministério Público quando atuar como fiscal da ordem jurídica (art. 178).[442]

O pedido de suspensão convencional poderá ser formulado a qualquer momento – esteja o processo em grau recursal perante tribunal local, perante tribunal superior ou em fase de cumprimento de sentença (art. 921, I). Além disso, não há óbice a que as partes convencionem a suspensão do processo quando o ato processual estiver em curso (p.ex., durante a sessão de julgamento pelo tribunal).[443]

Para que a suspensão convencional do processo seja eficaz, basta que todas as partes concordem com a paralização da marcha processual. Não é relevante o momento em que tal convenção seja levado ao conhecimento do juízo.

---

440 Sobre o tema, confira-se: AMARAL, *Provas...*, p. 172-198.

441 Há julgado do TJMG reputando ser inviável a suspensão convencional do processo quando ainda não tiver sido realizada a citação do réu: "Comprovada a celebração de acordo extrajudicial entre as partes e ausente a citação do réu, é de rigor o reconhecimento da perda superveniente do interesse de agir, o que, por si só, obsta o prosseguimento da ação" (TJMG, 18ª Câmara Cível, Apelação Cível 5001882-60.2019.8.13.0210, rel. Des. Sérgio André da Fonseca Xavier, j. 15.02.2022, DJe 16.02.2022). No mesmo sentido: TJDFT, 4ª Turma Cível, Apelação Cível 0721684-33.2021.8.07.0001, rel. Des. Arnaldo Corrêa Silva, j. 15.06.2023, DJe 04.07.2023. Os arts. 19.4 e 179.2 da Ley de Enjuiciamiento Civil espanhola admitem a suspensão convencional do processo, desde que todas as partes estejam de acordo.

442 ASSIS, *Processo...*, v. 3, p. 826; DINAMARCO, *Instituições...*, v. 3, p. 191-192; MARINONI e ARENHART, *Comentários...*, v. 4, p. 305-306.

443 NEVES, *Manual...*, p. 400. Em sentido contrário: MARINONI e ARENHART, *Comentários...*, v. 4, p. 306.

Tampouco a eficácia desta convenção pressupõe homologação judicial.[444] O processo estará suspenso desde a data em que o acordo foi celebrado.[445]

Admite-se que o processo permaneça suspenso convencionalmente por até seis meses (art. 313, § 4º). Esse prazo não precisa ser ininterrupto. As partes podem formular, por exemplo, seis requerimentos de suspensão por um mês, em momentos distintos. O fundamental é que o somatório dos períodos de suspensão convencional não ultrapasse o total de seis meses.

O CPC não prevê hipótese de prorrogação nem a possibilidade de formulação de mais de um pedido de suspensão do processo por seis meses em momentos distintos. Tampouco seria admissível a celebração de um negócio processual atípico (art. 190) destinado a ampliar o prazo de seis meses definido no § 4º do art. 313.[446]

Em regra, portanto, após o término do prazo de suspensão do processo por convenção das partes, o juiz deverá determinar a retomada do andamento do feito (art. 313, § 5º), independentemente de requerimento das partes.[447]

Contudo, havendo uma justificativa adequada (p.ex., continuidade de tratativas para acordo), nada impede que o juiz defira a prorrogação da suspensão. Da mesma forma, se após o término do período de suspensão e retomada do andamento do processo, as partes identificarem novamente a necessidade de suspensão do processo, em princípio não haveria óbice a impedir essa nova suspensão.[448]

Evidentemente que a prorrogação ou a nova suspensão deverão ser pautadas em critérios de razoabilidade. Não se deve tolerar abusos em tais pedidos de suspensão convencional do processo. Afinal, o processo foi concebido para se desenvolver de forma ininterrupta, prestigiando-se a celeridade e o impulso oficial até o atingimento da decisão final. Reiteradas tentativas de

---

444 NEGRÃO, GOUVÊA, BONDIOLI e FONSECA, *Código de Processo...*, p. 386.

445 NEVES, *Manual...*, p. 400.

446 MARINONI e ARENHART, *Comentários...*, v. 4, p. 306.

447 STJ, 4ª Turma, AgInt nos EDcl no REsp 1.404.529/RS, rel. Min. Raul Araújo, j. 23.11.2020, DJe 17.12.2020. Cassio Scarpinella Bueno, no entanto, admite a possibilidade de que a suspensão convencional do processo vigore por tempo superior a seis meses, valendo-se da regra do *caput* do art. 16 da Lei n. 13.140/2015: "Ainda que haja processo arbitral ou judicial em curso, as partes poderão submeter-se à mediação, hipótese em que requererão ao juiz ou árbitro a suspensão do processo por prazo suficiente para a solução consensual do litígio" (BUENO, *Manual de Direito...*, p. 199).

448 O art. 19.4 da Ley de Enjuiciamiento Civil admite que o processo permaneça suspenso, por convenção das partes, pelo prazo máximo de sessenta dias. Todavia, a doutrina espanhola admite que as partes pactuem prorrogar esse prazo (FENOLL, *Derecho...*, p. 261).

suspensão do processo, caso injustificadas, deverão ser indeferidas, sob pena de ofensa à garantia constitucional da razoável duração do processo (art. 5º, LXXVIII, da CF).[449]

De todo modo, nada impede que um pedido de suspensão convencional do processo de execução seja cumulado com um pedido de homologação de acordo. Nesse caso não incidirá o limite temporal de seis meses previsto no § 4º do art. 313, de modo que o processo poderá permanecer suspenso até o cumprimento integral da avença (art. 922).[450]

90. Suspensão pela arguição de impedimento ou de suspeição do juiz

A arguição de impedimento ou de suspeição do juiz implicará a suspensão do processo (art. 313, III). As causas que justificam tal arguição estão descritas no art. 144 (impedimento) e no art. 145 (suspeição). Enquanto o impedimento envolve hipóteses objetivamente aferíveis de parcialidade do julgador, a suspeição, devido ao grau de subjetividade de suas hipóteses, revela-se de mais difícil demonstração.

Qualquer das partes[451] poderá arguir o impedimento ou a suspeição do juiz, no prazo de quinze dias contados do conhecimento do fato. Caso o juiz reconheça a causa de impedimento ou de suspeição alegada pela parte, ordenará imediatamente a remessa dos autos ao seu substituto legal (art. 146, § 1º).

Caso contrário, o juiz determinará a autuação da petição em apartado e apresentará suas razões no prazo de quinze dias, acompanhadas de documentos, eventual rol de testemunhas e ordenará a remessa do incidente ao tribunal. Reputa-se irrecorrível esse pronunciamento do magistrado, por ausência de caráter decisório.[452]

A relevância do tema objeto da arguição justifica a suspensão automática do processo,[453] a partir do protocolo do incidente.[454] Afinal, o caso envolve

---

449 STJ, 2ª Turma, AREsp 1.945.649/RJ, rel. Min. Francisco Falcão, j. 07.12.2021, DJe 13.12.2021.

450 TJSC, 2ª Câmara de Direito Comercial, Agravo de Instrumento 5005979-09.2023.8.24.0000, rel. Des. Rejane Andersen, j. 05.09.2023; TJPR, 20ª Câmara Cível, Apelação Cível 0002208-30.2022.8.16.0077, rel. Des. Fabio Marcondes Leite, j. 20.05.2023. Na doutrina: WAMBIER e TALAMINI, *Curso...*, v. 1, p. 537; NEVES, *Manual...*, p. 400; CUNHA, *Código...*, p. 536.

451 CÂMARA, *Manual de Direito...*, p. 201.

452 STJ, 2ª Turma, AgRg no AREsp 498.432/PB, rel. Min. Mauro Cambpell Marques, j. 17.05.2016, DJe 23.05.2016.

453 TJMA, 5ª Câmara Cível, Apelação Cível 0341112018, rel. Des. Ricardo Tadeu Bugarin Duailibe, j. 18.03.2019, DJe 25.03.2019; TJGO, 5ª Câmara Cível, Agravo de Instrumento 5215957-14.2021.8.09.0000, rel. Des. Marcus da Costa Ferreira, j.

discussão relativa à imparcialidade do julgador, que consiste em pressuposto processual de validade.[455] A causa necessariamente deverá ser julgada por um sujeito imparcial, sob pena de invalidade. A suspensão do processo, portanto, impede a prática de atos processuais pelo juiz acusado de parcialidade, inclusive os de natureza urgente.

Todavia, caso o juiz acusado de parcialidade ignore a arguição e profira sentença, haverá possível nulidade processual.[456]

O incidente será distribuído a um relator no tribunal, que decidirá se mantém ou se retira o efeito suspensivo decorrente do protocolo da arguição. Caso mantenha o efeito suspensivo, o processo permanecerá suspenso até o julgamento do incidente pelo tribunal. Se o efeito suspensivo for retirado pelo relator, o processo voltará a tramitar normalmente perante o juiz acusado de parcialidade, devendo-se submeter a ele eventuais pedidos de concessão de medidas urgentes.

Todavia, enquanto não for declarado o efeito em que o incidente será recebido ou quando ele for recebido com efeito suspensivo, eventuais medidas urgentes, que se revelem necessárias no período de suspensão do processo, serão requeridas ao substituto legal do juiz acusado de parcialidade (art. 146, § 3º).

O período de suspensão do processo compreendido entre o protocolo da arguição e a decisão do relator (mantendo ou retirando a suspensão) se justifica sob ao menos duas perspectivas.

De um lado, impede de imediato que o juiz acusado de parcialidade pratique qualquer ato processual posterior ao protocolo da arguição. Trata-se

---

29.07.2021, DJe. 03.08.2021. Na doutrina: ALVIM, *Manual...*, p. 905; CAMBI, DOTTI, PINHEIRO, MARTINS e KOZIKOSKI, *Curso...*, p. 275. Em sentido contrário: "A suspensão, nesses casos, é necessária porque os atos processuais praticados pelo juiz impedido ou suspeito podem ser reputados nulos, caso tenham sido praticados após o motivo que ensejou reconhecimento do impedimento ou da suspeição (CPC 146 §§ 5.º e 6.º). Porém, é preciso que sejam expressamente declarados os efeitos em que o incidente é recebido. A suspensão não é automática" (NERY JUNIOR e NERY, *Comentários...*, p. 875).

454 No entanto, caso a arguição de parcialidade dirija-se a um ministro do STF, a solução concebida é diversa: "3. A arguição de impedimento ou de suspeição de Ministro do Supremo Tribunal Federal não acarreta a suspensão automática do curso da demanda principal enquanto não ocorrer o julgamento de mérito da exceção (RISTF, art. 283)" (STF, Tribunal Pleno, AS 124 AgR-AgR, rel. Min. Rosa Weber, j. 04.09.2023, DJe 12.09.2023).

455 ALVIM, *Manual...*, p. 904; BEDAQUE, Comentários..., p. 492; WAMBIER e TALAMINI, *Curso...*, v. 1, p. 538.

456 TRF2, 3ª Turma, Apelação Cível 0504931-58.2016.4.02.5101, rel. Des. Cláudia Neiva, j. 20.2.2018, DJe 28.02.2018.

de medida destinada a evitar eventual nulidade de atos processuais e o consequente prejuízo à celeridade processual decorrente da necessidade de repetição de atos.

Por outro lado, a decisão pelo relator destina-se a evitar abusos. Imagine-se o sujeito que formula reiteradas arguições de impedimento ou de suspeição do juiz com objetivo de indevidamente retardar a marcha processual. Nesse caso, o relator retirará rapidamente o efeito suspensivo decorrente do protocolo da arguição e poderá aplicar sanções por litigância de má-fé.[457]

Ao final, o tribunal poderá rejeitar ou acolher a alegação de parcialidade do juiz.

Caso julgue improcedente a arguição, o processo voltará a tramitar regularmente, conduzido pelo juiz que fora indevidamente acusado de parcialidade.

Se a alegação for acolhida, em virtude de impedimento ou de manifesta suspeição, o juiz será condenado nas custas e os autos serão remetidos ao seu substituto legal (art. 146, § 5º). O tribunal então fixará a partir de qual momento o juiz não poderia ter atuado, de modo a decretar a nulidade dos atos praticados quando já estava presente o motivo de impedimento ou de suspeição (art. 146, §§ 6º e 7º), desde que tenham efetivamente gerado prejuízo à parte e aos interesses da jurisdição[458].

O juiz poderá recorrer da decisão que reconhecer o seu impedimento ou a sua suspeição, diretamente ou por intermédio de advogado.[459]

Quando o efeito suspensivo persistir até a prolação de decisão pelo tribunal acerca da arguição de parcialidade do juiz, reputa-se que as partes deverão ser intimadas do término da suspensão e da consequente retomada do trâmite processual. Afinal, a suspensão do processo em virtude de tal arguição não possui termo final definido, não podendo ser as partes surpreendidas com a

---

457 GRECO, Leonardo. *Instituições de Processo Civil:* processo de conhecimento, v. 2. 3. ed. Rio de Janeiro: Forense, 2015, p. 381. Em sentido contrário: "Ainda que se reconheça, em tese, que o oferecimento de exceção de suspeição importa na automática suspensão do processo até a declaração de efeitos em que é recebida pelo Tribunal, nos moldes do art. 313, inciso III c/c art. 146, §3º ambos do CPC, circunstâncias especiais do caso concreto podem afastar a regra. Logo, constatado nos autos que a parte reiteradamente opõe incidentes protelatórios com a finalidade de atrasar a prestação jurisdicional, não há se falar em suspensão do processo, especialmente quando o incidente sequer foi recebido por conduta exclusiva do excipiente" (TJGO, 3ª Câmara Cível, Agravo de Instrumento 5414849 29.2022.8.09.0000, rel. Des. Itamar de Lima, j. 19.04.2023).

458 WAMBIER e TALAMINI, *Curso...*, v. 1, p. 538.

459 CAMBI, DOTTI, PINHEIRO, MARTINS e KOZIKOSKI, *Curso...*, p. 275.

prática de atos processuais em primeiro grau, automaticamente após a prolação da decisão pelo tribunal.[460]

Por fim, lembre-se que também se admite a arguição de impedimento ou de suspeição do membro do Ministério Público, dos auxiliares da justiça e dos demais sujeitos imparciais do processo. Contudo, nesses casos, a arguição do incidente não conduzirá à suspensão do processo (art. 148, § 2º).

91. Suspensão pela admissão de Incidente de Resolução de Demandas Repetitivas (IRDR)

O Incidente de Resolução de Demandas Repetitivas (IRDR) destina-se a fixar uma tese jurídica pelo tribunal, quando houver (*i*) efetiva repetição de processos (não meramente potencial) contendo controvérsia sobre a mesma questão de direito (material ou processual) e (*ii*) risco de ofensa à isonomia e à segurança jurídica (art. 976, I e II). A dedução do IRDR tem por função assegurar economia processual, previsibilidade, segurança jurídica e isonomia entre os jurisdicionados.

A tese jurídica que vier a ser fixada pelo tribunal deverá ser obrigatoriamente observada em todos os processos individuais e coletivos que versem sobre idêntica questão de direito e que tramitem ou venham a tramitar na sua área de competência (art. 985, I e II).

A admissão do IRDR caracteriza hipótese de suspensão do processo (art. 313, IV c/c art. 982, I). Repare-se que não será suficiente a mera dedução do incidente. Exige-se que o incidente seja efetivamente admitido para que a suspensão do processo seja autorizada.[461]

A suspensão de que trata o inciso I do art. 982 incide sobre "os processos pendentes, individuais ou coletivos, que tramitam no Estado ou na região,

---

460 "3 - Quanto ao término da suspensão, é automático nos casos em que a lei, o juiz ou as partes fixam o limite da suspensão (incisos I, II, V e VII do art. 313 do CPC) e dependente de intimação judicial quando o termo for indefinido (incisos III, IV, VI do art. 313 do CPC). (...). 6 - Como as partes não foram intimadas do término da suspensão, merece ser anulada a sentença, pois não poderia ter sido praticado nenhum ato no processo antes do término da suspensão determinada pelo juízo a quo. 7 - Apelação provida" (TRF2, 4ª Turma Especializada, Apelação Cível 0535602-89.2001.4.02.5101, rel. Des. Luiz Antonio Soares, j. 11.12.2018, DJe 17.12.2018).

461 BUENO, Cassio Scarpinella. *Comentários ao Código de Processo Civil (arts. 1º a 317)*, v. 1. São Paulo: Saraiva, 2017, p. 478; MARINONI e ARENHART, *Comentários...*, v. 4, p. 309. Confira-se o Enunciado 92 do Fórum Permanente de Processualistas Civis: "A suspensão de processos prevista neste dispositivo é consequência da admissão do incidente de resolução de demandas repetitivas e não depende da demonstração dos requisitos para a tutela de urgência".

conforme o caso". Assim, caso a suspensão tenha sido determinada pelo Tribunal de Justiça do Estado do Paraná, deverão ser suspensos todos os processos que tramitem no Estado do Paraná e que versem sobre a questão jurídica objeto do IRDR.

Caso se repute necessário, qualquer legitimado poderá requerer ao Supremo Tribunal Federal ou ao Superior Tribunal de Justiça a suspensão de todos os processos em curso no território nacional que versem sobre a mesma questão objeto do IRDR (art. 982, § 3º).

De todo modo, a suspensão do processo, determinada com base no art. 982, I, não implica a suspensão dos processos em trâmite perante tribunal superior, pois obviamente não se trata de juízo vinculado ao tribunal de origem.[462]

A justificativa para a suspensão dos processos é muito clara: garantir que a tese vinculante que venha a ser fixada no IRDR seja aplicada nos casos em que se discuta a mesma questão de direito, de modo a uniformizar o entendimento, evitando decisões contraditórias.

Há duas ponderações relevantes acerca da adequação e dos limites para a suspensão do processo em virtude da admissão do IRDR.

A suspensão somente será determinada no processo em que foi requerida quando tal medida for imprescindível. Não haverá justificativa para se determinar a suspensão de um processo no caso de a solução da controvérsia não depender da análise da questão de direito objeto do IRDR.[463]

Haverá casos em que a suspensão do processo deverá ser apenas parcial. Nada justificaria a suspensão integral do processo se a solução a ser atingida pelo IRDR impactará apenas em parcela da pretensão do sujeito, em pedido cumulado (critérios para a indenização por dano moral, nada impactando no pedido de indenização por dano material) ou em que capítulo acessório (honorários advocatícios).[464]

Em nenhuma dessas hipóteses se justificaria a suspensão integral do processo. Caso seja possível, reputa-se adequado que a suspensão incida apenas sobre a parcela do litígio que guarda relação com a questão jurídica que será objeto da tese a ser fixada no IRDR. Com relação à parcela não impactada pela decisão do IRDR, presentes os requisitos, o juiz poderá até mesmo proferir uma decisão parcial de mérito (art. 356).

462 STJ, 1ª Turma, AgInt no AREsp 2.417.437/GO, rel. Min. Paulo Sérgio Domingues, j. 10.06.2024, DJe 17.06.2024; e STJ, 2ª Turma, AgInt no AREsp 1.645.372/ES, rel. Min. Mauro Campbell Marques, j. 07.12.2020, DJe 11.12.2020.

463 MARINONI e ARENHART, *Comentários...*, v. 4, p. 309.

464 MARINONI e ARENHART, *Comentários...*, v. 4, p. 310.

O IRDR deverá ser julgado no prazo de um ano, momento em que cessará a suspensão do processo. A regra geral, portanto, será a suspensão do processo pelo prazo de até um ano. Todavia, esse prazo poderá ser excedido por decisão fundamentada do relator do IRDR (art. 980, *caput* e parágrafo único).

A suspensão do processo também cessará pelo julgamento do IRDR, salvo se for interposto recurso especial ou recurso extraordinário contra tal decisão (art. 982, § 5º), os quais terão efeito suspensivo e presunção de repercussão geral da questão constitucional eventualmente discutida (art. 987, § 1º).

Haverá nulidade caso seja desrespeitada a ordem de suspensão, com o prosseguimento do processo e prolação de eventual decisão.[465] A decretação de tal nulidade exigirá a demonstração de prejuízo.[466]

92. Suspensão por prejudicialidade externa

Questão prejudicial consiste na relação ou situação jurídica controvertida em virtude de disputa acerca da existência, da inexistência ou do seu modo de ser.

A questão prejudicial pode ser interna ou externa.

A questão prejudicial interna é aquela cuja solução, dentro de um mesmo processo, constitui premissa necessária para a análise da pretensão principal.

É o caso, por exemplo, em que a parte autora ajuíza ação para cobrar valores devidos em virtude de determinado contrato e o réu se defende alegando a inexistência do negócio jurídico. A análise da questão acerca da existência ou inexistência do contrato é pressuposto para a análise do pedido de pagamento de valores devidos em virtude de tal negócio jurídico.

O surgimento de uma questão prejudicial internamente a um processo não implicará a sua suspensão. Há regra determinando que ela seja decidida de forma expressa e incidental neste mesmo processo, com força de coisa julgada material, desde que preenchidos determinados requisitos (art. 503, §§ 1º e 2º).

A questão prejudicial externa, por sua vez, consiste na hipótese em que a análise da questão será feita em processo diverso daquele em que se decidirá o pedido principal.

Caso seja possível, deverá haver a reunião dos processos no mesmo juízo (art. 55, § 1º). Isso será inviável quando um processo já tiver sido senten-

---

465 TJMG, 2ª Câmara Cível, Embargos de Declaração 0034384-74.2014.8.13.0611, rel. Des. Maria Inês Souza, j. 25.09.2020, DJe 04.12.2020.

466 STJ, REsp 1.982.767, rel. Min. Gurgel de Faria, j. 10.3.2022, DJe 14.3.2022 – decisão monocrática; TJPR, Ação Rescisória 0032803-83.2021.8.16.0000, rel. Des. Rogério Luis Nielsen Kanayama, j. 04.03.2022 – decisão monocrática.

ciado ou quando os processos tramitarem em juízos distintos com competências absolutas.[467]

Nos casos em que a reunião dos processos seja impossível, incidirá a regra que determina a suspensão do processo quando a prolação da sentença de mérito em um processo (*i*) depender do julgamento de outra causa ou da declaração da existência ou inexistência de relação jurídica e (*ii*) que constituir o objeto principal de outro processo pendente (art. 313, V, *a*).

Considera-se prejudicial o processo em que se decidirá a questão que consistirá no pressuposto para o julgamento do pedido principal do processo prejudicado. O principal objetivo da suspensão do processo prejudicado é evitar a prolação de decisões conflitantes.[468]

Por exemplo, imagine-se que esteja em trâmite uma ação de petição de herança e uma ação declaratória de paternidade. A verificação da paternidade é um pressuposto para a análise do pedido de petição de herança. Nesse caso, deve-se suspender a ação de petição de herança para que a questão da paternidade (objeto principal de outro processo) seja resolvida. Afinal, a sentença de mérito a ser proferida na ação de petição de herança depende da prévia definição acerca da questão da filiação.

A jurisprudência traz uma série de outros exemplos de suspensão do processo por prejudicialidade externa: prévia verificação da união estável para então se decidir em outro processo acerca da pensão por morte[469], prévia decisão em ação direta de inconstitucionalidade para que tal solução seja então adotada como pressuposto para a decisão de pedido de não pagamento de tributo em outro processo[470] e suspensão de processo de reivindicação até o julgamento de ação de usucapião discussão.[471]

Portanto, caso não exista verdadeira dependência lógica entre as causas, por envolverem questões distintas e não caracterizadoras de relação de prejudicialidade, não deverá ser deferida a suspensão, permitindo-se que as causas prossigam e recebam seus respectivos julgamentos.[472]

---

467 CUNHA, *Código...*, p. 537. No sistema espanhol há regra expressa considerando viável a suspensão do processo civil por *prejudicialidad civil* apenas quando não for possível a reunião de processos (art. 43 da Ley de Enjuiciamiento Civil). Sobre o tema, na Espanha, confira-se: DEU, *Lecciones...*, p. 264-265.

468 STJ, 2ª Turma, AgInt no AREsp 1.941.095/DF, rel. Min. Francisco Falcão, j. 28.11.2022, DJe 01.12.2022.

469 STJ, 2ª Turma, AgInt nos EDcl no RMS 61.707/MG, rel. Min. Herman Benjamin, j. 28.09.2020, DJe 14.10.2020.

470 TJDFT, 7ª Turma Cível, Agravo de Instrumento 0703795-78.2022.8.07.0018, rel. Des. Leila Arlanch, j. 30.11.2022, DJe 17.01.2023.

471 NEGRÃO, GOUVÊA, BONDIOLI e FONSECA, *Código de Processo...*, p. 388.

472 STJ, 3ª Turma, REsp 2.077.543/SP, rel. Min. Nancy Andrighi, j. 14.05.2024, DJe 24.05.2024.

Nada impede que, para fins de suspensão o processo, a causa prejudicial tenha sido ajuizada posteriormente à prejudicada.[473] Mas se exige que a suspensão por prejudicialidade externa só poderá ser requerida antes da prolação da sentença de mérito no processo prejudicado, isto é, no processo em que a questão prejudicial funcionaria como pressuposto para a prolação de tal sentença.[474]

A suspensão do processo por prejudicialidade externa não é obrigatória. Caberá ao juízo local avaliar a viabilidade da paralisação de acordo com as circunstâncias do caso concreto.[475]

A suspensão do processo por prejudicialidade externa poderá perdurar pelo prazo de até um ano (art. 313, §4º). Após o atingimento desse prazo, o processo retomará a sua tramitação normal e será decidido independentemente da definição daquela questão que ainda pende de decisão no outro processo (art. 313, § 5º). Essa é a regra geral.

Todavia, se o prazo de um ano de suspensão for atingido e a questão prejudicial ainda não tiver sido decidida no outro processo, caso o juiz do processo prejudicado repute absolutamente indispensável, poderá estender o prazo de suspensão para além do previsto na lei.[476] Trata-se de hipótese excep-

---

473 LEITE, Clarisse Frechiani Lara. *Prejudicialidade no processo civil*. São Paulo: Saraiva, 2008, p. 276; CUNHA, *Código...*, p. 537. Na jurisprudência: STJ, 3ª Turma, REsp 1.230.174, rel. Min. Nancy Andrighi, j. 04.12.2012, DJe 13.12.2012; TJMG, 18ª Câmara Cível, Agravo Interno 6139984-60.2015.8.13.0024, rel. Des. Fernando Lins, j. 17.11.2020, DJe 18.11.2020; TJSP, 2ª Câmara Reservada de Direito Empresarial, Agravo de Instrumento 2106466-62.2015.8.26.0000, rel. Des. Ricardo Negrão, j. 27.04.2016, DJe 29.04.2016. No entanto, tal entendimento não é unânime na jurisprudência. Há julgados reputando indispensável que, para fins de suspensão do processo, a causa prejudicial tenha sido ajuizada antes da causa prejudicada. Confira-se: STJ, 4ª Turma, AgInt no REsp 1.741.282/SP, rel. Min. Marco Buzzi, j. 28.11.2022, DJe 02.12.2022; TJMG, 13ª Câmara Cível, Apelação Cível 0120090-93.2012.8.13.0223, rel. Des. Newton Teixeira Carvalho, j. 11.07.2019, DJe 19.07.2019.

474 STJ, Corte Especial, EREsp 1.558.149/SP, rel. Min. Laurita Vaz, j. 04.10.2023, DJe 10.05.2023.

475 STJ, 3ª Turma, AgInt no REsp 1.913.900/RJ, rel. Min. Ricardo Villas Bôas Cueva, j. 17.06.2024, DJe 21.06.2024. Esse também é o entendimento da jurisprudência francesa, conforme relatado pela doutrina (GUINCHARD, Serge; CHANAIS, Cécile; FERRAND, Frédérique. *Procédure civile:* droit interne et droit de l'Union européenne. 31. ed. Paris: Dalloz, 2012, p. 1.039).

476 "Necessidade de compatibilizar a busca pela celeridade processual com o respeito à segurança jurídica, à isonomia e à eficiência do Judiciário. O processo deve ser suspenso até que ocorra a devida análise do tema e o julgamento da questão prejudicial, ainda que não seja de maneira definitiva (com trânsito em julgado) - e sem prejuízo de nova suspensão diante das particularidades da situação em concreto"

cional, que deverá ser adequadamente justificada, de modo a evitar que a extensão do período de suspensão implique ofensa à garantia razoável duração do processo (art. 5º, LXXVIII, da CF). Deverá haver, portanto, um juízo de ponderação, em que serão sopesados a indispensabilidade da resolução da questão prejudicial no outro processo e os prejuízos decorrentes do fator tempo pelo prolongamento da suspensão do processo prejudicado.[477]

93. Suspensão enquanto se aguarda a verificação de fato ou a produção de prova

O processo será suspenso quando a prolação da sentença de mérito depender (*i*) da prévia verificação de determinado fato ou (*ii*) da prévia produção de determinada prova requisitada a outro juízo (art. 313, V, *b*).

Repare-se que o processo não ficará integralmente suspenso enquanto aguarda a produção da prova. A suspensão de que trata o art. 313, V, *b*, impede apenas que seja proferida sentença enquanto o processo aguarda a produção da prova. Não ficará vedada a prática de outros atos processuais[478], tampouco a prolação de decisão parcial de mérito em relação à parcela que não dependa da produção daquela prova.[479]

A regra do art. 313, V, *b* deve ser interpretada em consonância com a disciplina contida no art. 377. Haverá suspensão do processo quando a produção da prova por carta precatória, carta rogatória ou auxílio direto for requerida antes da decisão de saneamento (art. 357) e a prova for imprescindível à prolação da sentença de mérito. Essa limitação temporal fundamenta-se nos princípios da boa-fé (art. 5º) e da cooperação (art. 6º), pois não seria razoável que uma parte aguardasse convenientemente para requerer a expedição da carta ou o auxílio direto para a produção da prova depois do saneamento do processo.[480]

Preenchidos tais requisitos, portanto, justifica-se que se aguarde a diligência probatória para que somente então a causa seja sentenciada.

Admite-se que o processo permaneça suspenso, aguardando-se a produção da prova, pelo prazo máximo de um ano (art. 313, § 4º). Mas nada impede que o juiz, de forma fundamentada e mediante juízo de ponderação, sus-

---

(STJ, 3ª Turma, REsp 2.039.989/MG, rel. Min. Nancy Andrighi, j. 25.04.2023, DJe 27.04.2023). No mesmo sentido: STJ, 2ª Turma, AgInt no AREsp 1.941.095/DF, rel. Min. Francisco Falcão, j. 28.11.2022, DJe 01.12.2022.

477 MARINONI e ARENHART, *Comentários...*, v. 4, p. 314.

478 MARINONI e ARENAHRT, *Comentários...*, v. 4, p. 315.

479 WAMBIER e TALAMINI, *Curso...*, v. 1, p. 542.

480 CÂMARA, *Manual de Direito...*, p. 348.

penda a tramitação do processo mesmo se a diligência probatória for requerida após a decisão saneadora e, eventualmente, por período superior ao limite um ano.[481]

94. Suspensão por motivo de força maior

O processo também poderá ser suspenso por motivo de força maior (art. 313, VI). No sistema brasileiro, o motivo de força maior e o caso fortuito se equivalem[482] (art. 393, parágrafo único, do Código Civil).[483] Exige-se que o evento caracterizador da força maior seja alheio à vontade das partes, impacte a todos (partes e juiz) de forma generalizada e comprometa o desenvolvimento do processo ou impeça as partes de praticar os atos processuais que lhes sejam direcionados.[484] A eficácia da suspensão retroagirá à data da ocorrência do evento.[485]

Os exemplos tradicionalmente encontrados na jurisprudência são os seguintes: enchente que impeça o ingresso no prédio do fórum ou a prática de quaisquer atos processuais (mesmo eletrônicos)[486] e calamidade pública.[487-488]

---

481 WAMBIER e TALAMINI, *Curso...*, v. 1, p. 542.

482 VENOSA, Sílvio de Salvo. *Direito civil*: obrigações e responsabilidade civil. 20. ed. Barueri (SP): Atlas, 2020, p. 501.

483 Dispõe o art. 393, parágrafo único, do Código Civil: "Art. 393. O devedor não responde pelos prejuízos resultantes de caso fortuito ou força maior, se expressamente não se houver por eles responsabilizado. Parágrafo único. O caso fortuito ou de força maior verifica-se no fato necessário, cujos efeitos não era possível evitar ou impedir".

484 NERY JUNIOR e NERY, *Comentários...*, p. 876; MARINONI e ARENHART, *Comentários...*, v. 4, p. 316-317.

485 ASSIS, *Processo...*, v. 3, p. 790; DIDIER JR. Fredie. *Curso de Direito Processual Civil:* Introdução ao Direito Processual Civil, Parte Geral e Processo do Conhecimento, v. 1. 25. ed. São Paulo: JusPodivm, 2023, p. 941.

486 STF, Rcl 66.084/RS, rel. Min. Cármen Lúcia, j. 04.06.2024, DJe 10.06.2024 – decisão monocrática; TRF4, Ação Rescisória 5016629-72.2024.4.04.0000, rel. Des. Rony Ferreira, j. 10.06.2024 – decisão monocrática; TJRS, 5ª Câmara Cível, Apelação Cível 5000415-97.2016.8.21.0058, rel. Des. Cláudia Maria Hardt, j. 31.07.2024; TJSP, Agravo de Instrumento 2026179-39.2020.8.26.0000, rel. Des. Edgard Rosa, j. 19.02.2020, DJe 20.02.2020 – decisão monocrática.

487 TJSP, 3ª Câmara de Direito Público, Agravo de Instrumento 2204310-31.2023.8.26.0000, rel. Des. Camargo Pereira, j. 23.10.2023, DJe 08.11.2023; TJSC, 5ª Câmara de Direito Comercial, Embargos de Declaração 2009.041905-5, rel. Des. Iolmar Alves Baltazar, j. 09.08.2012.

488 Há julgado em que se autorizou a suspensão do processo por greve de servidores: TJES, 3ª Câmara Cível, Apelação Cível 0051617-74.2013.8.08.0024, rel. Des. Eliana Junqueira Munhos Ferreira, j. 02.08.2016, DJe 10.08.2016. No entanto, o STJ pacificou entendimento em sentido diverso: "4. A jurisprudência do STJ é firme e consolidada no sentido de que a greve de servidores não constitui motivo de força

Mas as situações devem ser analisadas caso a caso. Por exemplo, a pandemia mundial do COVID-19, que impactou a todos nos anos de 2020 e 2021 não impediu a regular tramitação dos processos eletrônicos, em que os atos processuais puderam ser praticados mesmo nos períodos de isolamento social. Logo, tais casos não justificaram a suspensão dos processos eletrônicos por longo período.[489] Todavia, nas comarcas em que os processos tramitavam por meio de autos físicos, que exigem a presença física nos fóruns para acompanhamento e prática de atos processuais presenciais, não há dúvida de que se justificava a suspensão do processo. Afinal, os fóruns ficaram fechados por longos períodos e impediram a prática de atos processuais.[490]

Não será admissível a suspensão do processo como um todo por evento que impacte em somente uma das partes. Para esses casos particularizados, a solução concebida será a suspensão do prazo por obstáculo criado em detrimento da parte e que será restituído em favor da parte prejudicada pelo tempo que faltava para a sua complementação (art. 221, *caput*).[491]

Na hipótese do art. 313, VI, considerando tratar-se de evento com impacto transindividual[492], admite-se que a suspensão do processo por motivo de força maior seja determinada de ofício ou a requerimento de qualquer das partes.[493]

O processo será considerado suspenso desde a ocorrência do fato caracterizador do motivo de força maior, independentemente de declaração judicial. Como a lei não definiu um termo final para o período de suspensão, considera-se que o processo permanecerá suspenso até que o impedimento seja eliminado ou o obstáculo seja superado.[494] Diante da indefinição legal quanto ao

---

maior a ensejar a suspensão ou a devolução dos prazos processuais" (STJ, 2ª Turma, REsp 1.701.959/SP, rel. Min. Herman Benjamin, j. 08.5.2018, DJe 23.11.2018).

489 STJ, 6ª Turma, AgRg no AREsp 2.213.242/BA, rel. Min. Antonio Saldanha Palheiro, j. 21.03.2023, DJe 27.03.2023; TJGO, 7ª Câmara Cível, Agravo de Instrumento 5078514-28.2023.8.09.0072, rel. Des. Doraci Lamar Rosa da Silva Andrade, j. 27.06.2024.

490 STJ, 3ª Turma, AgInt nos EDcl no AREsp 2.078.506/MG, rel. Min. Moura Ribeiro, j. 14.08.2023, DJe 16.08.2023; TJMG, 10ª Câmara Cível, Apelação Cível 6680768-03.2007.8.13.0024, rel. Des. Mariangela Meyer, j. 21.05.2024, DJe 22.05.2024. Na doutrina: TALAMINI, Eduardo; AMARAL, Paulo Osternack. Suspensão de prazos judiciais por força da pandemia. *Revista de Processo,* v. 306, p. 393-410, ago. 2020; CÂMARA, *Manual de Direito...*, p. 349.

491 FUX, *Curso...*, p. 363.

492 NERY JUNIOR e NERY, *Comentários...*, p. 876; ASSIS, *Processo...*, v. 3, p. 789.

493 BUENO, *Manual de Direito...*, p. 200.

494 GRECO, *Instituições...*, v. 2, p. 387; CAMBI, DOTTI, PINHEIRO, MARTINS e KOZIKOSKI, *Curso...*, p. 277.

termo final do período de suspensão, reputa-se que o retorno da marcha processual dependerá de intimação das partes.[495]

95. Suspensão enquanto pender discussão sobre acidentes e fatos da navegação de competência do Tribunal Marítimo

Admite-se a suspensão do processo "quando se discutir em juízo questão decorrente de acidentes e fatos da navegação de competência do Tribunal Marítimo" (art. 313, VII).[496] Assim, o processo judicial somente deverá ser suspenso quando se verificar a concreta necessidade de aferição pelo Tribunal Marítimo da questão submetida ao Judiciário.[497]

A hipótese é peculiar, pois o Tribunal Marítimo é um órgão administrativo, vinculado ao Ministério da Marinha e que, portanto, não desempenha função jurisdicional.[498] É o que se extrai da Lei n. 2.180/54, que institui e disciplina o funcionamento do Tribunal Marítimo. De um lado, atribui-se ao Tribunal a função de julgar os acidentes e fatos da navegação marítima, fluvial e lacustre e as questões relacionadas com tal atividade (art. 1º da Lei n. 2.180/54). Por outro lado, as decisões proferidas pelo Tribunal Marítimo "têm valor probatório e se presumem certas, sendo porém suscetíveis de reexame pelo Poder Judiciário" (art. 18).

A ausência de desempenho de função jurisdicional pelo Tribunal Marítimo permite concluir que não há relação de prejudicialidade entre a questão objeto do Tribunal Marítimo e o processo judicial. Contudo, o objetivo da regra é relevante: suspender o processo judicial para permitir que o Judiciário atinja uma melhor solução diante do lastro probatório formado no âmbito do órgão administrativo especializado.

A doutrina diverge acerca do caráter obrigatório da suspensão do processo na hipótese do inciso VII do art. 313.

---

495 THEODORO JÚNIOR, *Curso...*, v. 1, p. 704; ASSIS, *Processo...*, v. 3, p. 790.

496 Todavia, não será o caso de suspensão do processo quando a "responsabilidade da agravada como depositária e transportadora independe da determinação das causas do acidente. Providências para preservação da carga que poderiam, em tese, ter sido adotadas independentemente da determinação da responsabilidade pelo acidente. Matéria que pode ser aferida no Juízo Cível, independentemente da apuração no Tribunal Marítimo, ainda que tenha fundamento remoto nos mesmos fatos investigados naquele Tribunal" (TJSP, 3ª Câmara de Direito Privado, Agravo de Instrumento 2079571-64.2015.8.26.0000, rel. Des. Carlos Alberto de Salles, j. 29.09.2015, DJe 04.11.2015).

497 TJRS, 9ª Câmara Cível, Agravo de Instrumento 5106667-46.2022.8.21.7000, rel. Des. Tasso Caubi Soares Delabary, j. 09.11.2022, DJe 10.11.2022.

498 DINAMARCO, *Instituições...*, v. 3, p. 206-207.

Há corrente doutrinária que sustenta, com excelentes fundamentos, que seria o caso de reputar que a suspensão do processo, nos termos do art. 313, VII, somente incidiria quando as partes concordarem em aguardar a solução daquele órgão. Não seria exigível que o processo judicial tivesse de obrigatoriamente aguardar o desfecho de uma atividade meramente administrativa (não jurisdicional). A discordância de qualquer das partes seria suficiente para manter o trâmite normal do processo judicial.[499] De forma mais contundente, há quem conclua que o inciso VII do art. 313 é inconstitucional, de modo que não teria aptidão para suspender o processo judicial, enquanto aguarda o julgamento pelo Tribunal Marítimo.[500]

Todavia, a posição que nos parece mais adequada é outra. Considera que a atividade do Tribunal Marítimo possui relevante força probatória, diante do caráter especializado da análise técnica acerca de acidentes e fatos da navegação. Assim, havendo discussão judicial acerca desses temas, seria o caso de suspensão obrigatória do processo, de modo a permitir a juntada da decisão definitiva no processo judicial – ainda que o juiz possa atribuir a essa apuração o valor probatório que reputar adequado.[501] Nesse caso, o processo deverá permanecer suspenso até a juntada da decisão administrativa definitiva.[502]

Considerando que a decisão do Tribunal Marítimo tem feição probatória e que poderá ser revista pelo Poder Judiciário, considera-se incabível a suspensão do cumprimento de sentença, com base no artigo 313, VII, o qual pressupõe que a paralisação do processo em que se discute acidente e fatos da navegação de competência do Tribunal Marítimo esteja na fase de conhecimento.[503]

96. Demais hipóteses de suspensão: CPC e legislação extravagante

O art. 313 não contempla todos os casos que determinam a suspensão do processo. Isso é extraível da regra do inciso VIII do próprio art. 313, a qual

---

499 WAMBIER e TALAMINI, *Curso...*, v. 1, p. 543. Na mesma linha, há quem repute que "ainda que determinado acidente esteja sendo examinado pelo mencionado tribunal, nada obsta que o juiz indefira o pedido de suspensão e avalie diretamente os fatos" (CAMBI, DOTTI, PINHEIRO, MARTINS e KOZIKOSKI, *Curso...*, p. 278).

500 DINAMARCO, *Instituições...*, v. 3, p. 208.

501 STJ, 4ª Turma, REsp 811.769/RJ, rel. Min. Luis Felipe Salomão, j. 09.02.2010, DJe 12.03.2010.

502 MARINONI e ARENHART, *Comentários...*, v. 4, p. 318; NEVES, *Manual...*, p. 402-403. No entanto, há quem repute que o limite de um ano, previsto no § 4º do art. 313, seria também aplicável à hipótese do inciso VII, por analogia (GRECO, *Instituições...*, v. 2, p. 388; BUENO, *Manual de Direito...*, p. 201).

503 TJDFT, 1ª Turma Cível, Agravo de Instrumento 0702831-81.2018.8.07.0000, rel. Des. Simone Lucindo, j. 06.06.2018, DJe 12.06.2018.

determina que o processo será suspenso "nos demais casos que este Código regula". Há uma série de regras esparsas no CPC que impõe a suspensão do processo em determinadas hipóteses.

É o que ocorre, por exemplo, com a instauração do incidente de desconsideração da personalidade jurídica (art. 134, § 3º), superveniência de férias forenses (art. 214), propositura da oposição após o início da audiência de instrução (art. 685, parágrafo único), enquanto as partes se submetem a mediação ou a atendimento multidisciplinar nas ações de família (art. 694, parágrafo único) e quando não for localizado o executado ou bens penhoráveis (art. 921, III, § 1º).

Todavia, existem outros tantos casos na legislação extravagante, que identicamente determinam a suspensão do processo: suspensão da execução fiscal enquanto não for localizado o devedor ou encontrados bens penhoráveis (art. 40 da Lei n. 6.830/1980) e casos em que as partes requerem a suspensão do processo judicial para se submeterem a uma mediação extrajudicial (art. 16 da Lei n. 13.140/2015).[504]

97. Suspensão do processo por questão familiar relacionada à advogada e ao advogado

A Lei n. 13.363/2016 inseriu no CPC e no Estatuto da Advocacia (Lei n. 8.906/1994) disciplina específica acerca dos direitos e garantias para a advogada gestante, lactante, adotante ou que der à luz e para o advogado que se tornar pai.

O art. 7º-A da Lei n. 8.906/1994 dispôs, dentre outros direitos, o direito de a advogada adotante ou que der à luz de obter a suspensão de prazos processuais por trinta dias quando for a única patrona da causa (inciso IV e § 3º). A violação de tal direito caracteriza crime, com pena que pode atingir quatro anos de detenção e multa (art. 7º-B da Lei n. 8.906/1994).

A disciplina processual concebida pelo CPC foi aparentemente mais ampla do que a inserida no Estatuto da Advocacia. Assegurou-se que a advogada que atue como única responsável pela causa terá o direito à suspensão do processo por trinta dias úteis, contados do parto ou da concessão da adoção (art. 313, IX).

Ou seja, o CPC assegura não apenas a suspensão dos prazos processuais, mas também a suspensão integral do processo pelo período de trinta dias.

---

504 Para um exame aprofundado acerca do tema, confira-se: TALAMINI, Eduardo. Suspensão do processo judicial para realização de mediação. *Revista de Processo*, v. 277, p. 565-584, mar. 2018.

O requerimento de suspensão deverá ser instruído com: (*i*) a certidão de nascimento ou documento equivalente, que comprove a realização do parto; ou (*ii*) o termo judicial que comprove a concessão da adoção (art. 313, § 6º).

Em qualquer caso, a advogada deverá notificar o seu cliente por escrito (art. 313, § 6º c/c art. 7º-A, IV, da Lei n. 8.906/1994), por qualquer meio idôneo (carta com aviso de recebimento, e-mail, mensagem de WhatsApp etc.) capaz de conferir ciência inequívoca acerca do fato (parto ou adoção) e da respectiva consequência processual (suspensão do processo).

Tal notificação não será requisito para a obtenção da suspensão do processo. Consistirá apenas em uma salvaguarda relevante no âmbito da relação estabelecida com o seu cliente.[505]

O advogado terá direito à suspensão do processo por oito dias úteis quando ele for o único patrono da causa e se tornar pai (art. 313, X). O prazo de oito dias úteis será contado da data do parto ou da concessão da adoção e será comprovado pela certidão de nascimento (ou documento similar comprobatório do parto) ou pelo termo judicial que tenha concedido a adoção (art. 313, § 7º).

O advogado também deverá notificar o seu cliente por escrito, por qualquer meio idôneo (carta com aviso de recebimento, e-mail, mensagem de WhatsApp etc.) capaz de conferir ciência inequívoca acerca do fato (paternidade) e da respectiva consequência processual (suspensão do processo).

Tal notificação não será requisito para a obtenção da suspensão do processo. Consistirá em salvaguarda do advogado em relação a eventual responsabilidade no período em que o processo estiver suspenso. A notificação, portanto, é relevante no âmbito da relação estabelecida entre o advogado e o seu cliente.

> **Art. 314.** Durante a suspensão é vedado praticar qualquer ato processual, podendo o juiz, todavia, determinar a realização de atos urgentes a fim de evitar dano irreparável, salvo no caso de arguição de impedimento e de suspeição.
>
> *CPC de 1973 – art. 266*

98. Vedação à prática de atos processuais

A suspensão do processo implica a vedação à prática de atos processuais. Isso ocorrerá não apenas nos casos de suspensão contidos no art. 313, mas também nas demais hipóteses previstas no CPC (por exemplo, arts. 134, §3º, 214, 685, parágrafo único, 694, parágrafo único e 921, III, § 1º) e na legislação extravagante (art. 40 da Lei n. 6.830/1980 e art. 16 da Lei n. 13.140/2015, por exemplo).

---

505 WAMBIER e TALAMINI, *Curso...*, v. 1, p. 544; CUNHA, *Código...*, p. 539.

A prática de atos processuais no período de suspensão implicará nulidade (ou ineficácia dos atos), salvo se não causar prejuízo.[506]

99. Exceção: situações urgentes

Evidentemente que a suspensão do processo não impedirá que o juiz conceda medidas urgentes destinadas a evitar dano irreparável (art. 314). Trata-se de assegurar à parte a garantia constitucional da inafastabilidade (art. 5º, XXXV) e da razoável duração do processo (art. 5º, LXXVIII).

100. Especificamente o caso de arguição de impedimento ou de suspeição

O protocolo da arguição de impedimento ou de suspeição implicará a suspensão automática do processo. Nesse caso, o juiz acusado de parcialidade não poderá nem mesmo atuar para evitar dano irreparável à parte. As situações urgentes surgidas posteriormente à arguição deverão ser submetidas ao substituto legal do juiz arguido (art. 146, § 3º).

É esse o sentido da parte final do art. 314: "(...) podendo o juiz, todavia, determinar a realização de atos urgentes a fim de evitar dano irreparável, *salvo no caso de arguição de impedimento e de suspeição*".

> **Art. 315.** Se o conhecimento do mérito depender de verificação da existência de fato delituoso, o juiz pode determinar a suspensão do processo até que se pronuncie a justiça criminal.
>
> **§ 1º** Se a ação penal não for proposta no prazo de 3 (três) meses, contado da intimação do ato de suspensão, cessará o efeito desse, incumbindo ao juiz cível examinar incidentemente a questão prévia.
>
> **§ 2º** Proposta a ação penal, o processo ficará suspenso pelo prazo máximo de 1 (um) ano, ao final do qual aplicar-se-á o disposto na parte final do § 1º.
>
> *CPC de 1973 – art. 110*

101. Prejudicialidade externa penal

O processo civil deverá ser suspenso quando o julgamento do mérito depender da verificação da existência de fato delituoso a ser apurado na esfera

---

506 STF, 2ª Turma, AgR na Rcl 50.806/SP, rel. Min. Edson Fachin, j. 23.05.2022, DJe 06.06.2022; STJ, 4ª Turma, AgInt na TutPrv no AREsp 1.671.206/MT, rel. Min. Antonio Carlos Ferreira, j. 08.04.2024, DJe 11.04.2024; STJ, 3ª Turma, AgInt no AREsp 2.301.738/SP, rel. Des. Moura Ribeiro, j. 04.09.2023, DJe 06.09.2023; TJMG, 7ª Câmara Cível, Apelação Cível 5000019-64.2020.8.13.0071, rel. Des. Peixoto Henriques, j. 02.07.2024, DJe 10.07.2024; TJTO, 1ª Câmara Cível, Apelação Cível 0000472-77.2023.8.27.2714, rel. Min. Helvécio de Brito Maia Neto, j. 15.05.2024, DJe 17.05.2024.

criminal (art. 315, *caput*, do CPC c/c art. 64, *caput* e parágrafo único, do CPP[507]).[508]

Trata-se de hipótese de prejudicialidade externa penal. É um mecanismo processual orientado a permitir que o processo civil aguarde o desfecho do processo criminal e o adote como premissa obrigatória de sua decisão, de modo a evitar decisões contraditórias.

A regra do art. 315, portanto, constitui norma especial em relação àquela contida no art. 313, V, *a*. Afinal, o art. 315 incidirá apenas nos casos em que o processo penal verifique a existência do fato delituoso; o art. 313, V, *a*, será aplicável aos demais casos de prejudicialidade externa.

Não se reputa adequada a suspensão do processo civil indenizatório enquanto se apura na esfera penal a eventual configuração criminal do mesmo ilícito.[509] No entanto, caso o processo penal envolva discussão acerca da materialidade ou da autoria do crime (art. 935 do Código Civil),[510] considera-se que haverá sim uma questão prejudicial a ser apurada na esfera criminal, o que justificará a suspensão do processo civil.[511]

102. Tempo de suspensão do processo

É demasiadamente curto o tempo de suspensão decorrente da existência de prejudicialidade externa penal.

O art. 315 define dois prazos de suspensão distintos: (*i*) a ação penal deve ser ajuizada no prazo de três meses contados da intimação do ato de suspensão; ou (*ii*) proposta a ação penal, ela deve ser julgada no prazo de até um ano.

Na grande parte dos casos, o processo civil será suspenso e a ação penal não será ajuizada em três meses ou, caso ajuizada, não será sentenciada com

---

507 Dispõe o art. 64 do Código de Processo Penal: "Art. 64. Sem prejuízo do disposto no artigo anterior, a ação para ressarcimento do dano poderá ser proposta no juízo cível, contra o autor do crime e, se for caso, contra o responsável civil. Parágrafo único. Intentada a ação penal, o juiz da ação civil poderá suspender o curso desta, até o julgamento definitivo daquela".

508 O art. 40.2, 1ª e 2ª, da Ley de Enjuiciamiento Civil espanhola contém regra equivalente à prevista no art. 315 do CPC/15.

509 STJ, 3ª Turma, AgInt no REsp 1.905.200, rel. Min. Nancy Andrighi, j. 19.04.2021, DJe 22.04.2021; TJMG, 18ª Câmara Cível, Agravo de Instrumento 2512244-27.2023.8.13.0000, rel. Des. André da Fonseca Xavier, j. 16.04.2024; TJGO, 3ª Câmara Cível, Apelação Cível 0124525-71.2016.8.09.0065, rel. Des. Itamar de Lima, j. 04.12.2018, DJe 14.12.2018.

510 Dispõe o art. 935 do Código Civil: "A responsabilidade civil é independente da criminal, não se podendo questionar mais sobre a existência do fato, ou sobre quem seja o seu autor, quando estas questões se acharem decididas no juízo criminal".

511 DINAMARCO, *Instituições...*, v. 3, p. 206.

trânsito em julgado no exíguo prazo de um ano. Assim, a despeito de o fundamento para a suspensão ser relevante, no mais das vezes, o prazo diminuto de suspensão por prejudicialidade penal implicará enorme perda de tempo para as partes e para o Poder Judiciário.

De todo modo, descumpridos quaisquer desses limites temporais, cessará o estado de suspensão, o processo civil voltará a correr e a questão prejudicial penal será examinada incidentalmente pelo juiz cível (art. 315, §§ 1º e 2º).

No entanto, o Superior Tribunal de Justiça já afirmou que esses prazos contidos no art. 315 admitem flexibilização, devendo-se compatibilizar a celeridade processual, o respeito à segurança jurídica, a isonomia e a eficiência do Judiciário. As circunstâncias concretas podem recomendar que o processo permaneça suspenso até o julgamento da questão prejudicial, ainda que não seja de maneira definitiva, isto é, sem trânsito em julgado.[512]

103. Eficácia civil da sentença penal condenatória

Um mesmo fato pode caracterizar ilícito civil, a ser apurado em ação cível, e ilícito penal, a ser apurado em demanda criminal. As instâncias civil e penal são autônomas e independentes. Caso haja a concomitância de um processo civil e de um processo penal, acerca do mesmo fato, admite-se a suspensão do processo civil até que a justiça criminal se pronuncie.

Contudo, nada impede que, muito embora o fato também tenha repercussão civil, seja ajuizada apenas a ação penal. Isso se justifica em virtude de a sentença penal condenatória transitada em julgada ostentar a qualidade de título executivo judicial (art. 515, VI). Nesse caso, transitada em julgado a condenação na esfera penal, poderão promover-lhe a execução no juízo cível, para o efeito da reparação do dano, o ofendido, seu representante legal ou seus herdeiros (art. 63 do CPP).

Enquanto se aguarda o desfecho da ação penal, não correrá o prazo de prescrição para o ajuizamento da ação civil correlata (art. 200 do Código Civil).[513] A incidência da regra do art. 200 do Código Civil pressupõe a existência de ação penal em curso ou, ao menos, inquérito policial em trâmite.[514]

512 STJ, 3ª Turma, REsp 2.039.989/MG, rel. Min. Nancy Andrighi, j. 25.04.2023, DJe 27.04.2023.

513 Dispõe o art. 200 do Código Civil: "Quando a ação se originar de fato que deva ser apurado no juízo criminal, não correrá a prescrição antes da respectiva sentença definitiva".

514 STJ, 2ª Turma, AgInt no REsp 2.071.400/PA, rel. Min. Francisco Falcão, j. 25.09.2023, DJe 27.09.2023.

TÍTULO III
DA EXTINÇÃO DO PROCESSO

Art. 316. A extinção do processo dar-se-á por sentença.

CPC de 1973 – sem dispositivo correspondente

104. Definição de sentença

Para que um pronunciamento judicial possa ser qualificado como sentença, ele deverá agregar duas características essenciais: (*i*) enquadrar-se em uma das hipóteses dos arts. 485 ou 487 e (*ii*) encerrar a fase cognitiva do procedimento comum ou extinguir a execução (art. 203, § 1º).[515]

Qualquer outro ato judicial decisório, que não preencha tais requisitos, será considerado uma decisão interlocutória (art. 203, § 2º). É o que ocorrerá, por exemplo, com uma decisão que determine a exclusão de um litisconsorte passivo, por ilegitimidade. Tal decisão, em princípio, se encaixaria na hipótese do inciso VI do art. 485, que determina a prolação de sentença sem resolução de mérito quando o juiz "verificar ausência de legitimidade ou de interesse processual".

Entretanto, após a exclusão do réu ilegítimo, o processo prosseguirá normalmente em relação ao outro litisconsorte passivo que permaneceu no processo. Logo, tal pronunciamento não terá extinguido uma fase processual, muito menos o processo. Nesse caso houve a prolação de uma decisão interlocutória, passível de impugnação por meio de agravo de instrumento (art. 1.015, VII).

Os pronunciamentos judiciais sem caráter decisório são qualificados como despachos, os quais serão praticados de ofício ou a requerimento da parte (art. 203, § 3º).

105. Extinção do processo por sentença

O processo será necessariamente extinto por meio de uma sentença. Contudo, não será toda sentença que terá o efeito de extinguir o processo. Independentemente do fundamento adotado (arts. 485 e 487), é perfeitamente possível que a sentença extinga apenas a fase cognitiva do procedimento do procedimento comum em primeira instância, mas não o processo.

Afinal, caso seja interposta apelação contra a sentença, o processo prosseguirá em sede recursal, perante o tribunal. Nesse caso, a prolação da senten-

515 Ressalvadas as disposições expressas dos procedimentos especiais, tal como o procedimento de exigir contas, em que se reconhece a existência de duas sentenças: a que condena o réu a prestar as contas (art. 550, § 5º) e a que decide sobre as contas prestadas, apurando o saldo (art. 552).

ça não terá encerrado o processo, mas apenas a fase relativa à sua tramitação em primeiro grau de jurisdição.

A precisa identificação da natureza do pronunciamento judicial é especialmente relevante para se definir o cabimento do recurso adequado. Contra a sentença, cabe apelação (art. 1.009, *caput*). Algumas decisões interlocutórias são impugnáveis por meio de agravo de instrumento (art. 1.015) e outras somente poderão ser suscitadas em preliminar de apelação ou em sede de contrarrazões (art. 1.009, § 1º).

106. Especificamente a sentença da ação de produção antecipada da prova

A sentença proferida na ação de produção antecipada da prova terá aptidão para extinguir o processo. Ela poderá enfrentar o mérito da pretensão de pré-constituição da prova (art. 487) ou não julgar o mérito diante da ausência de condições para o exame do pedido do autor.

A sentença na ação de produção antecipada da prova ostenta características peculiares. Ela não se pronunciará sobre a ocorrência ou a inocorrência do fato, nem sobre as respectivas consequências jurídicas (art. 382, § 2º). Não haverá valoração da prova produzida de forma antecipada.[516] Consequentemente, não é possível que o juiz, na produção antecipada da prova, aplique a pena de confesso (confissão ficta) para a parte que, devidamente intimada, não comparece para depor.[517]

---

516 "Cumprimento de sentença decorrente de produção antecipada de provas, a fim de obter documentos para fiscalização de empresa de que a exequente é sócia. Alega da recusa ilegítima de apresentação dos documentos pelos réus. Indeferimento da aplicação da presunção do art. 400, II, do CPC. Agravo de instrumento da autora. Ação de produção antecipada de provas que não foi convertida em ação de exibição de documentos. Mera abertura do contraditório, conforme autorizado pelo art. 382, § 1º, do CPC. Impossibilidade de aplicação do art. 400, II, do CPC à espécie, posto que produção antecipada de provas não permite pronunciamento judicial sobre a ocorrência ou inocorrência de fato (art. 382, §2º, do CPC). Tema que deverá ser discutido em ação própria. Decisão mantida. Agravo de instrumento a que se nega provimento" (TJSP, 1ª Câmara Reservada de Direito Empresarial, Agravo de Instrumento 2001707-03.2022.8.26.0000, rel. Des. Cesar Ciampolini, j. 28.11.2022, DJe 30.11.2022).

517 MARINONI, Luiz Guilherme; ARENHART, Sérgio Cruz. *Prova e convicção*. 5. ed. São Paulo: Thomson Reuters Brasil, 2022, p. 522-523. "O que não há, na própria medida de produção antecipada, é confissão ficta – seja porque ali o juiz não valora a prova, seja porque ainda não estão postas as pretensões e defesas sobre cujo substrato fático a confissão incidiria." (TALAMINI, Eduardo. Produção antecipada de prova no Código de Processo Civil de 2015. *Revista de Processo*. v. 260, p. 75-101, out. 2016, n. 15.2).

A sentença homologará a prova produzida.[518] Essa sentença terá eficácia declaratória e constitutiva. Declarará o direito do autor (ou do réu, na reconvenção) de produzir a prova de forma antecipada e que a prova foi produzida de forma regular. Constituirá a existência da prova propriamente dita.

O STJ entende que a decisão proferida na ação de produção antecipada da prova não faz coisa julgada material, sendo meramente homologatória. Seria possível, consequentemente, que o laudo pericial fosse posteriormente objeto de impugnação em futura ação judicial, por exemplo.[519] Há vozes divergentes na doutrina, entretanto, sustentando que a coisa julgada material incidiria sobre a decisão proferida na ação de produção antecipada de prova, nos limites das questões efetivamente decididas.[520]

107. A decisão parcial de mérito: nuances

A decisão parcial de mérito, prevista no art. 356, consiste no pronunciamento judicial por meio do qual o juiz decide apenas um dos pedidos cumulados ou parcela de um pedido.

Não se trata de sentença, que por definição põe fim à fase cognitiva do procedimento comum (art. 203, § 1º). Consiste em decisão interlocutória de mérito, proferida em momento anterior ao ato que encerra a fase cognitiva.

Nesse ponto, o CPC/2015 avançou significativamente em relação ao CPC/1973. O art. 273, § 6.º, do CPC/73, admitia a concessão de tutela antecipada quando um pedido cumulado, ou parcela de pedido, fosse incontroverso.

O STJ rejeitava a hipótese de sentenças parciais de mérito, preservando a "teoria da unidade estrutural da sentença, a obstar a ocorrência de pluralidade de sentenças em uma mesma fase processual".[521]

---

518 Para Daniel Amorim Assumpção Neves, na ação de produção antecipada da prova em que houvesse a produção de mais de um meio de prova, o legislador deveria ter previsto "a possibilidade de homologações parciais de cada meio de prova imediatamente após sua produção" (NEVES, Daniel Amorim Assumpção. *Novo Código de Processo Civil comentado – artigo por artigo*. Salvador: JusPodivm, 2016, p. 677).

519 STJ, 3ª Turma, AgInt no AREsp 1.736.270/PR, rel. Min. Ricardo Villas Bôas Cueva, j. 22.06.2021, DJe 30.06.2021; STJ, 4ª Turma, AgInt no RMS 69.946/SP, rel. Min. Antonio Carlos Ferreira, j. 13.02.2023, DJe 22.02.2023; TJSC, 3ª Câmara de Direito Comercial, Apelação Cível 5015253-32.2021.8.24.0011, rel. Des. Rodolfo Tridapalli, j. 25.01.2024.

520 FUGA, Bruno Augusto Sampaio. *Produção antecipada da prova*: procedimento adequado para a máxima eficácia e estabilidade. Londrina (PR): Thoth, 2023, p. 177-181.

521 STJ, 3ª Turma, REsp 1.281.978/RS, rel. Min. Ricardo Villas Bôas Cueva, j. 05.05.2015, DJe 20.05.2015.

O art. 356, por sua vez, determina que o juiz decida parcial e antecipadamente o mérito quando, em relação a um ou mais dos pedidos formulados ou parcela deles, houver incontrovérsia ou condições de imediato julgamento. Não se trata mais de mera antecipação de tutela, tampouco de sentença parcial de mérito.

O art. 356 do CPC/2015 autoriza a prolação de decisão parcial de mérito acerca de um pedido cumulado, ou de parcela de um pedido, que já se encontre maduro para julgamento. Tal decisão interlocutória resolverá antecipadamente parte do mérito, será proferida mediante cognição exauriente, com aptidão para formar coisa julgada material e desencadear a execução definitiva.

O julgamento antecipado parcial de mérito será proferido em duas hipóteses, definidas nos incs. I e II do art. 356 do CPC/2015.

A primeira hipótese consiste na incontrovérsia de pedido(s) cumulado(s) ou de parcela de um pedido. É o caso em que o autor formula pedido de condenação do réu ao pagamento de indenização por danos materiais e danos morais, mas a contestação impugna apenas o pedido referente aos danos morais, nada falando sobre os danos materiais. Constitui exemplo de incontrovérsia de parcela de um pedido o caso em que o réu admite o crédito do autor a partir de determinada data, alegando haver prescrição da pretensão para a cobrança de valores anteriores a tal data. Em ambos os casos – incontrovérsia quanto a parcela de pedido ou quanto a um pedido cumulado – deverá haver julgamento antecipado parcial do mérito.

O julgamento parcial de mérito também ocorrerá quando a causa estiver em condições de imediato julgamento, nos termos do art. 355. Isso significa que um ou mais pedidos cumulados ou parcela de um pedido poderá ser julgado de imediato quando (a) não houver necessidade de produção de outras provas, além das documentais já produzidas no processo e (b) quando ocorrer revelia, incidir o seu principal efeito consistente na presunção de veracidade das alegações fáticas deduzidas pelo autor e inexistir requerimento de provas pelo revel.

Caso contrário, não caberá o julgamento antecipado parcial de mérito, devendo o processo prosseguir à fase instrutória, para, ao final, ser proferida a sentença.

A decisão parcial de mérito pode reconhecer a existência de obrigação líquida e ilíquida. Disso decorre ser perfeitamente possível uma decisão que julgue antecipadamente um pedido cumulado de condenação do réu ao pagamento de indenização por danos materiais (*an debeatur*), submetendo a apuração do *quantum debeatur* ao procedimento de liquidação. O processo prosseguirá quanto ao pedido cumulado de indenização por dano moral, que poderá ser provado, por exemplo, por meio da oitiva de testemunhas em audiência de instrução e julgamento.

Em qualquer caso, não terá havido o encerramento da fase cognitiva do procedimento comum, muito menos a extinção do processo. A decisão parcial de mérito caracterizará decisão interlocutória, impugnável por agravo de instrumento (art. 356, § 5º, e art. 1.015, II), de modo que o processo prosseguirá em relação à parcela do objeto processual ainda pendente de decisão.

Art. 317. Antes de proferir decisão sem resolução de mérito, o juiz deverá conceder à parte oportunidade para, se possível, corrigir o vício.

CPC de 1973 – sem dispositivo correspondente

108. Princípio da primazia da decisão de mérito

O órgão jurisdicional deve se dedicar ao máximo para que atinja o seu objetivo principal: o julgamento do mérito do processo.

Essa diretriz geral é extraível do art. 4º, segundo o qual as "partes têm o direito de obter em prazo razoável a solução integral do mérito, incluída a atividade satisfativa".

Trata-se da consagração do princípio da primazia da decisão de mérito, que impõe o saneamento e a desconsideração de vícios incapazes de prejudicar o exame da pretensão deduzida no processo. Tal determinação se aplica à demanda principal (veiculada na petição inicial), aos recursos e às demandas incidentais.[522]

A regra do art. 317 se insere no contexto do princípio da primazia da decisão de mérito.[523] Impõe a concessão de prévia oportunidade para a correção de vício sanável. Caso a parte não corrija o defeito ou se trate de vício insanável, estará então autorizada a extinção do processo sem resolução de mérito.

109. Princípio da cooperação: dever de prevenção

O art. 6º do CPC consagrou no processo civil brasileiro a incidência do princípio da cooperação: "Todos os sujeitos do processo devem cooperar entre si para que se obtenha, em tempo razoável, decisão de mérito justa e efetiva."

522 DIDIER JR., *Curso...*, v. 1, p. 188.

523 GAJARDONI, DELLORE, ROQUE e OLIVEIRA JR., *Comentários...*, p. 477. Na jurisprudência: TJPR, 13ª Câmara Cível, Apelação Cível 0014406-04.2012.8.16.0028, rel. Des. Fernando Ferreira de Moraes, j. 08.05.2020; TJRJ, 10ª Câmara de Direito Privado, Agravo de Instrumento 0035478-35.2021.8.19.0000, rel. Des. Sergio Ricardo de Arruda Fernandes, j. 26.08.2021.

A positivação do princípio da cooperação implicou uma alteração paradigmática no sistema processual civil. Consagrou-se um processo organizado segundo o modelo cooperativo.[524]

Muito embora tenha sido uma enunciação relevante na perspectiva infraconstitucional e com inegável conteúdo pragmático, rigorosamente, no sistema brasileiro a cooperação já seria extraível dos princípios constitucionais do contraditório, do devido processo legal[525] e do acesso à justiça. Afinal, a correta interpretação desses princípios permite (sempre permitiu) um diálogo mais dedicado entre o juiz e as partes, com o objetivo de se obter, por meio do processo, uma solução juridicamente mais justa e em prazo razoável.

A doutrina identifica quatro principais deveres decorrentes da cooperação (esclarecimento, prevenção, consulta e auxílio),[526], cujas repercussões concretas estão retratadas em uma série de regras espalhadas pelo CPC.

O art. 317 consignou a necessidade de o juiz conceder prévia oportunidade à parte para corrigir vício sanável. Somente se o vício não for corrigido é que o processo poderá ser extinto sem resolução de mérito.

Tal regra contém determinação que se destina a concretizar o princípio da primazia da decisão de mérito, por meio da observância do dever de prevenção pelo juiz (ou dever de advertência). Traduz a necessidade de se prevenir as partes quanto a irregularidades processuais, possibilitando-lhes a devida correção.

Sob essa perspectiva, assume um caráter assistencial, cuja finalidade consiste em impedir que a pretensão exercida pela parte seja frustrada pelo uso inadequado do processo.

Além do art. 317, o CPC contém outras tantas regras destinadas a concretizar o dever de prevenção.

---

524 DIDIER JR., *Curso...*, v. 1, p. 175. CAMBI, Eduardo; HAAS, Adriane; SCHMITZ, Nicole. Princípio da cooperação processual e o novo CPC. *Revista dos Tribunais*, v. 984, p. 345-384, out. 2017. Ao analisar o assunto no âmbito do processo português, Fredie Didier Jr. aponta que os juristas portugueses entendem inexistir aplicação direta do princípio da cooperação, por não ser, propriamente, uma norma jurídica no país (DIDIER JR., Fredie. *Fundamentos do Princípio da Cooperação no Direito Processual Civil Português*. Coimbra: Coimbra Editora, 2010, p. 50).

525 BUENO, *Curso sistematizado...*, v. 1, p. 377.

526 MITIDERO, Daniel. *Colaboração no processo civil*: pressupostos sociais, lógicos e éticos. 3. ed. São Paulo: Revista dos Tribunais, 2015, p. 102; WAMBIER e TALAMINI, *Curso...*, v. 1, p. 83-84; CAMBI, DOTTI, PINHEIRO, MARTINS e KOZIKOSKI, *Curso...*, p. 68; AMARAL, Paulo Osternack. *Prova por declarações de parte*. 2. ed. São Paulo: JusPodivm, 2023, p. 93-108.

De forma ampla, impõe-se ao juiz o dever de dedicar-se a suprir vícios que tenham a potencialidade de comprometer a prestação da tutela jurisdicional (139, IX).

A incidência do dever de prevenção também é assegurada de maneira ampla na fase recursal: "Antes de considerar inadmissível o recurso, o relator concederá o prazo de 5 (cinco) dias ao recorrente para que seja sanado vício ou complementada a documentação exigível" (art. 932, par. único).

Mas há também hipóteses específicas, como a do art. 76, *caput*, que determina suspensão do processo e anotação de prazo para a correção de vício consistente na incapacidade processual ou na irregularidade da representação da parte.

Merece destaque o art. 321, que impõe ao juiz o dever de franquear à parte a oportunidade de corrigir defeitos na petição inicial, no prazo de quinze dias. Trata-se de hipótese em que o juiz, detectando um defeito que poderia conduzir ao indeferimento da inicial, adverte e indica ao autor o que deve ser suprido, de modo a viabilizar que a sua pretensão seja adequadamente processada e julgada.

No âmbito recursal, encontra-se a regra do art. 1.007, § 2º, que impõe a prévia intimação da parte para suprir a insuficiência no valor do preparo, no prazo de cinco dias. Somente se descumprida tal determinação é que se poderá decretar a deserção do recurso. Outro exemplo do dever de prevenção é encontrado no art. 1.017, § 3º, que determina ao relator do recurso o dever de conceder prazo para que o recorrente supra a falta da cópia de alguma peça que deveria ter instruído o agravo ou algum outro vício que comprometa a admissibilidade do agravo de instrumento.

Merece, ainda, referência a incidência do dever de prevenção no âmbito do recurso especial e do recurso extraordinário: "O Supremo Tribunal Federal ou o Superior Tribunal de Justiça poderá desconsiderar vício formal de recurso tempestivo ou determinar sua correção, desde que não o repute grave" (art. 1.029, § 3º).

Todos esses exemplos possuem a mesma gênese: o processo somente será extinto se a parte, após ser advertida, não supre um vício processual.

BIBLIOGRAFIA

ALMEIDA, Diogo Rezende de. *Recursos Cíveis*. 4. ed. São Paulo: JusPodivm, 2023.

ALVIM, José Manoel de Arruda. *Manual de Direito Processual Civil:* teoria geral do processo, processo de conhecimento, recursos, precedentes. 20. ed. São Paulo: Thomson Reuters, 2021.

ALVIM, Eduardo Arruda. *Tutela Provisória*. 2. ed. São Paulo: Saraiva, 2017.

ALVIM, J. E. Carreira. *Comentários à Lei de Arbitragem*: Lei 9.307, de 23.09.1996. Rio de Janeiro: Lumen Juris, 2002.

ALVIM, J. E. Carreira. *Direito arbitral*. 3. ed. Rio de Janeiro: Forense, 2007.

ALVIM, J. E. Carreira. *Tutela Antecipada*. 4. ed. Curitiba (PR): Juruá, 2005.

ALVIM, Teresa Arruda. Da liberdade do juiz na concessão de liminares e a tutela antecipatória. ALVIM, Teresa Arruda (coord.). *Aspectos polêmicos da antecipação de tutela*. São Paulo: Revista dos Tribunais, 1997.

ALVIM, Teresa Arruda. Existe a discricionariedade judicial? *Revista de Processo*, v. 70, p. 310-312, abr./jun., 1993.

ALVIM, Teresa Arruda; CONCEIÇÃO, Maria Lúcia Lins; RIBEIRO, Leonardo Ferres da Silva; MELLO, Rogerio Licastro Torres de. *Primeiros comentários ao novo código de processo civil (artigo por artigo)*. 2. ed. São Paulo: Revista dos Tribunais, 2016.

ALVIM, Thereza; CARVALHO, Vinícius Bellato Ribeiro de. Requisitos para a estabilização da tutela antecipada. *Revista de Processo,* v. 303, p. 186-206, mai. 2020.

AMARAL, Paulo Osternack. *Arbitragem e Administração Pública*: aspectos processuais, medidas de urgência e instrumentos de controle. Belo Horizonte: Fórum, 2012.

AMARAL, Paulo Osternack. *Manual de provas cíveis*. 2. ed. Londrina (PR): Thoth, 2024.

AMARAL, Paulo Osternack. O pedido de suspensão de liminares e de sentenças contrárias ao Poder Público. *Revista de Direito Administrativo Contemporâneo – ReDAC*, v. 4, p. 99-129, mar. 2014.

AMARAL, Paulo Osternack. O regime das medidas de urgência no processo arbitral. In: CAHALI, Francisco; RODOVALHO, Thiago; FREIRE, Alexandre (org.). *Arbitragem*: estudo sobre a Lei n. 13.129, de 26-5-2015. São Paulo: Saraiva, 2016.

AMARAL, Paulo Osternack. *Prova por declarações de parte*. 2. ed. São Paulo: JusPodivm, 2023.

AMARAL, Paulo Osternack. *Provas: atipicidade, liberdade e instrumentalidade*. 3. ed. São Paulo: Thomson Reuters Brasil, 2021.

AMARAL, Paulo Osternack. Recurso especial e direito local. In: ASSIS, Araken (coord.). *Teses jurídicas dos tribunais superiores*: Direito Processual Civil – I. São Paulo: Revista dos Tribunais, 2017.

AMARAL, Paulo Osternack; SILVA, Ricardo Alexandre da. Mandado de segurança coletivo. *Revista Dialética de Direito Processual,* v. 105, p. 88-103, dez. 2011.

AMARAL, Paulo Osternack; WATANABE, Doshin. *Manual do processo de improbidade administrativa.* Londrina (PR): Thoth, 2023.

AMORIM FILHO, Agnelo. Critério científico para distinguir a prescrição da decadência e para identificar as ações imprescritíveis. *Revista dos Tribunais*, v. 744, p. 725-750, out. 1997.

ANDRADE, Manuel A. Domingues. *Noções elementares de processo civil.* Coimbra: Coimbra Editora, 1979.

ARAGÃO, Egas Moniz de. Ação rescisória e suspensão da execução do julgado. *Revista do Instituto dos Advogados do Paraná (Pareceres do Prof. Egas Moniz de Aragão)*, v. 46, nov. 2022.

ARAZI, Roland. *Derecho procesal civil y comercial*, tomo 2. 3. ed. Santa Fe: Rubinzal-Culzoni, 2012.

ARIETA, Giovanni. Reclamabilità del provvedimento di rigetto e struttura del reclamo cautelare. In: *Studi in onore di Crisanto Mandrioli*, tomo 1. Milano: Giuffrè, 1995.

ASSIS, Araken de. *Ação Rescisória.* 2. ed. São Paulo: Thomson Reuters, 2024.

ASSIS, Araken de. *Processo civil brasileiro: parte geral, institutos fundamentais – II.* v. 3. 3. ed., São Paulo: Thomson Reuters Brasil, 2022.

ATHENIENSE, Aristóteles. As medidas coercitivas no juízo arbitral. *Revista de Direito Bancário, do Mercado de Capitais e da Arbitragem*, São Paulo, n. 19, jan./mar. 2003.

BARRETO, Ireneu Cabral. *A Convenção Europeia dos Direitos do Homem Anotada.* 5. ed. Coimbra: Almedina, 2015.

BEDAQUE, José Roberto dos Santos. Comentários ao art. 313. In: CABRAL, Antonio do Passo; CRAMER, Ronaldo (coords.). *Comentários ao novo código de processo civil.* Rio de Janeiro: Forense, 2015.

BEDAQUE, José Roberto dos Santos. *Tutela cautelar e tutela antecipada:* tutelas sumárias e de urgência. São Paulo: Malheiros, 2006.

BEDAQUE, José Roberto dos Santos. *Tutela provisória*: analisada à luz das garantias constitucionais da ação e do processo. 6. ed. São Paulo: Malheiros, 2021.

BERMUDES, Sérgio. Medidas coercitivas e cautelares no processo arbitral. *In*: MARTINS, Pedro A. Batista; GARCEZ, José Maria Rossani (coords.). *Reflexões sobre arbitragem*: *in memoriam* do Desembargador Cláudio Vianna de Lima. São Paulo: LTr, 2002.

BODART, Bruno Vinicius da Rós. *Tutela de evidência:* teoria da cognição, análise econômica do direito processual e comentários ao novo CPC. 2. ed. São Paulo: Revista dos Tribunais, 2015.

BONATO, Giovanni. Os référés. *Revista de Processo,* v. 250, p. 217- 239, dez. 2015.

BONATO, Giovanni; QUEIROZ, Pedro Gomes de. Os référés no ordenamento francês. *Revista de processo,* v. 255, p. 527-566, mai. 2016.

BONDIOLI, Luis Guilherme Aidar. Comentários ao art. 319. In: ALVIM, Teresa Arruda; DIDIER JR., Fredie; TALAMINI, Eduardo; DANTAS, Bruno (coords.). *Breves comentários ao novo código de processo civil.* 2. ed. São Paulo: Revista dos Tribunais, 2016.

BONDIOLI, Luis Guilherme Aidar. *Reconvenção no processo civil.* São Paulo: Saraiva, 2009.

BONICIO, Marcelo José Magalhães. *Princípios do Processo no Novo Código de Processo Civil*. São Paulo: Saraiva, 2016.

BUENO, Cassio Scarpinella. *Comentários ao Código de Processo Civil (arts. 1º a 317)*, v. 1. São Paulo: Saraiva, 2017.

BUENO, Cassio Scarpinella. *A nova lei do mandado de segurança*. 2. ed. São Paulo: Saraiva, 2010.

BUENO, Cassio Scarpinella. ADI 4.296 e liminar em mandado de segurança: uma proposta de compreensão de seu alcance. *Suprema: revista de estudos constitucionais*, Brasília, v. 2, n. 1, p. 157-184, jan./jun. 2022.

BUENO, Cassio Scarpinella. *Curso sistematizado de direito processual civil*, v. 1. 14. ed. São Paulo: SaraivaJur, 2024.

BUENO, Cassio Scarpinella. *Liminar em mandado de segurança*. 2. ed., São Paulo: Revista dos Tribunais, 1999.

BUENO, Cassio Scarpinella. *Manual de Direito Processual Civil*. 9. ed. São Paulo: SaraivaJur, 2023.

BUENO, Cassio Scarpinella. *Manual do Poder Público em Juízo*. São Paulo: SaraivaJur, 2022.

BUENO, Cassio Scarpinella. *Tutela antecipada*. São Paulo: Saraiva, 2004.

CADIET, Loïc; JEULAND, Emmanuel. *Droit judiciaire privé*. 8. ed. Paris: LexisNexis, 2013.

CAHALI, Francisco José. *Curso de arbitragem (mediação, conciliação, tribunal multiportas)*. 8. ed. São Paulo: Thomson Reuters, 2020.

CALAMANDREI, Piero. *Introducción al estudio sistemático de las providencias cautelares*. Buenos Aires: Librería El Foro, 1996.

CÂMARA, Alexandre Freitas. *Manual de Direito Processual Civil*. 3. ed. Barueri (SP): Atlas, 2024.

CÂMARA, Alexandre Freitas. *Manual do Mandado de Segurança*. 2. ed. São Paulo: Atlas, 2014.

CAMBI, Eduardo; DOTTI, Rogéria; PINHEIRO, Paulo Eduardo D'Arce; MARTINS, Sandro Gilbert; KOZIKOSKI, Sandro Marcelo. *Curso de processo civil completo*. 2. ed. São Paulo: Thomson Reuters Brasil, 2019.

CAMBI, Eduardo; HAAS, Adriane; SCHMITZ, Nicole. Princípio da cooperação processual e o novo CPC. *Revista dos Tribunais*, v. 984, p. 345-384, out. 2017.

CARMONA, Carlos Alberto. Árbitros e juízes: guerra ou paz. In: MARTINS, Pedro A. Batista; LEMES, Selma M. Ferreira; CARMONA, Carlos Alberto (coords.). *Aspectos fundamentais da lei de arbitragem*. Rio de Janeiro: Forense, 1992.

CARRETEIRO, Mateus Aimoré. Tutelas de urgência. In: LEVY, Daniel; PEREIRA, Guilherme Setoguti J. (coords.). *Curso de arbitragem*. São Paulo: Thomson Reuters Brasil, 2021.

CARVALHO, Fabiano. *Comentários ao Código de Processo Civil, v. XIX (art. 926 a 993)*: da ordem dos processos e dos processos de competência originária dos tribunais. São Paulo: SaraivaJur, 2022.

CONTE, Riccardo. Tutela d'urgenza tra diritto di defesa, anticipazione del provvedimento ed irreparabilità del pregiudizio. In: *Studi in onore di Crisanto Mandrioli*, tomo 1, Milano: Giuffrè, 1995.

COUCHEZ, Gérard; LAGARDE, Xavier. *Procédure civile*. 16. ed. Paris: Sirey, 2011.

CRAMER, Ronaldo. Comentários ao art. 292. In: CABRAL, Antonio do Passo; CRAMER, Ronaldo (coords.). *Comentários ao Novo Código de Processo Civil*. Rio de Janeiro: Forense, 2015.

CUNHA, Leonardo Carneiro da. *A Fazenda Pública em Juízo*. 19. ed. Rio de Janeiro: Forense, 2022.

CUNHA, Leonardo Carneiro da. *Código de processo civil comentado*. Rio de Janeiro: Forense, 2023.

CUNHA, Leonardo Carneiro da. Do conflito entre o agravo de instrumento e o pedido de suspensão de liminar. *Revista dos Tribunais*, v. 813, p. 163-172, jul. 2003.

DEU, Teresa Armenta. *Lecciones de derecho procesal civil*. 13. ed. Madrid: Marcial Pons, 2021.

DIDIER JR. Fredie. *Curso de Direito Processual Civil:* Introdução ao Direito Processual Civil, Parte Geral e Processo do Conhecimento, v. 1. 25. ed. São Paulo: JusPodivm, 2023.

DIDIER JR., Fredie. Comentários ao art. 2º. In: CABRAL, Antonio do Passo; CRAMER, Ronaldo (coords.). Comentários ao Novo Código de Processo Civil. Rio de Janeiro: Forense, 2015.

DIDIER JR., Fredie. *Fundamentos do Princípio da Cooperação no Direito Processual Civil Português*. Coimbra: Coimbra Editora, 2010.

DIDIER JR., Fredie; BRAGA, Paula Sarno; OLIVEIRA, Rafael A. de. *Curso de Direito Processual Civil:* Teoria da Prova, Direito Probatório, Decisão, Precedente, Coisa Julgada, Processo Estrutural e Tutela Provisória, v. 2. 18. ed. São Paulo: JusPodivm, 2023.

DIDIER JR., Fredie; BRAGA, Paula Sarno; OLIVEIRA, Rafael A de. *Curso de direito processual civil*, v. 2. 4. ed. Salvador: JusPodivm, 2009.

DIDIER JR., Fredie; CUNHA, Leonardo Carneiro da. *Curso de Direito Processual Civil*: Meios de Impugnação às Decisões Judiciais e Processo nos Tribunais, v. 3. 20. ed. São Paulo: JusPodivm, 2023.

DINAMARCO, Cândido Rangel. *A reforma do Código de Processo Civil*. 3. ed. São Paulo: Malheiros, 1996.

DINAMARCO, Cândido Rangel. *Instituições de direito processual civil*, v. 1. 8. ed. São Paulo: Malheiros, 2016.

DINAMARCO, Cândido Rangel. *Instituições de direito processual civil*, v. 3. 7. ed. São Paulo: Malheiros, 2017.

DINAMARCO, Cândido Rangel. *Instituições de direito processual civil*, v. 5. São Paulo: Malheiros/JusPodivm, 2022.

DINAMARCO, Cândido Rangel. Suspensão do mandado de segurança pelo presidente do tribunal. *Fundamentos do processo civil moderno*, v. 1. 4. ed. São Paulo: Malheiros, 2001.

DINAMARCO, Cândido Rangel; LOPES, Bruno Vasconcelos Carrilho. *Teoria geral do novo processo civil*. São Paulo: Malheiros, 2016.

DONIZETTI, Elpídio. *Curso de direito processual civil*: volume único. 27. ed. Barueri (SP): Atlas, 2024.

DOTTI, Rogéria Fagundes. *Tutela de evidência:* probabilidade, defesa frágil e o dever de antecipar o tempo. São Paulo: Thomson Reuters, 2020.

DOTTI, Rogéria Fagundes. A urgência e a arbitragem: isolamento cooperativo entre juízo arbitral e jurisdição estatal. In: MARINONI, Luiz Guilherme; LEITÃO, Cristina Bichels (coords.). *Arbitragem e direito processual.* São Paulo: Thomson Reuters, 2021.

DOTTI, Rogéria Fagundes. Comentários aos arts. 305 a 310. In: CUNHA, José Sebastião Fagundes; CAMBI, Eduardo Augusto Salomão; BOCHENEK, Antônio Cesar (coords.). *Código de processo civil comentado.* 2. ed. Curitiba: Juruá, 2022.

FABRÍCIO, Adroaldo Furtado. Justificação liminar, extinção do processo e apelação. In: *Estudos de Direito Processual em homenagem a José Frederico Marques.* São Paulo: Saraiva, 1982.

FALCÓN, Enrique M. *Manual de derecho procesal*, tomo 2. Buenos Aires: Astrea, 2005.

FENOLL, Jordi Nieva. *Derecho procesal II. Proceso civil.* Madrid: Marcial Pons, 2015.

FERNÁNDEZ, Begoña Vidal. *Introducción al derecho procesal.* Madrid: Tecnos, 2017.

FREITAS, José Lebre de. Inconstitucionalidades do Código de Processo Civil. *Separata da Revista da Ordem do Advogados*, ano 52, I, Lisboa, abr. 1992.

FREITAS, José Lebre de. *Introdução ao processo civil: conceito e princípios gerais à luz do novo Código.* 4. ed. Coimbra: Gestlegal, 2017.

FREITAS, José Lebre de; ALEXANDRE, Isabel. *Código de Processo Civil Anotado*: artigos 362º a 626º, v. 2. 3. ed. Coimbra: Almedina, 2018.

FUGA, Bruno Augusto Sampaio. *Produção antecipada da prova*: procedimento adequado para a máxima eficácia e estabilidade. Londrina (PR): Thoth, 2023.

FUX, Luiz. *Curso de Direito Processual.* 6. ed. Rio de Janeiro: Forense, 2023.

GAJARDONI, Fernando; DELLORE, Luiz; ROQUE, Andre Vasconcelos; OLIVEIRA JR., Zulmar. Execução e recursos: *Comentários ao CPC de 2015.* Rio de Janeiro: Forense, 2017.

GAJARDONI, Fernando; DELLORE, Luiz; ROQUE, Andre Vasconcelos; OLIVEIRA JR., Zulmar Duarte de. *Comentários ao código de processo civil.* 5. ed. Rio de Janeiro: Forense, 2022.

GIANESINI, Rita. Descabimento da tutela antecipada e da execução provisória contra a Fazenda Pública. In: SUNDFELD, Carlos Ari; BUENO, Cassio Scarpinella (coords.). *Direito Processual Público.* São Paulo: Malheiros, 2003.

GODINHO, Robson Renault. Comentários ao art. 305. In: CABRAL, Antonio do Passo; CRAMER, Ronaldo (coords.). *Comentários ao Novo Código de Processo Civil.* Rio de Janeiro: Forense, 2015.

GOMES, Frederico Augusto. *Estabilização da tutela antecipada.* São Paulo: Thomson Reuters Brasil, 2018.

GRECO, Leonardo. *Instituições de Processo Civil:* processo de conhecimento, v. 2. 3. ed. Rio de Janeiro: Forense, 2015.

GUINCHARD, Serge; CHANAIS, Cécile; FERRAND, Frédérique. *Procédure civile:* droit interne et droit de l'Union européenne. 31. ed. Paris: Dalloz, 2012.

GUTIÉRREZ, Cristina. *Suspensão de liminar e de sentença na tutela do interesse público.* Rio de Janeiro: Forense, 2000.

HÉRON, Jacques; BARS, Thierry Le. *Droit judiciaire privé.* 5. ed. Paris: Montchrestien, 2012.

LAMY, Eduardo. *Tutela provisória.* São Paulo: Atlas, 2018.

LEITE, Clarisse Frechiani Lara. *Prejudicialidade no processo civil.* São Paulo: Saraiva, 2008.

LIEBMAN, Enrico Tullio. *Manuale di diritto processuale civile.* 7. ed. Milano: Giuffrè, 2007.

LUCCA, Rodrigo Ramina de. *O dever de motivação das decisões judiciais.* Salvador: JusPodivm, 2015.

MACHADO, Hugo de Brito. Tutela Jurisdicional Antecipada na Repetição de Indébito Tributário. *Revista Dialética de Direito Tributário,* São Paulo, n. 05, fev. 1996.

MAGALHÃES, José Carlos de. A tutela antecipada no processo arbitral. *Revista de Arbitragem e Mediação,* São Paulo, n. 4, p. 11-20, jan./mar. 2005.

MANDRIOLI, Crisanto. *Corso di diritto processuale civile.* 9. ed. Torino: G. Giappichelli Editore, 2011.

MARINONI, Luiz Guilherme; ARENHART, Sérgio Cruz. *Prova e convicção.* 5. ed. São Paulo: Thomson Reuters Brasil, 2022.

MARINONI, Luiz Guilherme. *A Antecipação da Tutela.* São Paulo: Malheiros, 2002.

MARINONI, Luiz Guilherme. Estabilização de tutela. *Revista de processo,* v. 279, p. 225-243, mai. 2018.

MARINONI, Luiz Guilherme. *Tutela Antecipatória e Julgamento Antecipado: Parte Incontroversa da Demanda.* 5. ed. São Paulo: Revista dos Tribunais, 2002.

MARINONI, Luiz Guilherme; ARENHART, Sérgio Cruz. *Comentários ao código de processo civil: artigos 294 ao 333,* v. 4. 3. ed. São Paulo: Thomson Reuters Brasil, 2021.

MARTINS, Pedro A. Batista. Da ausência de Poderes coercitivos e cautelares do árbitro. *In*: MARTINS, Pedro A. Batista; LEMES, Selma M. Ferreira; CARMONA, Carlos Alberto (coords.). *Aspectos fundamentais da lei de arbitragem.* Rio de Janeiro: Forense, 1999.

MAZZEI, Rodrigo; MARQUES, Bruno Pereira. Responsabilidade pelos danos decorrentes da efetivação de tutelas de urgência em caso de "insucesso final" da ação de improbidade administrativa: breve análise a partir do CPC/15. In: COSTA, Eduardo José da; PEREIRA, Mateus Costa; GOUVEIA FILHO, Roberto P. Campos (coords.). *Tutela provisória.* 2. ed. Salvador: Juspodivm, 2019.

MEDINA, José Miguel Garcia. *Novo código de processo civil comentado.* 4. ed. São Paulo: Revista dos Tribunais, 2016.

MEDINA, José Miguel Garcia. *Sentença, coisa julgada e ação rescisória.* São Paulo: Thomson Reuters Brasil, 2023.

MELLO, Rogerio Licastro Torres de. Da apelação. In: ALVIM, Teresa Arruda; DIDIER JR., Fredie; TALAMINI, Eduardo; DANTAS, Bruno. *Breves comentários ao novo código de processo civil.* 3. ed. São Paulo: Revista dos Tribunais, 2016.

MENDES, João de Castro; SOUSA, Miguel Teixeira de. *Manual de processo civil,* v. 1. Lisboa: AAFDL, 2022.

MIRANDA NETTO, Fernando Gama de. Técnica da ponderação e irreversibilidade das tutelas de urgência no Código de Processo Civil de 2015 (art. 300, § 3º). In: COSTA, Eduardo José da; PEREIRA, Mateus Costa; GOUVEIA FILHO, Roberto P. Campos (coords.). *Tutela provisória.* 2. ed. Salvador: Juspodivm, 2019.

MIRANDA, Jorge. Constituição e Processo Civil. *Separata da Revista Direito e Justiça*, v. 8, tomo 2, 1994.

MITIDERO, Daniel. *Colaboração no processo civil*: pressupostos sociais, lógicos e éticos. 3. ed. São Paulo: Revista dos Tribunais, 2015.

MITIDIERO, Daniel. *Antecipação da tutela (da tutela cautelar à técnica antecipatória)*. 4. ed. São Paulo: Thomson Reuters, 2019.

MOREIRA, José Carlos Barbosa. A antecipação da tutela jurisdicional na reforma do Código de Processo Civil. *Revista de Processo*, v. 81, p. 198-211, jan./mar. 1996.

MOREIRA, José Carlos Barbosa. A motivação das decisões judiciais como garantia inerte ao estado de direito. In: *Temas de direito processual:* segunda série. São Paulo: Saraiva, 1980.

MOREIRA, José Carlos Barbosa. Ação Cautelar. Liminar. Eficácia. In: *Direito aplicado II:* pareceres. Rio de Janeiro: Forense, 2000.

MOREIRA, José Carlos Barbosa. *Estudos sobre o novo Código de Processo Civil*. Rio de Janeiro: Liber Juris, 1974.

MOREIRA, José Carlos Barbosa. Medida cautelar liminarmente concedida e omissão do requerente em propor a tempo a ação principal. In: *Temas de direito processual:* quarta série. São Paulo: Saraiva, 1989.

MOREIRA, José Carlos Barbosa. Notas sobre o problema da "efetividade" do processo. In: *Temas de direito processual*: terceira série. São Paulo: Saraiva, 1984.

MOREIRA, José Carlos Barbosa. Poder cautelar genérico do juiz. Continência e litispendência. In: *Temas de direito processual*: primeira série. 2. ed. São Paulo: Saraiva, 1988.

MOREIRA, José Carlos Barbosa. Responsabilidade do requerente de medida cautelar "ex" art. 808, n.º II, do Código de Processo Civil. In: *Temas de direito processual:* terceira série. São Paulo: Saraiva, 1984.

MOREIRA, José Carlos Barbosa. Tutela de urgência e efetividade do direito. In: *Temas de direito processual:* oitava série. São Paulo: Saraiva, 2004.

NEGRÃO, Theotonio; GOUVÊA, José Roberto F.; BONDIOLI, Luis Guilherme A., FONSECA, João Francisco N. da. *Código Civil e legislação civil em vigor*. 41. ed. São Paulo: SaraivaJur, 2023.

NEGRÃO, Theotônio; GOUVÊA, José Roberto F.; BONDIOLI, Luis Guilherme A.; FONSECA, João Francisco N. da. *Código de Processo Civil e Legislação Processual em vigor*. 54. ed. São Paulo: SaraivaJur, 2023.

NERY JUNIOR, Nelson. *Princípios do processo civil na constituição federal*. 13. ed., São Paulo: Revista dos Tribunais, 2017.

NERY JUNIOR, Nelson; NERY, Rosa Maria de Andrade. *Comentários ao Código de Processo Civil*. São Paulo: Revista dos Tribunais, 2015.

NEVES, Daniel Amorim Assumpção. *Manual de Direito Processual Civil: volume único*. 16. ed. São Paulo: JusPodivm, 2024.

NEVES, Daniel Amorim Assumpção. Novo Código de Processo Civil comentado – artigo por artigo. Salvador: JusPodivm, 2016.

NORTHFLEET, Ellen Gracie. Suspensão de sentença e de liminar. *Revista de Processo*, v. 97, p. 183-193, jan./mar. 2000.

OLIVEIRA, Guilherme Peres. Comentários ao art. 235. In: CABRAL, Antonio do Passo; CRAMER, Ronaldo (coords.). *Comentários ao Novo Código de Processo Civil*. Rio de Janeiro: Forense, 2015.

PALACIO, Lino Enrique. *Manual de derecho procesal civil*. 21. ed. Buenos Aires: Abeledo Perrot, 2017.

PASSOS, José. Joaquim Calmon de. *Inovações no Código de Processo Civil*. 2. ed., Rio de Janeiro: Forense, 1995.

PASSOS, José Joaquim Calmon de. *Comentários ao Código de Processo Civil* – arts. 270 a 331. 8. ed. Rio de Janeiro: Forense, 2001.

PEIXOTO, Ravi. Os caminhos e descaminhos do princípio do contraditório: a evolução histórica e a situação atual. *Revista de Processo*, v. 294, p. 121-145, ago. 2019.

PEIXOTO, Ravi. Por uma análise dos remédios jurídicos processuais aptos a impedir a estabilização da tutela antecipada antecedente de urgência. In: COSTA, Eduardo José da; PEREIRA, Mateus Costa; GOUVEIA FILHO, Roberto P. Campos (coords.). *Tutela provisória*. 2. ed. Salvador: Juspodivm, 2019.

PEIXOTO, Ravi. Rumo à construção de um processo cooperativo. *Revista de Processo*, v. 219, p. 89-114, mai. 2013.

PEIXOTO, Ravi. *Standards probatórios no direito processual brasileiro*. 2. ed. São Paulo: JusPodivm, 2024.

PIMENTEL, Alexandre Freire; ANDRADE, Camila Terezinha Arruda de. Ontologia processual e a superação do óbice da irreversibilidade para a concessão de medidas antecipatórias por meio do princípio da proporcionalidade no CPC-2015. In: COSTA, Eduardo José da; PEREIRA, Mateus Costa; GOUVEIA FILHO, Roberto P. Campos (coords.). *Tutela provisória*. 2. ed. Salvador: Juspodivm, 2019.

PISANI, Andrea Proto. *Lezioni di diritto processuale civile*. Napoli: Jovene Editore, 2012.

REGO, Carlos Lopes do. Os princípios constitucionais da proibição da indefesa, da proporcionalidade dos ónus e cominações e o regime da citação em processo civil. In: *Estudos em homenagem ao Conselheiro José Manuel Cardoso da Costa*. Coimbra: Coimbra Editora, 2003.

RIBEIRO, Leonardo Ferres da Silva. *Tutela provisória: tutela de urgência e tutela de evidência do CPC/1973 ao CPC/2015*. São Paulo: Revista dos Tribunais, 2018.

RICCI, Gian Franco. *Diritto processuale civile*, v. 3. 4. ed. Torino: G. Giappichelli Editore, 2013.

RIZZARDO, Arnaldo; FILHO RIZZARDO, Arnaldo; RIZZARDO, Carine Ardissone. *Prescrição e decadência*. 3. ed. Rio de Janeiro: Forense, 2018.

RODRIGUES, Fernando Pereira. *O novo processo civil*: os princípios estruturantes. Coimbra: Almedina, 2013.

RODRIGUES, Marco Antonio. *Manual dos Recursos:* ação rescisória e reclamação. 2. ed. São Paulo: JusPodivm, 2023.

SHIMURA, Sérgio. Problemas relativos à Fazenda Pública, tutela antecipada e execução provisória. In: SUNDFELD, Carlos Ari; BUENO, Cassio Scarpinella (coords.). *Direito Processual Público*. São Paulo: Malheiros, 2003.

SICA, Heitor Vitor Mendonça. Doze Problemas e Onze Soluções Quanto à Chamada "Estabilização da Tutela Antecipada". *Revista do Ministério Público do Rio de Janeiro*, n. 55, p. 85-102, jan./mar. 2015.

SILVA, Beclaute Oliveira. Tutela provisória no Código de Processo Civil brasileiro. *Revista Eletrônica de Direito Processual – REDP*, Rio de Janeiro, ano 18, v. 25, n. 1, p.40-61, jan./abr. 2024.

SILVA, Paula Costa e. *A litigância de má-fé*. Coimbra: Coimbra Editora, 2008.

SIQUEIRA FILHO, Elio Wanderley de. Da ultra-atividade da suspensão de liminar em "writ". *Revista dos Tribunais*, São Paulo, n. 701, p. 22-29, mar. 1994.

TALAMINI, Eduardo. Arbitragem e a tutela provisória no Código de Processo Civil de 2015. *Revista de Arbitragem e Mediação*, v. 46, p. 287-313, jul./set. 2015.

TALAMINI, Eduardo. Arbitragem e a tutela provisória no CPC/2015. In: TEIXEIRA, Tarcisio; LIGMANOVSKI, Patricia Ayub da Costa (coords.). *Arbitragem em evolução (aspectos relevantes após a reforma da Lei Arbitral)*. Barueri: Manole, 2018.

TALAMINI, Eduardo. *Direito Processual Concretizado*. Belo Horizonte: Fórum, 2010.

TALAMINI, Eduardo. Medidas urgentes (cautelares e antecipadas): a Lei 10.444/2002 e o início de correção de rota para um regime jurídico único. *Revista Dialética de Direito Processual*, v. 2, p. 15-28, mai. 2003.

TALAMINI, Eduardo. Nota sobre a atual natureza jurídica da suspensão de decisões contrárias ao Poder Público, à luz do seu regime de eficácia. *Revista Dialética de Direito Processual*, v. 67, p. 43-53, out. 2008.

TALAMINI, Eduardo. Nota sobre as recentes limitações legais à antecipação de tutela. In: ALVIM, Teresa Arruda (coord.). *Aspectos polêmicos da antecipação de tutela*. São Paulo: Revista dos Tribunais, 1997.

TALAMINI, Eduardo. Suspensão do processo judicial para realização de mediação. *Revista de Processo*, v. 277, p. 565-584, mar. 2018.

TALAMINI, Eduardo. *Tutela relativa aos deveres de fazer e de não fazer e sua extensão aos deveres de entrega de coisa (CPC, Arts. 461 e 461-A; CDC, Art. 84)*. 2. ed. São Paulo: Revista dos Tribunais, 2003.

TALAMINI, Eduardo. Produção antecipada de prova no Código de Processo Civil de 2015. *Revista de Processo*. v. 260, p. 75-101, out. 2016.

TALAMINI, Eduardo; AMARAL, Paulo Osternack. Suspensão de prazos judiciais por força da pandemia. *Revista de Processo*, v. 306, p. 393-410, ago. 2020.

TARTUCE, Flávio. *Manual de direito civil:* volume único. 13. ed. Rio de Janeiro: Método, 2023.

TESSER, André Luiz Bäuml. *Tutela cautelar e antecipação de tutela*. São Paulo: Revista dos Tribunais, 2014.

THEODORO JUNIOR, Humberto, *Prescrição e decadência*. 2. ed. Rio de Janeiro: Forense, 2021.

THEODORO JÚNIOR, Humberto. *Curso de direito processual civil*, v. 3. 57. ed. Rio de Janeiro: Forense, 2024.

THEODORO JÚNIOR, Humberto. *Curso de direito processual civil*. v. 1. 65. ed. Rio de Janeiro: Forense, 2024.

THEODORO JÚNIOR, Humberto. *Lei do Mandado de Segurança comentada:* artigo por artigo. 2. ed. Rio de Janeiro: Forense, 2019.

THEODORO JÚNIOR, Humberto. *Processo cautelar*. 20. ed. São Paulo: Liv. e Ed. Universitária de Direito, 2002.

TUCCI, José Rogério Cruz e. *A motivação da sentença no processo civil.* São Paulo: Saraiva: 1987.

VENOSA, Sílvio de Salvo. *Direito civil:* contratos. 23. ed. Barueri (SP): Atlas, 2023.

VENOSA, Sílvio de Salvo. *Direito civil*: obrigações e responsabilidade civil. 20. ed. Barueri (SP): Atlas, 2020.

VENOSA, Sílvio de Salvo. *Direito civil*: parte geral. 23. ed. Barueri (SP): Atlas, 2023.

VENTURI, Elton. *Suspensão de liminares e sentenças contrárias ao Poder Público.* 2. ed. São Paulo: Revista dos Tribunais, 2010.

VILELA, Marcelo Dias Gonçalves. Reflexões sobre a tutela cautelar na arbitragem. *Revista Brasileira de Arbitragem*, Porto Alegre, n. 7, jul./set. 2005.

VILLELA, Gilberto Etchaluz. *A suspensão das liminares e das sentenças contra o Poder Público.* Porto Alegre: Síntese, 1998.

WALD, Arnoldo. *Mandado de segurança na prática judiciária.* 6. ed. Rio de Janeiro: Forense, 2021.

WAMBIER, Luiz Rodrigues; TALAMINI, Eduardo. *Curso Avançado de Processo Civil:* Cognição jurisdicional (processo comum de conhecimento e tutela provisória), v. 2. 21. ed. São Paulo: Thomson Reuters, 2022.

WAMBIER, Luiz Rodrigues; TALAMINI, Eduardo. *Curso Avançado de Processo Civil:* Teoria geral do Processo, v. 1. 21. ed. São Paulo: Thomson Reuters, 2022.

WATANABE, Kazuo. *Da cognição no processo civil.* 2. ed. Campinas: Bookseller, 2000.

WLADECK, Felipe Scripes. *Impugnação da sentença arbitral.* Salvador: JusPodivm, 2014.

YARSHELL, Flávio Luiz. Brevíssimas notas a respeito da produção antecipada da prova na arbitragem. *Revista de Arbitragem e Mediação*, São Paulo, n. 14, p. 52-56, jul./set. 2007.

YARSHELL, Flávio Luiz. *Curso de direito processual civil*, v. 1. 2. ed. São Paulo: Marcial Pons, 2020.

YARSHELL, Flávio Luiz; ABDO, Helena As questões não tão evidentes sobre a tutela de evidência. In: BUENO, Cassio Scarpinella; MEDEIROS NETO, Elias Marques de; OLIVEIRA NETO, Olavo de; OLIVEIRA, Patrícia Elias Cozzolino de; LUCON; Pedro Henrique dos Santos (coords.). *Tutela provisória no CPC:* dos 20 anos de vigência do art. 273 do CPC/1973 ao CPC/2015. 2. ed. São Paulo: Saraiva. 2018.

ZAVASCKI, Teori Albino. *Antecipação da Tutela.* 7. ed. São Paulo: Saraiva, 2009.